チェックリストでわかる IPOの実務詳解 第2版

EY新日本有限責任監査法人 編
代表執筆者 金野広義・大角博章

中央経済社

改訂にあたって

本書の初版は，基本コンセプトを「IPOにはじめて携わる方が，効率的・網羅的にIPOの基礎知識を習得できる内容でありながら，実務経験の豊富なベテランの皆様にも，いくつもの新しい発見をして頂けるような書籍」と設定し，私たちが長年にわたって蓄積してきた実務経験や気付きをでき得る限り盛り込んで執筆しました。

私たちのそのような志を多くの皆様からご評価頂き，執筆者一同大変感謝しております。

さて，初版の発刊以降，私たちの中に以下のような問題意識が新たに芽生えてきました。

【公開価格の適切性】

上場直後に株価が低迷し，公開価格を下回る状態が長期にわたり継続しているようなケース，あるいはその逆に，上場直後から株価が高騰し，公開価格を大きく上回る状態が継続しているケースが散見され，適切な公開価格の設定の重要性を改めて認識したこと。

【ディープテック企業における諸問題】

今後の我が国経済の成長のための重要な原動力となっていくことが期待されるディープテック企業において，以下のような問題が観察されたこと。

- 投資家や金融機関に自社の技術を説明し，理解してもらうのが難しく，資金調達に苦慮する場合があること
- 特に売上について，会計処理の前提となる取引内容の理解が，会社と監査法人との間で異なる場合があり，その結果，売上処理が認められないケースがあること

今回の改訂版では，これら２つのテーマに対応するために，主に以下の内容を追加しました。

- 「第２章　上場時の公開価格とファイナンス手続」
- 「第３章[1](4)　エクイティ・ストーリーを構築しているか」
- 「第７章[9]　ディープテック企業の収益認識における諸問題」

上記のほか，初版以降の規則の改正等をアップデートするとともに，近年利用が増えてきたベンチャーデットをはじめとする新たなトピックスについての考察も加えています。

また，皆様からのご要望の多かった索引を巻末に入れるとともに，書籍の中でご紹介したテンプレートをエクセル等のフォーマットでダウンロードできるようにしました。

改訂版の執筆にあたっては，2023年12月まで当法人に在籍し，本来は代表執筆者の一人として名を連ねる予定だった清宮悠太氏に多大な貢献をして頂きました。同氏の新天地でのご活躍を心より願っております。

最後に，私たちのスタートアップ企業に対する志や問題意識の最大の理解者であり，多くの的確な助言を頂くとともに，初版の反省もなく相変わらず筆の遅い私たちの原稿を寛容な心で待って頂きました中央経済社の末永芳奈氏に，執筆者一同，心より感謝申し上げます。

令和６年８月

EY新日本有限責任監査法人
監修者・執筆者代表
金野　広義

EY新日本有限責任監査法人　企業成長サポートセンターのご紹介

私たち企業成長サポートセンターは，スタートアップやIPOを目指す企業，さらなる成長を追求する企業の皆様を支援しています。IPO監査をはじめとする豊富な業務実績があり，国内外の様々な専門分野を持つプロフェッショナルが，多様な視点から企業の各成長段階に応じたサービスを提供しています。また，EYのグローバルネットワークも活用し，国内IPOにとどまらず，クロスボーダー上場や資金調達も支援しています。

お問い合わせ先
BD-One@jp.ey.com

初版　はじめに

企業にとって，IPOは今も昔も重要な成長戦略の１つであることには変わりはありませんが，ここ数年，国内のIPOのトレンドに少し変化が出てきたように思います。

経済のグローバル化やリスクマネーの増加等により，大型のIPOやグローバル志向のIPOが増えてきました。社会環境としても，コーポレート・ガバナンスやサステナビリティへの関心やコンプライアンス意識の高まり，DXの進展等がみられ，IPOにおいてもそれらを意識して対応することが必要になってきました。また，企業の重要な経営資源の１つとして，知的財産（IP）が重視されるようになってきました。

本書は，IPOの全体像やIPOまでの課題を網羅的に解説するだけにとどまらず，そのような最新のIPOにキャッチアップした内容とすることをねらいとしました。本書の具体的な特徴は以下のとおりです。

- IPOにあたって論点となる事項を，伝統的な論点から新しいトピックスまで網羅的に考察しています。
- 東京証券取引所の新市場区分に完全対応しています。
- コーポレートガバナンス・コードと関連するサステナビリティに関するコードについて解説しています（第４章）。
- ビジネス文書のデジタル化の留意事項について言及しています（第５章）。
- 法務上の論点について独立の章を設け，コンプライアンスや労務管理，知的財産管理等の留意点について解説しています（第９章）。
- IFRS（国際財務報告基準）によるIPOについて独立の章を設けて解説しています（第10章）。
- グローバルオファリング（北米を含む海外機関投資家からの資金調達）について独立の章を設けて解説しています（第11章）。

- その他の最近のトピックスについては，コラムとして取り上げています。
- 各論点が明確になるようにチェック・リストの形式をとっています。

本書を手にした皆様がIPOを実現し，よりよい社会の創造のため，世界に羽ばたく企業となっていくことを，執筆者一同心より願っております。

最後になりましたが，執筆にあたって多大なるお力添えを頂き，遅々としてはかどらない私たちの原稿を忍耐強く待って頂いた中央経済社の末永芳奈氏に，この場をお借りして心よりお礼申し上げます。

令和４年９月

EY新日本有限責任監査法人
監修者・執筆者代表
金野　広義

目　次

【付録のご案内】

下記の付録が二次元コードまたはウェブサイトからご覧いただけます。皆様の用途にあわせてご活用ください。

付録１　市場別申請書一覧
付録２　新規上場申請のための有価証券報告書（Ⅱの部）記載項目
付録３　グロース新規上場申請者に係る各種説明資料の記載項目
付録４　グロース市場　事業計画及び成長可能性に関する事項の開示
付録５　第８章「気をつけたい関連当事者等取引と関係会社の論点」の「図表８-３　資本関係一覧表（例）」,「図表８-４　関連当事者の概要について」,「図表８-５　取引内容について」

ビジネス専門書オンライン（https://www.biz-book.jp）にアクセス

➡書籍検索に書名「チェックリストでわかるIPOの実務詳解（第２版）」を入力

➡本書のご案内ページにて「著者から」の欄をご確認ください。

（パスワード　ck24086）

凡例

略　称	正式名称
財規	財務諸表等の用語，様式及び作成方法に関する規則
連結財規	連結財務諸表の用語，様式及び作成方法に関する規則
企業会計原則注解	企業会計原則注解
税効果会計基準	税効果会計に係る会計基準
ストック・オプション等会計基準	企業会計基準第８号「ストック・オプション等に関する会計基準」
棚卸資産会計基準	企業会計基準第９号「棚卸資産の評価に関する会計基準」
金融商品会計基準	企業会計基準第10号「金融商品に関する会計基準」
関連当事者会計基準	企業会計基準第11号「関連当事者の開示に関する会計基準」
資産除去債務会計基準	企業会計基準第18号「資産除去債務に関する会計基準」
連結会計基準	企業会計基準第22号「連結財務諸表に関する会計基準」
過年度遡及会計基準	企業会計基準第24号「会計方針の開示，会計上の変更及び誤謬の訂正に関する会計基準」
収益認識会計基準	企業会計基準第29号「収益認識に関する会計基準」
複合金融商品適用指針	企業会計基準適用指針第17号「払込資本を増加させる可能性のある部分を含む複合金融商品に関する会計処理」
回収可能性適用指針	企業会計基準適用指針第26号「繰延税金資産の回収可能性に関する適用指針」
収益認識適用指針	企業会計基準適用指針第30号「収益認識に関する会計基準の適用指針」
減価償却取扱	監査・保証実務委員会実務指針第81号「減価償却に関する当面の監査上の取扱い」
研究開発費等実務指針	会計制度委員会報告第12号「研究開発費及びソフトウェアの会計処理に関する実務指針」
上場規程	有価証券上場規程
上場規程施行規則	有価証券上場規程施行規則

第1章 IPOの概要とプロセス

1 IPO（株式上場）

項　　目	チェック
(1)　IPOの意義を理解しているか	□
(2)　IPOのメリット，デメリットを把握しているか	□

(1)　IPOの意義を理解しているか

IPO（Initial Public Offering）とは，株式会社が発行した株式を証券取引所で売買可能とすることをいう。

IPOによって，企業は不特定多数の投資家から資金を預かる立場となり，また通常，事業の規模も大きくなるため，IPO前と比べ，社会に対する影響力と責任は大幅に増大することとなる。IPOを通して，企業はプライベートカンパニー（個人企業）から，パブリックカンパニー（公開企業）に変容するといわれるゆえんである。

企業が継続的に革新を生み出して成長を続けていくためには，経営資源（ヒト，モノ，カネ，情報等）をいかに調達し，組み合わせ，成長エンジンとして活用していくかが重要となる。IPOすることで社会に対する影響力が高まり，従前よりもこれらの経営資源を調達しやすくなり，一層の成長が期待できるようになる。

半面，社会に対するさまざまな説明責任や道義的責任も重くなり，それらの責任を遂行するための追加のコストが発生することとなる。

また，市場においては，企業の意思決定や行動の是非について，時に経済的な是非にとどまらず，倫理的な是非までも評価され株価に反映されることとなり，その評価が以降の企業経営や資金調達に影響を及ぼすこととなる。すなわち，IPO後は，企業の意思決定や行動の是非が，市場を通して株価というモノサシで評価，監視（モニタリング）されることになるため，常に市場に配慮した意思決定や企業行動が必要となってくる。

IPOにあたっては，このようなIPOの両面と，この両面に起因する具体的なメリット・デメリットを理解しておく必要がある。

⑵　IPOのメリット，デメリットを把握しているか

一般的に，IPOすることのメリットとしては，以下のようなものが挙げられる。

①　メリット

(i)　資金調達の多様化

未上場企業の場合は，金融機関からの借入やベンチャー・キャピタル等からの出資が主な資金調達手段となる。

一方，IPO後は時価発行増資や各種の社債の発行等，資本市場を通した大規模な資金調達が可能となる等，資金調達の多様化を図ることができる。

また，IPOすることにより，会社の信用が増して，上場前より有利な条件で金融機関から借入を行うことも可能となる。

(ii)　知名度と社会的信用の向上

IPOすることで，会社の知名度と社会的信用が向上し，従来は取引が難しかった相手先との新規取引が可能となったり，人材採用の際に応募者の裾野が広がり，優秀な人材を採用しやすくなる等の効果が期待できる。

また，役員や従業員についても，知名度が高く，社会的信用もある会社の役員，従業員であるという自覚と責任感が芽生え，モチベーションやモラールが

向上するという効果も期待できる。

ⅲ　企業経営の組織化，効率化

上場準備にあたっては，上場会社として相応しい管理体制の構築が求められる。こうした管理体制の構築は簡単にできるものではないが，上場準備を通じて管理体制の強化，充実を図ることで企業経営が組織化，効率化され，企業としての競争力を高めることにつながる。

②　デメリット

一方で，IPOのデメリットとしては，以下のような点が挙げられる。

ⅰ　情報開示やIRへの対応

上場会社には，法令に基づく情報開示（有価証券届出書，有価証券報告書，半期報告書等の開示）や証券取引所規則に基づく開示（適時開示，決算短信等の開示）など，さまざまな情報開示が求められる。

また，上場後は，現在の株主に対してだけでなく，将来の潜在的な株主である投資家や社会への影響も考慮して，各種の情報開示，説明会の開催，統合報告書の作成等のIR（Investor Relations）活動を積極的に行っていかなければならない。

ただし，これらは必ずしもネガティブな側面だけとは限らない。

すなわち，これらを投資家や社会と有効なコミュニケーションを行うことができるチャネルが増えたととらえ，それを積極的に活用し，誠実な情報開示を継続していくことによって，利害関係者や社会からの評価が高まり，その結果，事業活動や資金調達が円滑になっていくケースがある。

そのような場合は，適切な情報開示が企業価値を高め，さらなる成長につながっていくという意味で，企業の負担やデメリットではなく，反対にIPOによるメリットととらえることもできる。

ⅱ　上場関連費用の発生

上場するためには，一定の上場関連費用が発生する。主な費用は，図表1－

1のとおりである。

図表1－1　主な上場関連費用

外部に支払う費用	•証券取引所へ上場する際に支払う上場手数料等 •主幹事証券会社へ支払うアドバイザリー費用，新株発行に伴う手数料等 •監査法人に支払う監査報酬，非監査報酬（コンフォート・レター等） •証券代行会社や信託銀行等の証券代行機関へ支払う株式事務委託費用 •内部管理体制構築支援や上場申請書類の作成支援等に関してコンサルティング会社，弁護士事務所へ支払う費用（必要に応じて）
内部で発生する費用	•内部管理体制の強化のために採用した人員等の人件費（管理部門の強化，IR対応のための人件費等）

ⅲ　買収リスク

上場後は，証券取引所において会社の株式を誰でも取得できるようになることから，場合によっては，意図しない相手によって経営権の取得を目的とした株式取得が進められる等，敵対的な買収のリスクが生じることとなる。

このように，IPOにはメリットとデメリットがあり，すべての会社にとって上場が最善の選択とは限らない。

そのため，上場ありきでなく，自社の経営戦略，社会的使命，事業内容，財政状態等に照らして，上場が自社の成長につながるか，コストやリスクに見合うメリットを享受できるのか等を慎重に検討したうえで，上場するか否かを判断する必要がある。

2 証券取引所と市場区分の概要

項　目	チェック
(1) 証券取引所と市場区分を把握しているか	□
(2) 東京証券取引所の市場区分について理解しているか	□

(1) 証券取引所と市場区分を把握しているか

日本国内の証券取引所としては，東京証券取引所，名古屋証券取引所，福岡証券取引所，札幌証券取引所がある。各証券取引所における市場区分の主な分類は図表1－2のとおりである。

図表1－2　各証券取引所における市場区分の主な分類

	市場区分		
	新興企業以外向け		新興企業向け
東京証券取引所	プライム	スタンダード	グロース
名古屋証券取引所	プレミア	メイン	ネクスト
福岡証券取引所	本則市場		Q-Board
札幌証券取引所	本則市場		アンビシャス

IPOを目指すにあたっては，各証券取引所や市場の特性を踏まえて，上場先を検討していくこととなる。

以下では，これらの証券取引所のうち，最も上場会社数が多い東京証券取引所に関して説明する。

(2) 東京証券取引所の市場区分について理解しているか

東京証券取引所は，上場会社の持続的な成長と中長期的な企業価値向上を支え，国内外の多様な投資家から高い支持を得られる魅力的な現物市場を提供することを目的として，従来の市場第一部，市場第二部，マザーズ，JASDAQ（スタンダード，グロース）の４つの市場区分を，2022年４月４日付けで，プライム市場，スタンダード市場，グロース市場の３つの市場区分に再編している。

各市場区分のコンセプトは，図表１−３のとおりである。

図表１−３　各市場区分のコンセプト

市場区分	コンセプト
プライム	多くの機関投資家の投資対象になりうる規模の時価総額（流動性）を持ち，より高いガバナンス水準を備え，投資者との建設的な対話を中心に据えて持続的な成長と中長期的な企業価値の向上にコミットする企業向けの市場
スタンダード	公開された市場における投資対象として一定の時価総額（流動性）を持ち，上場企業としての基本的なガバナンス水準を備えつつ，持続的な成長と中長期的な企業価値の向上にコミットする企業向けの市場
グロース	高い成長可能性を実現するための事業計画およびその進捗の適時，適切な開示が行われ一定の市場評価が得られる一方，事業実績の観点から相対的にリスクが高い企業向けの市場

（出典）日本取引所グループホームページより作成

なお，３つの市場区分は，それぞれ独立した位置づけとなっている。そのため，すでに上場している会社が異なる市場区分への移行を希望する場合であっても（たとえば，上場する市場区分をグロース市場からプライム市場へ変更する場合），審査が簡略化されることはなく，改めてその市場区分に新規に上場する場合と同じ基準と手続による審査を受けることとなる。

3 上場スケジュールと上場準備体制

項　　目	チェック
(1)　一般的な上場スケジュールを理解しているか	□
(2)　上場準備のための社内体制を構築しているか	□

(1)　一般的な上場スケジュールを理解しているか

IPOするためには，通常は，少なくとも３年程度の準備期間が必要である。一般的な上場スケジュールは，図表１－４のとおりである。

上場準備の開始タイミングは，申請期（N期）を決めて，そこから逆算してスケジュールを組むことが多い。

たとえば，20X6年３月期を申請期（N期）とした場合，その３年前である20X3年３月期（N－３期）中に上場準備を開始するケースが一般的である。

図表１－４　一般的な上場スケジュール

N－４期	N－３期	（直前々期）N－２期	（直前期）N－１期	（申請期）N期

株式上場の検討

上場準備責任部署や担当者によるプロジェクト管理

IPO

内部管理体制の整備・運用

ショート・レビュー実施

監査法人による監査

主幹事証券会社選定

主幹事証券会社による上場準備指導・助言

上場審査

⑵ 上場準備のための社内体制を構築しているか

① 上場準備タスクの把握と社内体制

上場準備にあたっては，主幹事証券会社，監査法人およびその他外部のサポート会社（印刷会社，株式事務を委託する証券代行機関等）の選定，内部管理体制の整備および運用，資本政策の検討および実行，上場申請書類の作成，引受審査および上場審査への対応，IR（Investor Relations）活動等，多くの課題と業務が発生する。

これらの作業は非常に範囲が広く，また，部門横断的なタスクも多い。特に会社の規模が大きい場合には，特定の部署や担当者だけでは十分に対応できないことも想定されることから，上場準備を円滑に進めるために，IPOのためのプロジェクトチームを編成することが有用となる場合がある。

一方で，会社規模が比較的小さい場合には，管理部門が上場準備や全体のとりまとめを行うこともある。この場合でも，営業，開発，製造等の現業部門での対応が必要な課題が生じることが通常であるため，各部署との密な連携が重要となる。

このように，IPOに向けては，まず自社の状況を踏まえて，上場に向けたタスクを識別し，どのような体制で準備を進めていくかを検討することが重要となる。

② プロジェクトチームを編成する場合のポイント

プロジェクトチームを編成する場合は，社長や取締役等のトップマネジメント層を責任者とすることにより，部門横断的な課題解決や調整等に迅速に対応できる体制とすることが必要である。

また，責任者のもとで実際の業務を取り仕切るプロジェクトリーダーは，主幹事証券会社や監査法人の対応窓口となり，プロジェクトチームの各スタッフを指揮し，上場準備の進捗管理を行う実務上の責任者となるため，会社の事業と経理の双方に精通した部門長以上のクラスの人材を選任することが望ましい。経営企画部門の責任者や経理部門の責任者がプロジェクトリーダーを兼任することも多いが，会社規模が大きい場合には，専任のプロジェクトリーダーを置くケースもある。

プロジェクトチームのスタッフは，内部管理体制の構築，上場申請書類の作成，証券会社・証券取引所の審査対応，各部門間の調整等，膨大な量の業務に対応する必要があるため，企業の業務の流れをよく理解し，事務処理能力の高い人材を選任する必要がある。これらの上場準備作業を担当することで，会社全体を俯瞰する視点や能力が養われ，経営管理能力を高める機会にもなる。そのため，プロジェクトチームのスタッフを選考するにあたっては，将来の経営幹部候補の育成等を考慮した人選を行うことも有効である。

コラム１・上場ゴール

株式市場に上場する目的は，本来はIPOのメリットを最大限に活かし，さらなる事業成長を遂げていくことにあるはずです。しかし，上場を果たした会社の中には，上場直後が業績と株価のピークで，その後，当初計画していたような成長ができず，業績が低迷してしまう会社もあります。

このようなケースは，あたかも上場すること自体が目的だったように見えることから「上場ゴール」と呼ばれることがあります。

上場時に会社の株式を取得する投資家は，会社のビジネスに魅力を感じ，その後の成長に期待して，大切な資金を投資しています。会社は，そうした投資家の期待に応えていくために，決して「上場ゴール」といわれないよう，継続した成長への取組みが期待されているといえます。

4 IPOの主な関係者とその役割

項　目	チェック
(1) 主幹事証券会社の役割を理解しているか	□
(2) 監査法人の役割を理解しているか	□
(3) ベンチャー・キャピタルの役割を理解しているか	□
(4) IPOに関わるその他の関係者を理解しているか	□

(1) 主幹事証券会社の役割を理解しているか

IPOにおける重要な関係者として，まず主幹事証券会社が挙げられる。主幹事証券会社の役割は，主に上場に向けて必要となる課題整理および対応等のアドバイスや，第三者的立場で引受審査を行うことである。

主幹事証券会社のIPO関連部門としては，図表1－5のとおり，大きく営業部門，公開引受部門，引受審査部門がある。なお，部門の呼称や業務の範囲は証券会社により異なる場合がある。

図表1－5　主幹事証券会社における主なIPO関連部門の役割

部門	主な役割
営業部門	上場準備会社とのファーストコンタクト，主幹事契約の締結
公開引受部門	上場準備会社のガバナンス体制，内部管理体制等の構築支援（IPOコンサルティング），上場審査対応
引受審査部門	引受審査の実施

営業部門は，IPOを目指す会社とのファーストコンタクトや営業提案等，主に主幹事契約の締結に向けたアプローチを行う部署である。上場準備の早期の段階では，この営業部門から上場スケジュール，事業計画の策定，資本政策の策定，内部管理体制の整備等に関するアドバイスを受けることになる。

主幹事契約を締結した後は，証券会社の窓口は公開引受部門に引き継がれる。

公開引受部門は，主に上場に向けて必要となる課題整理および対応等のアドバイザリー業務を行う部署である。主幹事証券会社とアドバイザリー契約を締結し，公開引受部門と課題の洗い出しを行ったうえで，上場準備を進めていくこととなる。

上場申請に先立ち，主幹事証券会社の引受審査部門による審査が実施される。

引受審査部門による審査は「有価証券の引受け等に関する規則」（日本証券業協会）に基づき実施され，具体的には公開適格性，企業経営の健全性および独立性，事業継続体制，コーポレート・ガバナンスおよび内部管理体制の状況，財政状態および経営成績，業績の見通し，調達する資金の使途，企業内容の適正な開示等の観点から審査が行われる。

引受審査の結果，主幹事証券会社が上場会社として相応しい会社であると判断した場合，証券取引所に対して，上場申請書類とともに「上場適格性調査に関する報告書」を提出し，その後，証券取引所による審査が開始される。

なお，引受審査部門は，独立した第三者として厳格に審査を実施する立場であるため，会社に対するサポーター的な役割である営業部門や公開引受部門とはスタンスが異なる。

(2)　監査法人の役割を理解しているか

①　監査法人の役割

IPOにあたって会社は財務諸表等を開示するが，財務諸表等は，投資家が上場会社の株式を取得するか否かの意思決定を行うにあたって最も重要な情報であるため，その信頼性を確保することが必要になる。

そこで監査法人は，会社から独立した第三者として会社が作成した財務諸表等を監査し，財務諸表等が適正に作成されているかどうかについての監査意見を表明する。

また，監査法人は，財務諸表等についての監査意見を表明するだけでなく，監査の過程で識別した会計，開示上の課題や内部管理上の課題を会社と共有し，企業価値を高めていくための助言も行う。

② 監査報告書

上場申請書類に含まれる財務諸表等には，証券取引所の規則により，監査法人による監査を受け，直前々期（N−2期）と直前期（N−1期）の2期分の監査報告書を添付することが求められている。

上場申請書類に含まれる財務諸表等に係る監査報告書は，直前々期（N−2期）と直前期（N−1期）ともに，図表1−6で示すとおり，上場承認時までにまとめて発行される。

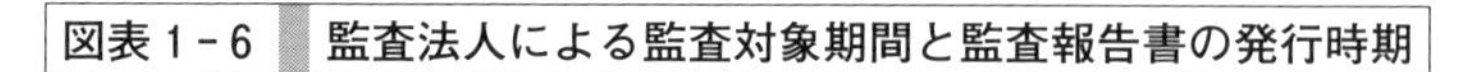
図表1－6 監査法人による監査対象期間と監査報告書の発行時期

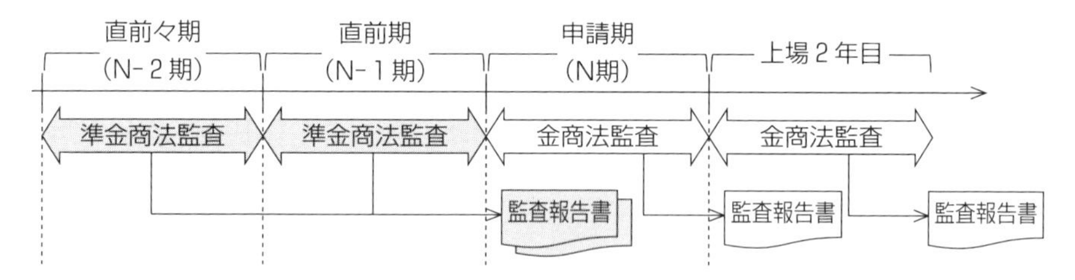

③ ショート・レビュー

監査契約の締結に先立って，通常，監査法人のショート・レビューが実施される。

ショート・レビューの目的はIPOに向けての会社の課題を整理することにあり，予備調査，短期調査と呼ばれることもある。

ショート・レビューの調査事項は多岐にわたり，経営管理体制，株式の保有状況，契約条項，知的財産の権利関係，人事労務の法令遵守状況，許認可に関する法令遵守状況，紛争状況，会計方針および会計処理の妥当性等について調査が行われる。

ショート・レビューで検出された課題については，その性質や内容に応じて，主幹事証券会社，監査法人，顧問弁護士等と協議しながら，解決を図っていくこととなる。

(3) ベンチャー・キャピタルの役割を理解しているか

① ベンチャー・キャピタルとは

ベンチャー・キャピタル（Venture Capital，VC）とは，成長が見込まれる有望な未上場会社に対し，その未上場会社が将来IPOした際等にキャピタルゲインを得ることを目的として投資を行う会社や組織をいう。

未上場会社は，金融機関に担保として提供する資産を保有しておらず，また信用力も十分とはいえないため，場合によっては，金融機関からの借入が困難なケースもある。ベンチャー・キャピタルは，担保主義ではなく，未上場会社の将来の成長性を評価して投資を行うため，未上場会社にとって成長のための資金の重要な供給源となっている。

また，ベンチャー・キャピタルは，投資を行うだけでなく，投資先企業に対する役員の派遣，新規取引先や人材の紹介，経営管理制度の構築に関する助言等を積極的に行うケースも多い。このように，投資先企業に対し，積極的に経営改善の支援を行うことをハンズオンという。

② ベンチャー・キャピタルから出資を受ける際の留意点

ベンチャー・キャピタルは，投資先企業の上場時にキャピタルゲインを得ることを目的として会社に投資を行う。したがって，投資を受けた場合はIPOを目指すことが大前提となるため留意が必要である。

また，成長過程にある未上場会社に投資することはベンチャー・キャピタルにとってリスクとなるため，リスクを減らすために，投資契約上，さまざまな制約や条件が付されることとなる（詳細は，第4章参照）。

これらの条件が会社として受入れ可能なものか否かを検討し，もし受け入れることが難しいものがある場合には，条件の緩和や撤廃についてベンチャー・キャピタルと交渉することが必要となる。

資本政策の観点からは，ベンチャー・キャピタルは上場後6か月程度で株式を売却することが多いため，安定株主にはなりえないということに留意が必要である。ベンチャー・キャピタルの保有比率が大きい場合，ベンチャー・キャピタルによる株式の売却時に一時的に需給バランスが崩れる等して，株価に影響を与える可能性があることにも留意が必要である。

(4) IPOに関わるその他の関係者を理解しているか

IPOでは，証券会社や監査法人のほかにも，図表1－7のとおり，複数の関係者が関与するため，こうした関係者とも十分に連携を図りながら，上場準備を進めていく必要がある。

図表1－7　IPOに関わるその他の関係者の役割

主な関係者	役　割
証券代行機関	• 株主名簿管理人として株主名簿の作成や配当処理等の株式に関する事務を円滑に行うための機関である。 • 主に信託銀行や証券代行会社がその役割を担う。 • 株主総会のサポートとして，株主総会での想定問答の提供等，株主総会当日の運営方法についてもアドバイスを行う。
印刷会社	• 上場時の申請書類の作成，上場後の有価証券報告書等ディスクロージャー書類の作成支援等を行う。
IPOコンサルタント	• 経営管理体制整備についての助言および指導，システム構築に関する支援等を行う。

コラム２・監査法人に財務諸表を作成してもらうことはできるのか？

監査法人の役割を正しく理解しているでしょうか。記帳代行を行う会計事務所や税理士事務所と同じように監査法人に財務諸表を作成してもらおうと思っていないでしょうか。

監査法人は，一義的には，財務諸表等が適正であるか否かについて意見表明を行うことが職務ですが，もう１つの役割として，会社が財務諸表を適正に作成するため，内部統制の構築や会計処理，開示について指導や助言をすることが挙げられます。しかし，指導や助言を超えて，監査法人自身が財務諸表の作成や，内部管理体制の構築に関与することはできません。なぜなら，自ら作成した財務諸表を自ら監査する自己監査になってしまい，独立の第三者による監査が成り立たなくなるためです。

財務諸表を作成する責任は会社にあり，会社が作成した財務諸表等に対して監査意見を表明する責任は監査法人にあります。これを二重責任の原則といいます。会社と監査法人がそれぞれの立場および責任をしっかりと理解し，適正な財務諸表を開示していくことが重要です。

5 上場審査の概要

項　目	チェック
(1) 上場審査の目的，概要を理解しているか	□
(2) 形式要件を確認しているか	□
(3) 実質審査基準を確認しているか	□
(4) 上場審査のスケジュールや手続を把握しているか	□

(1) 上場審査の目的，概要を理解しているか

上場審査は，会社がパブリックカンパニーになるにあたり，上場会社として一定の適格性を有しているか否かを判断するために，証券取引所によって実施される審査である。

上場審査は，証券取引所が設けている有価証券上場規程等に定めた上場審査基準に基づいて実施される。

東京証券取引所の上場審査基準には，図表１－８のとおり，主に①株主数や流通株式時価総額等の定量的な基準である「形式要件」と，②コーポレート・ガバナンスや内部管理体制の構築状況等の定性的な基準である「実質審査基準」がある。

図表１－８　主な上場審査基準

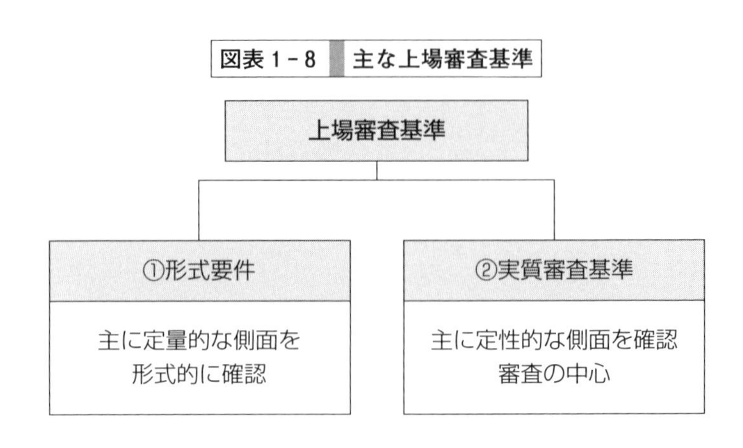

(2) 形式要件を確認しているか

東京証券取引所では，各市場区分のコンセプトに応じ，株主数，流通株式数，流通株式時価総額，売買代金，流通株式比率，収益基盤（経営成績），財政状態等の定量的な基準（形式要件）を設けている。

① プライム市場の上場基準

プライム市場は，多くの機関投資家の投資対象となりうる規模の時価総額（流動性）を持ち，より高いガバナンス水準を備えた企業向けといったコンセプトを踏まえて，実質的に最上位の市場区分と位置づけられており，3つの市場区分の中で，形式要件の水準が最も高く設定されている。

プライム市場の上場基準は，図表1-9のとおりである。なお，収益基盤については，「売上高100億円以上かつ時価総額1,000億円以上」の要件を満たすことで，赤字での上場も可能な取扱いとなっている。売上高・時価総額要件があることから，同じく赤字上場が可能なグロース市場と比べて，相対的に規模が大きい会社による赤字上場が想定されている。

② スタンダード市場の上場基準

スタンダード市場は，一定の時価総額（流動性）を持ち，上場会社としての基本的なガバナンス水準を備えている企業向けの市場というコンセプトを踏まえて，3つの市場区分の中では中間的な位置づけの市場区分となっている。なお，プライム市場やグロース市場と異なり，赤字上場は認められていない。

スタンダード市場の上場基準は，図表1-10のとおりである。

③ グロース市場の上場基準

グロース市場は，成長可能性が高い新興企業向けの市場区分として位置づけられている。このため，株主数，流通株式数，流通株式時価総額は，最も低い水準が設定されている。また，収益基盤，財政状態については基準が設けられていないため，赤字上場が可能となっている。

一方で，他の市場区分と比べて高い成長性があるものの，事業リスクが相対的に高い企業が上場するというコンセプトを踏まえて，高い成長可能性を実現するための取組みを「事業計画及び成長可能性に関する事項」として上場時から継続的に開示することが求められている。

グロース市場の上場基準は，図表１-11のとおりである。

図表１－９　プライム市場の上場基準

<table>
<tr><th>項目</th><th>考え方</th><th>概　　要</th></tr>
<tr><td>流動性</td><td>多様な機関投資家が安心して投資対象とすることができる潤沢な流動性の基礎を備えた銘柄を選定</td><td>
<table>
<tr><th>項目</th><th>新規上場基準</th><th>上場維持基準</th></tr>
<tr><td>株主数</td><td>800人以上</td><td>800人以上</td></tr>
<tr><td>流通株式数</td><td>20,000単位以上</td><td>20,000単位以上</td></tr>
<tr><td>流通株式時価総額</td><td>100億円以上</td><td>100億円以上</td></tr>
<tr><td>売買代金</td><td>時価総額
250億円以上</td><td>平均売買代金
0.2億円以上</td></tr>
</table>
</td></tr>
<tr><td>ガバナンス</td><td>上場会社と機関投資家との間の建設的な対話の実効性を担保する基盤のある銘柄を選定
【コーポレートガバナンス・コード（一段高い水準の内容を含む）全原則の適用】</td><td>投資家との建設的な対話の促進の観点から，いわゆる安定株主が株主総会における特別決議可決のために必要な水準（３分の２）を占めることのない公開性を求める
<table>
<tr><th>項目</th><th>新規上場基準</th><th>上場維持基準</th></tr>
<tr><td>流通株式比率</td><td>35%以上</td><td>35%以上</td></tr>
</table>
</td></tr>
<tr><td>経営成績・財政状態</td><td>安定的かつ優れた収益基盤・財政状態を有する銘柄を選定</td><td>
<table>
<tr><th>項目</th><th>新規上場基準</th><th>上場維持基準</th></tr>
<tr><td rowspan="3">収益基盤</td><td>最近２年間の利益合計が25億円以上</td><td rowspan="3">－</td></tr>
<tr><td>または</td></tr>
<tr><td>売上高100億円以上かつ時価総額1,000億円以上</td></tr>
<tr><td>財政状態</td><td>純資産額50億円以上</td><td>純資産額が
正であること</td></tr>
</table>
</td></tr>
</table>

（出典）　日本取引所グループホームページより作成

図表１-10　スタンダード市場の上場基準

<table>
<tr><th>項目</th><th>考え方</th><th>概　要</th></tr>
<tr><td>流動性</td><td>一般投資者が円滑に売買を行うことができる適切な流動性の基礎を備えた銘柄を選定</td><td>
<table>
<tr><th>項目</th><th>新規上場基準</th><th>上場維持基準</th></tr>
<tr><td>株主数</td><td>400人以上</td><td>400人以上</td></tr>
<tr><td>流通株式数</td><td>2,000単位以上</td><td>2,000単位以上</td></tr>
<tr><td>流通株式時価総額</td><td>10億円以上</td><td>10億円以上</td></tr>
<tr><td>売買高</td><td>－</td><td>月平均10単位以上</td></tr>
</table>
</td></tr>
<tr><td>ガバナンス</td><td>持続的な成長と中長期的な企業価値向上の実現のための基本的なガバナンス水準にある銘柄を選定【コーポレートガバナンス・コード全原則の適用】</td><td>上場会社として最低限の公開性を求める（海外主要取引所と同程度の基準を採用）
<table>
<tr><th>項目</th><th>新規上場基準</th><th>上場維持基準</th></tr>
<tr><td>流通株式比率</td><td>25%以上</td><td>25%以上</td></tr>
</table>
</td></tr>
<tr><td>経営成績・財政状態</td><td>安定的な収益基盤・財政状態を有する銘柄を選定</td><td>
<table>
<tr><th>項目</th><th>新規上場基準</th><th>上場維持基準</th></tr>
<tr><td>収益基盤</td><td>最近１年間の利益合計が１億円以上</td><td>－</td></tr>
<tr><td>財政状態</td><td>純資産額が正であること</td><td>純資産額が正であること</td></tr>
</table>
</td></tr>
</table>

（出典）　日本取引所グループホームページより作成

図表1-11　グロース市場の上場基準

<table>
<tr><th>項目</th><th>考え方</th><th>概　要</th></tr>
<tr><td>流動性</td><td>一般投資者の投資対象となりうる最低限の流動性の基礎を備えた銘柄を選定</td><td><table><tr><th>項目</th><th>新規上場基準</th><th>上場維持基準</th></tr><tr><td>株主数</td><td>150人以上</td><td>150人以上</td></tr><tr><td>流通株式数</td><td>1,000単位以上</td><td>1,000単位以上</td></tr><tr><td>流通株式時価総額</td><td>5億円以上</td><td>5億円以上</td></tr><tr><td>売買高</td><td>－</td><td>月平均10単位以上</td></tr></table></td></tr>
<tr><td>ガバナンス</td><td>事業規模，成長段階を踏まえた適切なガバナンス水準にある銘柄を選定
【コーポレートガバナンス・コード基本原則のみ適用】</td><td>上場会社として最低限の公開性を求める（海外主要取引所と同程度の基準を採用）<table><tr><th>項目</th><th>新規上場基準</th><th>上場維持基準</th></tr><tr><td>流通株式比率</td><td>25%以上</td><td>25%以上</td></tr></table></td></tr>
<tr><td>事業計画</td><td>高い成長可能性を実現するための事業計画を有し，投資者の適切な投資判断が可能な銘柄を選定</td><td>次の要件のいずれにも該当していること
• 事業計画が合理的に策定されていること
• 高い成長可能性を有しているとの判断根拠に関する主幹事証券会社の見解が提出されていること
• 事業計画および成長可能性に関する事項（ビジネスモデル，市場規模，競争力の源泉，事業上のリスク等）が適切に開示され，上場後も継続的に進捗状況が開示される見込みがあること
高い成長可能性の健全な発揮を求める観点から，以下の基準が設定されている<table><tr><th>項目</th><th>新規上場基準</th><th>上場維持基準</th></tr><tr><td>時価総額</td><td>－</td><td>上場10年経過後40億円以上</td></tr></table></td></tr>
</table>

（出典）　日本取引所グループホームページより作成

上記以外の形式要件としては，事業継続年数が挙げられ，プライム市場，スタンダード市場は３年間，グロース市場は１年間の事業継続期間が必要とされている。

その他，監査法人による監査等，証券代行機関の設置，単元株式（100株）の設定，株式の譲渡制限廃止等の要件もある。

また，グロース市場においては，原則として新規上場時に新株発行による株式公募（500単位以上）を行う必要があるが，新規上場時に時価総額250億円以上が見込まれる場合には，株式公募は不要とされている（2023年３月規則改正）。

コラム３・「上場審査に関するFAQ集」の公表

上場準備において，グロース市場であっても黒字でないと上場できない，M&Aをすると上場できないといった一部誤解に基づく話を聞くことがあります。このため，このような誤解がIPOを目指す経営者を過度に保守的にさせてしまい，会社の成長を阻害しているのではないかと指摘されてきました。

これを受けて，東京証券取引所および日本取引所自主規制法人は，2024年５月31日に，「上場審査に関するFAQ集」を公表しました。この中で，「赤字上場」，「上場準備期間におけるM&A」，「予算と実績の乖離」，「業績予想開示」といった具体的な事例を用いて，上場審査の考え方が紹介されています。

- 赤字上場

グロース市場では赤字であっても上場はできることが明示されています。ただし，成長の実現に向けた取組みを事業計画に合理的に反映させることが必要とされています。また，「上場できる」ということと「投資家に評価される」ということは別の話であって，投資家が適切に評価を行えるよう，自社の成長可能性やそれを実現するための事業計画について，特に丁寧に開示することを心掛けるよう期待されています。

- 上場準備期間におけるM&A

上場準備期間にM&Aを行っている事例が多くあり，また，上場準備期間にM&Aを実施しないことを求める制度自体がないことを明示しています。ただし，上場準備期間にM&Aを行った場合，その影響を踏まえた事業計画の策定やM&A対象を含むグループ全体の管理体制の整備を適切に行う必要があり，さらに，IPOの支援を行う関係者と事前に十分なコミュニケーションをとり，IPOに向けてどのような対応が必要になるのかを協議することが重要とされています。

- 予算と実績の乖離

上場審査においては，予算が合理的に策定されていれば，その後に予算と実績が乖離したこと自体を問題視することはないとされています。予算と実績が乖離して予算の修正が必要となった場合，適切なタイミングで予算が修正されているか，修正後の予算が原因分析を踏まえて合理的に策定されているかが確認されます。

- 業績予想開示

業績予想の開示においては，特定値以外の開示も可能とされています。業績の見通しが立てづらく，特定値での開示が逆にミスリードになるような場合は，前提条件を付して一定のレンジで業績予想を公表したり，業績予想を非開示とするケースもあるとされています。ただし，たとえば業績予想を非開示とする場合，業績面以外の事業計画や業績の進捗状況を丁寧に開示するなど，投資家の理解が進むよう，業績予想の出し方について工夫をすることも考えられるとされています。

コラム４・グロース市場において，赤字上場する会社はどんな会社？

IPOの際に業績が赤字の状態で上場することを「赤字上場」と呼びます。

グロース市場の場合，形式要件に利益基準はありませんので，業績が赤字であっても上場することができます。2023年にグロース市場に上場した会社は67社でしたが，このうち①直前期（N-１期）に赤字（経常損益）であり，かつ，②上場日に公表した業績予想においても赤字（経常損益）だった会社は９社（約13%）ありました。

これらの会社が赤字であるにもかかわらず上場できる（株式の買い手がいる）のは，将来の成長期待があるからであるといえます。単に業績不振で赤字となっている会社の場合には，株式の買い手はつきにくく，上場することは困難でしょう。

赤字上場した多くの会社に共通することは，①将来の先行投資により赤字になっていること（決して業績不振ではなく，戦略的な赤字であること），②売上高（そのベースとなるKPIを含む）の増加をトラックレコード（過去の実績）として示すことができること，③将来の成長性が期待されること等が挙げられます。

こうした点が開示資料等を通じて，丁寧に説明され，投資家からの評価が得られれば，株式の買い手がつき，赤字の状態でも上場することができると考えられます。

(3) 実質審査基準を確認しているか

上場審査では，実質審査基準に基づく審査として，上場会社としての適格性を備えているかを重点的に確認するため，有価証券上場規程等において定められた５つの適格要件に適合するかが判断される。

東京証券取引所の各市場区分の実質審査基準の概要は，図表１-12のとおりである。各市場区分には，いずれも５つの実質審査基準があることは共通しているが，一部の項目については，それぞれの市場区分のコンセプトを反映させており，他の市場区分と異なる取扱いとしている内容もある。

図表 1-12　東京証券取引所の各市場区分の実質審査基準の概要

<table>
<tr><th></th><th>プライム</th><th>スタンダード</th><th>グロース</th></tr>
<tr><td rowspan="2">①</td><td colspan="2">企業の継続性及び収益性</td><td>事業計画の合理性</td></tr>
<tr><td>継続的に事業を営み，安定的かつ優れた収益基盤を有していること</td><td>継続的に事業を営み，かつ，安定的な収益基盤を有していること</td><td>相応に合理的な事業計画を策定しており，当該事業計画を遂行するために必要な事業基盤を整備していること又は整備する合理的な見込みのあること</td></tr>
<tr><td rowspan="2">②</td><td colspan="3">企業経営の健全性</td></tr>
<tr><td colspan="3">事業を公正かつ忠実に遂行していること</td></tr>
<tr><td rowspan="2">③</td><td colspan="3">企業のコーポレート・ガバナンス及び内部管理体制の有効性</td></tr>
<tr><td colspan="2">コーポレート・ガバナンス及び内部管理体制が適切に整備され，機能していること</td><td>コーポレート・ガバナンス及び内部管理体制が，企業の規模や成熟度等に応じて整備され，適切に機能していること</td></tr>
<tr><td rowspan="2">④</td><td colspan="2">企業内容等の開示の適正性</td><td>企業内容，リスク情報等の開示の適切性</td></tr>
<tr><td colspan="2">企業内容等の開示を適正に行うことができる状況にあること</td><td>企業内容，リスク情報等の開示を適切に行うことができる状況にあること</td></tr>
<tr><td>⑤</td><td colspan="3">その他公益又は投資者保護の観点から東証が必要と認める事項</td></tr>
</table>

実質審査基準の主なポイントは以下のとおりである。

①　企業の継続性及び収益性（グロース市場は「事業計画の合理性」）

企業の継続性及び収益性（グロース市場は「事業計画の合理性」）の観点からは，たとえば，以下のような点が確認される。

【各市場区分共通】

(i)　事業計画が適切に策定されているか

提出された会社の事業計画が，適切な方法およびプロセスで策定されているか，前提条件等が合理的に設定されているか等が確認される。仮に事業計画が経営者の独断的な立案によって社内の努力目標的な計画となっている場合や，会社内の正式な手続を経た合理的な計画ではない場合には，適切な方法およびプロセスで策定されていないものとして，審査上，問題視されるおそれがある。

なお，グロース市場への上場を目指す会社の中には，将来の収益基盤を築くための先行投資によって，上場申請時点では赤字が継続している会社もある。このような会社の場合には，どのような要因によって赤字となっているのか，将来的に黒字化するタイミングとしていつを想定しているのか，事業計画の重要な前提条件は何か，KPI（Key Performance Indicator，重要業績評価指標）としてどのような指標を設定し，モニタリングしているのか等の観点が審査のポイントとなる。

【プライム，スタンダード】
(ii)　今後，安定的に（相応の）利益を計上できる合理的な見込みがあるか

会社の経営活動や事業計画に基づいて，上場後に安定的に利益を計上できる合理的な見込みがあるかが確認される。

なお，プライム市場では，安定的に「相応の」利益を計上できるかが確認されることとなっており，スタンダード市場よりも高い利益水準が求められている。こうした考え方は，過去実績をベースに判断する形式要件にも反映されている。具体的には，プライム市場が「最近２年間の利益合計が25億円以上」であるのに対し，スタンダード市場が「最近１年間の利益合計が１億円以上」といった水準の違いがある。

【プライム，スタンダード】
(iii)　経営活動が安定かつ継続的に遂行することができるか

上場準備会社の企業グループの経営活動が，上場後も安定的に行われるかどうかを実態面から確認される。

たとえば，販売については，主要な販売先との関係が良好であるかどうか，主要な販売先に経営不振の会社がないかどうか等が確認される。特に主要な販売先への依存度がきわめて高い場合に，主要な販売先との関係悪化や，主要な販売先が経営不振に陥ることにより，会社の売上高が急激に減少してしまうリスクが想定される。そのようなリスクに対応するため，他の販売先の拡大等，主要な販売先への依存度を下げるための取組み等も確認される。

【グロース】
(iv) 事業計画を遂行するために必要な事業基盤が整備されているか

グロース市場では，会社が相応に合理的な事業計画を策定しており，それを遂行するために必要な事業基盤を整備しているか（または整備する合理的な見込みがあるか）という観点から審査される。

この場合の事業基盤とは，事業計画を実現するために当面必要となるヒト，モノ，カネ，情報といった経営資源を意味する。審査時点で事業基盤が十分ではない場合でも，今後の事業拡大にあわせて上場時の調達資金を用いて設備投資を行う具体的な計画があるケースや，合理的な人員確保の計画があるケース等については，今後，事業基盤が整備される合理的な見込みがあると評価される可能性もある。

② 企業経営の健全性

「企業経営の健全性」は，各市場区分に共通する項目であり，株主の利益が不当に損なわれることがないように，事業を公正かつ忠実に遂行しているかどうかが確認される。

具体的には，関連当事者等との取引を通じて，経営者等の特定の利害関係者に対して不当に利益を供与していないか等が確認される（詳細は，第８章を参照）。

なお，企業買収手法であるレバレッジド・バイ・アウト（Leveraged Buy Out，LBO）を利用している場合，上場審査では，企業経営の健全性の観点から慎重な検討が行われる。

LBOとは，企業買収に用いられる手法の１つであり，買収先企業の資産や将来キャッシュ・フローを担保として，金融機関等から資金調達をして行う企業買収手法をいう。LBOの最大の特徴は，企業を買収するための借金を，買収対象会社自身に負担させることである。これにより，買い手は，すべて自己資金で買収する場合と比べて，より少ない手持ち資金で大きな会社を取得することが可能となる。

一般的には，ファンドが投資対象とした会社を買収する際にLBOを活用し，その先のエグジット戦略として，投資先企業の株式上場を目指す事例が見受けられる。ファンドが投資対象とする会社は，プライム市場への上場を目指すような比較的規模が大きい会社が多いが，中にはグロース市場への上場を目指すベンチャー企業を買収する際にLBOを活用する事例も見受けられる。

LBO自体は，企業買収に用いられる手法の１つであり，LBOそのものが問題視されるわけではない。一方で，LBOを活用することで，会社に多額ののれんや借入金が生じ，財務リスク（のれんの減損リスクや自己資本比率の低下）を高める側面がある。こうした財務リスクは，上場後に株主となる投資家にとって必ずしも望ましいものではないため，上場審査上は，以下の観点から慎重な検討が行われる。

【LBOが行われた場合の主な検討内容】

LBOに関与した株主が上場後も経営者として会社に関与する場合

■一定のガバナンス体制の強化が図られているか（たとえば以下の対応）
- LBOの問題意識を踏まえた十分な牽制が期待できる独立社外取締役の選任
- 独立社外取締役が過半数を占める任意の指名・報酬委員会の設置

会社に多額ののれんと借入金が計上されている場合

■LBO後の事業の進捗や企業価値向上の取組みの実績を踏まえ，のれんや借入金によって生じる財務リスクが相応に低減されているか(※)

（※）グロース市場に上場する，利益水準が小さく，事業基盤が不安定な企業については，借入金やキャッシュ・フローの計画が慎重に確認される。

LBOに関与した株主が新規上場時に多くの株式を売り出す場合

■上場後のリスクテイクの考え方（上場時に売り抜ける方針ではないか）

その他

■LBOの実施から上場までの期間も考慮
■LBOの目的，LBOにより会社に生じているガバナンス上の課題と対応方針，上場後の財務リスクの低減や企業価値向上に向けた考え方について，「Ⅰの部」等へ適切に記載されているか

仮にLBO後に財務リスクの低減や企業価値向上等の実績が見出せない場合は，LBOに関与した当事者が自己の利益を優先し，上場後の株主にリスクを転嫁しただけではないかという評価につながるおそれがあるため，留意が必要である。

③ 企業のコーポレート・ガバナンス及び内部管理体制の有効性

「企業のコーポレート・ガバナンス及び内部管理体制」の観点からは，たとえば，以下のような点が確認される。

【各市場区分共通】
(i) 役員の適正な職務の執行を確保するための体制が適切に（相応に）整備および運用されているか

会社が適切なコーポレート・ガバナンス体制を構築し，有効に機能しているかが審査される。具体的には，コーポレート・ガバナンスの基本的な考え方を踏まえ，現在の機関設計を採用した経緯，役員構成に関する考え方（独立社外取締役の人数，社内取締役と社外取締役の比率を含む）等が確認される。

特に，過去に不祥事や問題が生じた会社や支配株主等からの強い影響力が存在する等，ガバナンス上の懸念がある会社の場合には，通常よりも強化したガバナンス体制の構築（独立社外取締役の増員や任意の指名報酬委員会の設置による牽制強化等）や運用実績が求められることがあるため，留意が必要である。

また，常勤監査役等や独立役員に対する面談等を通じて，それぞれの業務内容や業務に対する取組状況が確認される。監査役（監査役会）監査については，形式ではなく実効性を伴っているか，という視点が重要である。常勤監査役によっては，稀ではあるが，監査の手続が取締役会等の一部会議体への出席に留

まっているケースや，監査調書をほとんど作成していないケース等，監査の実効性に疑念を抱かせる事例も見受けられる。

監査役は，会社のコーポレート・ガバナンスの要である。そのため，単に取締役会等の会議体への出席だけでなく，会社にどのようなリスクがあるかを分析したうえで，実施する監査手続として現場実査，従業員へのヒアリング，重要書類や取引証憑等の閲覧などの各種手続の範囲やその深度を検討するとともに，監査調書として記録に残す等，監査を実効的なものとするための取組みが不可欠となる。

【各市場区分共通】
(ii)　内部管理体制が適切に（相応に）整備および運用されているか

会社が上場会社として経営活動を適切かつ継続的に行っていくために，十分な管理体制が整備および運用されているかどうかが確認される。この場合，効率的な経営活動を行いながら，同時に不正，誤謬，不測の損害を未然に防止する等，リスクへの適切な対応ができるかどうかも重要なポイントとなる（詳細は，第６章参照）。

なお，プライム市場，スタンダード市場においては，管理組織が「適切に」整備および運用されているかが問われるのに対し，グロース市場においては，「相応に」整備および運用されているかが問われる。これは，会社が小規模な組織である場合も想定し，必ずしもプライム市場，スタンダード市場と同水準の内部管理体制が求められているわけではないことを意味する。たとえば，実効的な内部監査の実施を前提として，管理部門の担当者が内部監査担当者を兼任するといった対応も考えられる。ただし，担当者が所属する管理部門に対する内部監査については，別の部門にも内部監査担当者をおき，その者に担当させる等，自己監査とならないような工夫が必要となる。

【各市場区分共通】
(iii) 経営活動の安定かつ継続的な遂行および適切な内部管理体制の維持のために必要な人員が確保されているか

会社が事業活動を行ううえで，必要な人員を確保できる体制であるかが確認される。

たとえば，会社の離職率が同業種の離職率よりも高い状況にある場合には，必要な人材が確保できなくなり，事業に支障をきたすのではないかといった懸念を抱かれるおそれがある。こうした場合には，人材の定着率を向上させるための施策等の対応を検討する必要がある。

【各市場区分共通】
(iv) 実態に即した会計処理基準を採用し，必要な会計組織が適切に整備および運用されているか

上場後の開示資料を適切に作成するためには，日々の経理処理等が適切に行われていることが前提となるが，こうした経理処理を適切に行うために必要な会計組織（管理部門）が適切に整備されているかが確認される。

また，管理部門の整備にあたり，個人の経験，能力に依拠する属人的な体制となっていないかについても確認される。特にグロース市場への上場を目指す会社では，管理部門が少人数のケースがあるが，管理部門の退職者が1名出ただけでも実務に大きな支障が生じ，場合によっては開示期限に間に合わなくなるといったおそれもある。そうした事態を避けるためにも，日頃からフォロー・バックアップ体制ができているかを検討する必要がある。

【各市場区分共通】
(v) 法令遵守の体制が適切に整備，運用され，重大な法令違反となるおそれのある行為を行っていないか

この観点からは，会社のコンプライアンス（法令遵守）体制の整備状況が確認される。

具体的には，会社の経営活動に関係する法規制，監督官庁等による行政指導の状況が確認される。また，内部監査，監査役監査等の監査項目の中に，経営活動に関する法規制等の項目が反映されているかが確認される。これは，言い換えれば，会社が外部からの指摘ではなく，自ら問題点を把握し，改善するといった自律的な対応を図ることのできる体制があるかを確認するものといえる。この観点からは，内部監査や監査役監査の指摘があった場合，指摘後のフォローアップまでしっかり行うことが重要である。もし指摘されたまま，改善が行われずに，放置されている場合には，監査を通じた自律的な対応が図られないとの心証を抱かれるおそれがあるため，留意が必要である。

また，上場審査上は，過去に法令違反等が発生している場合，重大性に応じて，この違反に伴って生じた問題の改善状況および再発防止体制の状況について慎重に確認される。

④　企業内容等の開示の適切性（グロース市場の場合は「企業内容，リスク情報等の開示の適切性」）

この観点からは，適切な企業内容等の情報開示ができる体制が整備されているかが確認される。審査項目としては，たとえば，以下のような内容が挙げられる。

(i)　予算実績管理

重要な審査項目の1つとして月次の予算実績管理があり，業績の動向等を適時かつ的確に把握できるかが確認される。

月次の予算実績管理のポイントの1つとして，①単月ベースと，②期首からの累計ベースの両方の観点から分析を行うことが挙げられる。たとえば，3月決算の会社を前提として，9月までの実績が出ている場合，①は9月単月ベースの予実分析，②は4月～9月までの累計ベースの予実分析を意味する。

上場準備を始めた段階では，月次の予実分析が，①か②のいずれか一方の観点からのみの分析に留まっているケースが見受けられる。しかしながら，一方の分析だけでは，予算と実績の乖離状況を的確に把握できないおそれがある。

場合によっては，審査上，業績予想の適時適切な修正を行うための体制構築が不十分との評価につながるおそれもあるため，留意が必要となる。

(ii) 情報開示内容，姿勢

自社のビジネスモデル，業績，強み，成長性等の情報を投資家に対して適切に開示することは，投資判断材料を提供するという観点からきわめて重要である。特に自社の強みや成長性をどのようにアピールするかは，公開価格や上場後の株価にも影響する重要な要素となりうる。

一方で，強みや成長性をアピールすることに意識が行きすぎるあまり，開示内容が投資家をミスリードする内容となっていないかについては，留意が必要である。単純な記載誤りについては修正すれば済むこともあるが，実態を反映しない，誇張しすぎた表現が繰り返されていると，会社の開示姿勢そのものが問題視され，場合によっては上場審査の判断にも影響を与えるおそれがある。

たとえば，以下のような表現には注意が必要である。

- 収益性が高い事業について，会社全体に占める割合はごく一部であるにもかかわらず，その事業があたかも会社の主力事業であるとの誤解を与えるおそれがある表現
- 今後予定している施策や取組みにもかかわらず，あたかもすでにできているかのような表現

(iii) リスク情報の開示

グロース市場は，前述のコンセプトに記載のとおり，事業実績の観点から相対的にリスクが高い企業が上場するマーケットと位置づけられている。こうした特徴から，グロース市場に上場する会社については，プライム市場，スタンダード市場以上に「リスク情報」をより丁寧に開示するという観点が重要なポイントとなっている。

具体的には，「新規上場申請のための有価証券報告書（Ⅰの部）」(※)，「有価証券届出書」(※)における「事業等のリスク」や，「事業計画及び成長可能性に関する事項」(※)に，自社のビジネスを踏まえたリスク情報（認識するリスク，

リスク対応策）を投資家にわかりやすく開示することが重要である。

（※）　詳細は，(4)②（34頁）を参照。

その他，インサイダー取引防止の観点から，会社情報の公表までの間の情報管理が十分かについても確認される。

⑤　その他公益または投資者保護の観点から東証が必要と認める事項

この観点は，いわゆるバスケット条項としての位置づけであり，「①企業の継続性及び収益性」から「④企業内容等の開示の適切性」以外で，公益または投資者保護の観点から，上場会社として不適格と判断されるような状況がないかが審査される。

主な審査内容としては，以下の項目が挙げられる。

- 株主または外国株預託証券等の所有者の権利内容およびその行使が不当に制限されていないか
- 経営活動や業績に重大な影響を与える係争または紛争を抱えていないか
- 主要な事業活動において許認可等を必要とする場合，当該許認可等を継続して更新できる状況にあるか
- 暴力団等の反社会的勢力が会社の経営活動に関与していないか

その際，会社の役員および株主等の属性は，審査における重要な確認項目の１つである。たとえば，役員や株主等が，過去に何らかの犯罪や刑事事件に関与している場合，その個人に対する批判に留まらず，会社のレピュテーションへ悪影響を及ぼすおそれや，事業展開における支障となることもある。このため，既存役員や株主はもちろんのこと，新たな人物が役員に就任する場合や，新たに出資を受ける等の局面においては，その経歴や風評に懸念がある人物ではないかという観点からの属性チェックがきわめて重要となる。

また，CtoC等のプラットフォーム型の事業を展開する会社においては，ビジネスモデルの特性上，不特定多数の個人等がサービスを利用することが想定されるため，場合によっては犯罪や不正等に利用されるおそれがある。その他公益または投資者保護の観点からは，プラットフォーム事業者として，違法な

取引や社会通念上問題のある取引を防止するためのモニタリング体制等，サービスの健全性を確保するための取組み体制が確認される。

(4)　上場審査のスケジュールや手続を把握しているか

①　上場審査のスケジュール

証券取引所による上場審査は，プライム市場，スタンダード市場の審査期間は，上場申請から上場承認日まで3か月，グロース市場の審査期間は2か月を目安として実施される。

グロース市場における上場承認までのスケジュール例は，図表1-13のとおりである。

図表1-13　上場審査スケジュール（3月決算で12月上場の場合）

9月				10月				11月				12月			
1W	2W	3W	4W	1W	2W	3W	4W	1W	2W	3W	4W	1W	2W	3W	4W
	上場申請エントリー	事前確認	上場申請	第1回 質問書受領→回答期日・ヒアリング	第2回 質問書受領→回答期日・ヒアリング		第3回 質問書受領→回答期日・ヒアリング		各種面談	社長説明会	上場承認	ファイナンス期間			新規上場

②　上場申請書類

(i)　主な上場申請書類

上場申請に必要な書類のうち，主な資料は，図表1-14のとおりである。

図表1-14　上場申請時の主な申請書類

- 新規上場申請のための有価証券報告書（Ⅰの部）
- 新規上場申請のための有価証券報告書（Ⅱの部）(※1)
- 事業計画及び成長可能性に関する事項について記載した書面(※2)
- その他(※3)

（※１）　グロース市場は，新規上場申請者に係る各種説明資料。
（※２）　グロース市場のみ提出が必要となる資料。
（※３）　その他，①証券取引所のフォーマットでの提出が求められる資料（有価証券新規上場申請書，反社会的勢力との関係がないことを示す確認書，コーポレート・ガバナンスに関する報告書等）や，②会社の内部管理資料（登記事項証明書，定款，諸規則集，株主総会および取締役会議事録，監査役会や監査委員会および監査等委員会議事録，法人税申告書および添付の勘定科目内訳明細書，月次業績管理資料等），③主幹事証券会社が作成する資料（上場適格性調査に関する報告書等）の提出も必要となる。具体的な提出資料は，各証券取引所のホームページ参照。

ⅱ　Ｉの部とⅡの部

上場申請書類のうち，最も作成に時間を要する書類は，Ｉの部，Ⅱの部（グロース市場では各種説明資料）である。これらは，上場審査時における中心的な資料となる。

Ｉの部は，上場準備会社の会社概要，事業内容，業績等，会社を理解するための多くの情報が記載され，上場承認時には証券取引所のホームページに開示される。

Ⅱの部（グロース市場では，各種説明資料）は，上場準備会社グループの概要を詳細に記述するものであり，上場申請の理由，企業グループの概況，ビジネスモデル，経営管理体制，適時開示体制等の体制，役員や従業員および大株主の状況，予算統制の状況等の内容が記載される。

Ⅱの部は，Ｉの部と異なり，審査目的で使用される資料（外部へ公表されない資料）であることから，Ｉの部には記載されない詳細な情報も含まれている。

コラム５・Ｉの部は，上場申請時に提出するものと，上場承認時に提出するもので内容が異なっていてもよいか？

Ｉの部は，上場申請時と上場承認時の二度のタイミングで証券取引所に提出されますが，監査法人等の監査報告書については上場承認時までに提出することとされているため，上場申請時に提出するＩの部には監査報告書は添付されないこととなります。

では，上場申請時に提出するＩの部は，監査が未了の状態でもよく，その後，重要な修正が入るなどして，上場申請時と上場承認時とでⅠの部の内容が異なってしまってもよいのでしょうか？

上場申請時のⅠの部には監査報告書は添付されませんが，それは決してⅠの部の内容の信頼性，客観性のレベルが低くても構わないという趣旨ではありません。上場申請時に提出されるⅠの部に基づき証券取引所による上場審査が実施されるため，上場申請時のⅠの部は，上場承認時に提出するⅠの部と同等の信頼性と客観性が確保されていなければならないと考えます。

そのため，上場申請時のⅠの部と上場承認時のⅠの部に重要な相違があってはならないのはもちろんですが，実質的には，上場申請時までに監査法人等による監査は完了しており，申請時と承認時のⅠの部は基本的には同じ内容でなければならないと考えるべきです。

東京証券取引所の「新規上場ガイドブック」においても，重要な会計上の論点等は，上場申請までに上場準備会社と監査法人との間で解決しておく必要があり，上場申請後に重要な会計上の論点等が解消されていないことが判明した場合には審査期間を延長してその内容を確認することがある旨が注意喚起されています。

(iii) 事業計画及び成長可能性に関する事項について記載した書面

グロース市場に新規上場する会社は，上場日当日に「事業計画及び成長可能性に関する事項」を開示する必要がある。

「事業計画及び成長可能性に関する事項」のドラフトは，上場申請日に，上場申請書類の１つとして東京証券取引所へ提出することが求められており，記載内容の適切性は証券取引所審査の対象となっている。上場審査を通じて，記載内容の充実を求められることもある。

上場後においては，新規上場日の開示のほか，１事業年度に１回以上（少なくとも事業年度経過後３か月以内に１回），進捗状況を反映した最新の内容を開示することが求められている。

「事業計画及び成長可能性に関する事項」の記載内容の要約は図表１−15のとおりであるが，事業計画策定プロセスで検討および分析する事項と重複する部分も多く，事業計画が適正に策定されていれば概ね問題はないものと考えられる。

図表１−15　「事業計画及び成長可能性に関する事項」（グロース市場）

項目	主な記載内容
ビジネスモデル	▶事業の内容：製商品・サービスの内容・特徴，事業ごとの寄与度，今後必要となる許認可等の内容やプロセス ▶収益構造：収益・費用構造，キャッシュフロー獲得の流れ，収益構造に重要な影響を与える条件が定められている契約内容
市場環境	▶市場規模：具体的な市場（顧客の種別，地域等）の内容及び規模 ▶競合環境：競合の内容，自社のポジショニング，シェア等
競争力の源泉	▶競争優位性：成長ドライバーとなる技術・知的財産，ビジネスモデル，ノウハウ，ブランド，人材等
事業計画	▶成長戦略：経営方針・成長戦略，それを実現するための具体的な施策（研究開発，設備投資，マーケティング，人員，資金計画等） ※　事業計画の対象期間については，上場会社各社の事業内容に応じて異なることを想定。 ▶経営指標：経営上重視する指標（指標として採用する理由，実績値，具体的な目標値など） ▶利益計画及び前提条件：（中期利益計画を公表している場合）その内容及び前提条件 ▶進捗状況：前回記載事項の達成状況，前回記載した事項からの更新内容，次に開示を行うことを予定している時期
リスク情報	▶認識するリスク及び対応策：成長の実現や事業計画の遂行に重要な影響を与えうる主要なリスク及びその対応策

（出典）「グロース市場における『事業計画及び成長可能性に関する事項』の開示について」（株式会社東京証券取引所　2021年２月15日）

コラム６・グロース市場での情報発信

グロース市場の上場会社は，高い成長可能性を実現するための事業計画およびその進捗状況を開示し，投資者から評価を得ながら，企業価値向上に積極的に取り組むことが期待されており，投資者からは，情報発信のより一層の充実が求められています。

これを受けて，東京証券取引所では，2024年５月31日に，「グロース市場における投資者への情報発信の充実に向けた対応について」を公表しています。この中で，投資者への情報発信に関して，「Ⅰ．情報開示の強化」と「Ⅱ．IR活動の強化」という観点で，グロース市場の上場会社に期待される事項が示されています。

Ⅰ．情報開示の強化

新規上場時の開示では，上場後の成長戦略に照らして，IPOをどのように活用しようとしているのか，その目的を記載したうえ，積極的に投資者に示していくことが期待されています。具体的には，事業計画において，自社の成長戦略やその実現のための具体的な施策（研究開発，設備投資，営業，人員，資金計画等）に関連づけて，IPOの目的を記載することが挙げられています。

また，上場後の開示では，新規上場時に開示したIPOの目的が実現できているかという点も踏まえて，事業計画の進捗状況について記載のうえ，IR活動を含めて，積極的に投資者に示していくことが期待されています。

Ⅱ．IR活動の強化

「事業計画及び成長可能性に関する事項」の中で開示している内容については，説明会・個別面談等も活用しながら，投資者に対して積極的な情報発信を行うことが期待されています。

また，これらのIR活動については，「コーポレート・ガバナンスに関する報告書」（第５章8⑶（159頁）を参照）の「IRに関する活動状況」の欄に記載することが求められますが，記載にあたっては，直近における投資者向け説明会・個別面談等の実施状況，今後の実施方針・実施予定について具体的に記載することが期待されています。

③　有価証券届出書と目論見書

(i)　有価証券届出書

有価証券届出書は，有価証券の募集や売出しを行う場合に，金融商品取引法に基づいて開示される法定開示書類である。

有価証券届出書とⅠの部との主な違いは，図表1-16のとおりである。有価証券届出書の記載内容については，概ねⅠの部と重複するが，Ⅰの部に記載される情報に加えて，公募や売出し（ファイナンス）に関する「証券情報」が含まれる点で違いがある。

図表1-16　有価証券届出書とⅠの部の違い

	有価証券届出書	Ⅰの部
作成根拠となる法令	金融商品取引法	証券取引所規則
提出先	内閣総理大臣（財務局）	証券取引所
提出タイミング	上場承認時(※)	上場申請時，上場承認時
開示場所	EDINET	証券取引所ホームページ

(※)　通常，上場までにかけて公募や売出しの仮条件価格や発行価格等の決定を反映した訂正届出書を提出し，公募や売出しの条件をアップデートすることが必要となる。

(ii)　目論見書

目論見書（もくろみしょ）は，金融商品取引法に基づいて，有価証券の募集または売出しのために，その相手方（投資者）に提供することが義務づけられている書類である。

目論見書の記載内容は，有価証券届出書の記載内容と概ね同じである。一方，構成上異なる部分として，目論見書の冒頭には，事業の内容，業績等の推移などを要約したカラーページ（口絵と呼ばれる）が記載される点が挙げられる。当該カラーページでは，説明文章のほか，カラー印刷によるグラフ，図，写真などを用いることで，投資者が会社の概要を理解しやすくなるような工夫が施されている点が特徴である。

④ 上場審査の手続

上場審査では，主に審査担当者が申請書類（特にⅠの部，Ⅱの部または各種説明資料）をもとに会社内容の理解を進め，審査基準への適合状況を判断していくこととなる。その際，申請書類だけでは把握しにくい点や，会社の状況を踏まえて詳細に確認する必要がある点（その会社における重要論点等）については，審査担当者から会社に対して質問事項が提示され，それに対する回答書に基づいてヒアリングが行われる。標準的なヒアリング回数は３回であるが，課題事項の有無によっては，追加的なヒアリングが実施されることもある。

なお，ヒアリングにおける回答は，申請書類，回答書と整合していなければならないことには留意が必要である。

ヒアリングは，同一項目およびテーマについて複数の観点から質問が行われることがあるが，本来一致すべき回答内容や数値に矛盾および不整合が多数生じている場合は，会社の管理体制や情報処理能力に懸念があるとの評価につながるおそれがあるため，留意が必要である。

ヒアリングを含めた主な上場審査手続は，図表１-17のとおりである。これらの手続結果を踏まえて，上場の可否が判断される。

図表１-17　主な上場審査手続

審査手続	主な内容
ヒアリング	• 上場審査の中心的な手続であり，標準的には３回実施される。
実査	• 工場，店舗，研究所，事業所等がある場合には，現場に訪問し，ビジネスの実態をより正確に把握するための確認が行われる。
公認会計士ヒアリング（CPAヒアリング）	• 監査を行っている公認会計士に対して，ヒアリングを実施する。主なヒアリング内容は，監査契約締結の経緯，内部管理体制の状況，経理および開示体制等である。
社長（CEO）面談，監査役面談，独立役員面談	• 役員に対する面談（各種面談とも呼ばれる）を実施する。 • ヒアリング最終回（第３回）以降に実施されるケースが一般的である。

社長説明会	• 社長が証券取引所に訪問し，改めて会社の特徴，経営方針や事業計画等について，審査を担当する日本取引所自主規制法人の役員に対して説明する。

コラム７・上場セレモニー

証券取引所の上場審査を通過し，上場承認が公表されてから１か月ほどのファイナンス期間が終わると，いよいよ上場日がやってきます。上場日には，証券取引所で上場セレモニーが開催されます。

上場セレモニーとは，会社がIPOをする際に証券取引所で開かれる記念の式典で，証券取引所から上場日を迎えた会社へ上場通知書等が贈呈されます。

東京証券取引所の上場セレモニーでは，木槌で鐘を鳴らすシーンが有名です。ニュース等で見たことがあるという方も多いのではないでしょうか。この時，鐘を鳴らす回数は５回とされています。この回数は，五穀豊穣の「五」に由来しており，上場日を迎えた会社の今後の繁栄への願いが込められているそうです。

また，東京証券取引所の上場セレモニーが開催される東証アローズには，チッカーと呼ばれる円形の電光掲示板があります。普段は，さまざまな会社の株価が表示されていますが，上場セレモニーの際には「祝上場　○○株式会社（会社名)」という表示がされ，上場日の特別感が演出されます。

上場を迎え，経営者や従業員の方の笑顔を見ると，それまで一緒に上場に向けて取り組んできた関係者も非常に感慨深い気持ちになります。

こうした上場セレモニーを経験できるのは，上場審査を経て，パブリックカンパニーとして上場するに相応しいと認められた会社に限られます。

上場に向けた準備は大変なこともたくさんありますが，上場日にはこうした素晴らしいセレモニーも待っているということを頭の片隅に置いて，上場準備を進めてはいかがでしょうか。

⑤　ディープテック企業に対する上場審査

(i)　ディープテック企業の特徴

上場を目指す企業の中には，従来にはなかった先端的な領域において新技術を活用して，新たな市場の開拓を目指す研究開発型企業（ディープテック企業）がある。具体的な領域としては，宇宙，素材，ヘルスケアなどが挙げられる。

ディープテック企業が，まだビジネスモデルを確立できていない段階で上場を目指す場合，上場審査において，事業環境の分析や，事業計画を実現させるための経営資源や体勢を確認するための手続が限定される場合がある。

また，従来にはない，新たなマーケットを開拓しようとチャレンジする企業は，先行事例や類似企業がないことにより，評価の参考となる情報が限られる場合がある。

そのような場合，一般的に，上場審査の観点からは，実質審査基準の１つである「事業計画の合理性」の評価が相対的に難しくなる場合も考えられる。

ディープテック企業側においても，どのように「事業計画の合理性」を説明すればよいか，また，投資家などに対してどのような開示をすればよいかといった点は，非常に難しい課題となっていた。

(ii)　上場審査上のポイントの明確化

こうした状況を踏まえ，2022年12月に，東京証券取引所は，企業特性に合わせた円滑な上場審査を行う観点から，製商品化・サービス化に至っていない段階で上場する場合における審査上のポイントを明確化している。

東京証券取引所が想定しているディープテック企業は，以下のような企業である。

【対象となるディープテック企業】

- 上場前に，機関投資家(※)からの資金調達により相応の企業規模となっていること
  （※）　十分な目利き能力を有し，上場後においても中長期的に投資を継続することが見込まれる者を想定。
- 上場時において，機関投資家から大規模な資金調達が行われること
- たとえば，以下のような場合が想定されている。

——上場前から100億円程度の資金調達実績がある場合
——上場時の時価総額が1,000億円程度の水準に達する場合

具体的な審査上のポイントは，図表1-18のとおりである。審査にあたって，機関投資家など外部関係者の評価・見解を参考にすることが特徴的である。

また，開示にあたっては，企業価値評価が難しいという特性を踏まえて，企業を理解するためのさまざまな項目について開示の拡充が求められている。

図表1-18　ディープテック企業の主な審査内容・開示

項目	内　容
審査内容	• 機関投資家によるビジネスモデル・事業環境等に対する評価を確認し(※)，それを前提として「事業計画の合理性」を審査する (※)　たとえば，既存株主である機関投資家に対してビジネスモデルや事業環境の評価などをヒアリングすることや，主幹事証券会社を通じて，上場承認までに行われるインフォメーション・ミーティングなどにおける機関投資家の評価等を確認する，などの手法を活用。 • 評価の活用にあたっては，機関投資家の申請会社の属する事業分野に対する目利き能力（投資実績など）や申請会社に対する出資額および比率，上場後における申請会社株式の保有方針なども考慮する • 必要に応じて，専門家，取引先（潜在顧客），当局などの見解を得ることでこれを補完する
開示	• 企業価値評価が困難という特性を踏まえ，以下のような観点も含めて事業計画および成長可能性に関する事項等の開示を拡充し，投資家に対して十分な情報開示を行うこと ——ビジネスモデル，競争優位性および研究開発の内容など投資活動の詳細 ——今後の投資計画（先行投資を行う期間や投資の規模感，事業進捗に応じた投資方針の変更や投資継続の判断に係る考え方等）および想定する投資効果 ——市場規模（将来予測を含む） ——リスク情報（顕在化した際の成長の実現や事業計画の遂行に与える影響を含む）

（出典）㈱東京証券取引所2022年12月「IPO等に関する見直しの概要」および「新規上場ガイドブック（グロース市場編）」をもとに作成

第2章 上場時の公開価格とファイナンス手続

1 上場時の公開価格

項目	チェック
(1) 公開価格の決定方法について理解しているか	□
(2) 主幹事証券会社における想定発行価格の決定プロセスの概要を理解しているか	□
(3) 上場時の公開価格に影響する要因について理解しているか	□
(4) 適正な公開価格の決定に向けた準備ができているか	□

(1) 公開価格の決定方法について理解しているか

① 企業価値の評価方法

上場時の公開価格の決定に向けては，会社の企業価値をどのように評価するかが出発点となる。企業価値の評価は，バリュエーションとも呼ばれる。

主な評価アプローチ，評価手法は，図表2-1のとおりである。

インカム・アプローチとは，会社の将来の収益力やキャッシュ・フローに着目し，企業価値を評価する手法をいう。インカム・アプローチの具体的な手法としては，DCF法（ディスカウント・キャッシュ・フロー法）や配当還元法などがある。

マーケット・アプローチとは，株式市場（マーケット）から得られる情報等を活用して，企業価値を評価する手法をいう。マーケット・アプローチの具体的な手法としては，類似会社比準法，類似業種比準法などがある。

ネットアセット・アプローチ（コスト・アプローチ）とは，会社の純資産に着目し，企業価値を評価する手法をいう。ネットアセット・アプローチの具体的な手法としては，簿価純資産法，時価純資産法（修正簿価純資産法）などがある。

図表２－１　企業価値の主な評価アプローチと評価手法

評価アプローチ	代表的な評価手法
インカム・アプローチ	DCF法 配当還元法　など
マーケット・アプローチ	類似会社比準法 類似業種比準法　など
ネットアセット・アプローチ （コスト・アプローチ）	簿価純資産法 時価純資産法（修正簿価純資産法）など

②　想定発行価格の設定方法

上場時の公開価格決定に至るまでのプロセスとしては，まず有価証券届出書・目論見書に記載する想定発行価格が決定され，それを受けて仮条件の決定，最後に公開価格の決定という順となる（詳細は，本章「2(1)　ファイナンス手続の全体像を理解しているか」（55頁）参照）。

そのため，公開価格決定までのプロセスの起点となり，公開価格に及ぼす影響が大きい想定発行価格が重要となる。

想定発行価格は，マーケット・アプローチの類似会社比準法をベースに価格を算定するケースが一般的である。類似会社比準法は，評価対象となる上場準備会社と類似する上場会社（「コンプス（Comps, Comparable Company Analysis）」とも呼ばれる）の各種指標を参考として，価格を算定する方法であり，マルチプル法ともいう。

この方法は，計算ロジックが比較的シンプルであることから，DCF法などと比べると価格の算出が行いやすいという点や，上場会社の株価を参照することから，上場時の株価に近いと想定される価格が算定されるなどのメリットがある。

類似会社比準法による評価を行う場合，どのような指標をベースにするかによってさまざまなパターンがある。実務上よく用いられる方法として，図表２－２のように上場準備会社の１株当たり当期純利益に類似する上場会社の株価収益率（PER）を乗じて算定する方法がある。

図表２－２　１株当たり当期純利益（EPS）を用いた想定発行価格の算定方法

上場準備会社		上場準備会社		類似する上場会社
想定発行価格	＝	１株当たり当期純利益（EPS）	×	株価収益率（PER）

１株当たり当期純利益（Earnings Per Share，EPS）は，当期純利益を発行済株式総数で除したものをいう。

株価収益率（Price Earnings Ratio，PER）は，株価が１株当たり当期純利益（EPS）の何倍の価値になっているかを示す指標である。

類似会社比準法による価格算定の具体的な手順の例は，以下のとおりである。

■類似会社比準法による価格算定の例

前提

- 上場準備会社（自社）はSaaSサービスを提供するIT企業である。
- 類似する上場会社（X社）の株価は43,680である。
- 類似する上場会社（X社）の１株当たり当期純利益は1,560である。
- 上場準備会社（自社）の１株当たり当期純利益は550である。

類似会社比準法による株価算定の手順

１．上場準備会社の事業内容等との類似性を踏まえて，比較対象となる類似する上場会社を選定する。

本設例では，類似する上場会社として同じSaaSサービスを営むITサービス企業であるX社を選定した。

2．選定した類似する上場会社（X社）の公開情報（A)株価および（B)１株当たり当期純利益から，同社の（C)株価収益率を算出する。

本設例では，類似する上場会社の（C)株価収益率（PER）は（A)株価43,680÷(B)１株当たり当期純利益1,560＝(C)株価収益率（PER）28倍となる。

3．上場準備会社の（D)１株当たり当期純利益に，類似する上場会社の（C)株価収益率を乗じて，上場準備会社の（E)想定発行価格を算出する。

本設例では，(D)１株当たり当期純利益（EPS）550×(C)株価収益率（PER）28倍＝15,400となる。

以上をまとめると以下のとおりとなる。

類似する上場会社	A	株価	43,680
	B	１株当たり当期純利益	1,560
	C（A÷B）	株価収益率（PER）	28倍
上場準備会社（自社）	D	１株当たり当期純利益（EPS）	550
	E（D×C）	想定発行価格	15,400

なお，上記の設例では計算過程をシンプルにするために類似する上場会社を１社のみとしているが，通常は，株価に偏りが出ないようにするため，複数の類似する上場会社を選定し，それらの会社の株価収益率（PER）の平均値などを使用することが多い。

③　類似会社比準法による検討要素

(i)　類似する上場会社の選定

類似会社比準法においては，類似する上場会社としてどの会社を選定するかがポイントとなる。

類似する上場会社は，上場準備会社の属する業界，事業内容，会社規模，成長性，収益性などの観点から，類似性の有無・程度を判断して選定する。株価収益率等の指標は業種や会社によって大きく異なることもあることから，自社がどの業種に属するかの判断が，想定発行価格の水準に重要な影響を及ぼすことがある。場合によっては，バリュエーションが大きく変わる結果，上場するかどうかの最終判断にも影響してしまうケースもあるため留意が必要である。

たとえば，上場準備会社の属する業種が，事業の特徴などの解釈の仕方により，複数の業種のいずれにも属すると考えられる場合や，上場準備会社が複数の事業を営んでいるような場合は，どの業種の会社を類似する上場会社として選定するかにより，価格が大きく変わる可能性があるため特に留意が必要である。

また，上場準備会社がこれまでにない新規性の高いビジネスモデルを展開している場合には，類似する上場会社の選定が難しくなるケースもある。

(ii)　どの財務指標を使用するか

類似会社比準法で使用する上場準備会社の財務指標としては，前述の当期純利益のほか，売上高やEBITDA（Earnings Before Interest, Taxes, Depreciation and Amortization，利払・税引・減価償却および償却前利益）などの指標を用いるケースもある。利益を計上している場合には，通常，当期純利益による評価が行われる。一方，EBITDAは減価償却費を考慮しない収益指標であるため，設備投資により赤字になっている企業の場合に用いられるケースもある。また，将来の成長性を期待できるが，先行投資等により当面の間は赤字が続くことが見込まれる会社を評価対象とする場合，黒字を前提とした株価収益率（PER）を使用できないことから，売上高をベースとした株価売上高倍率（Price Sales Ratio，PSR）を用いるケースもある。

(iii)　財務指標についてどの年度を参照するか

想定発行価格の決定にあたっては，上場準備会社のどの年度の財務指標を用いるかも重要なポイントとなるが，その際に採用された年度を参照期という。

参照期は，一般的に申請期の業績予想数値を用いることが多いが，投資家によっては，より将来（申請翌期，申請翌々期など）の指標も参考にするケースがある。

どの参照期をベースとするかは，マーケット環境，投資家の投資方針，上場準備会社に対する成長期待の大きさなどに影響を受ける。

たとえば，マーケット環境が良好で投資家のリスク許容度が高い場合や，会社に対する成長期待が大きい場合には，現時点よりも，より成長した将来年度の財務指標をベースとした評価が行われる可能性がある。

一方，マーケット環境が悪く投資家のリスク許容度が低い場合や，会社に対する成長期待がそこまで大きくない場合には，申請期など確度の高い財務指標をベースとした評価が行われる可能性がある。

(2) 主幹事証券会社における想定発行価格の決定プロセスの概要を理解しているか

① 主幹事証券会社における決定プロセスの概要

主幹事証券会社は，日本証券業協会が定める会員規則により，想定発行価格，仮条件または公開価格を決定する場合，上場準備会社または投資者と業務上密接な関係にない部署または会議体において，これらの価格の妥当性について確認することが求められている（有価証券の引受け等に関する規則26①）。

具体的にどのような体制を構築するかは，各証券会社によってさまざまであり，上場準備会社（発行体）と接する部署，株式の販売先となる機関投資家と接する部署のそれぞれから独立した部署により決める場合もあれば，各関係部署からの参加者で構成する会議体で決定する場合もある。

このような体制構築が求められる理由は，IPOの公開価格設定にあたっては，できるだけ高い価格で公募・売出しをしたい上場準備会社（発行体）やその既存株主と，できるだけ低い価格で株式を購入したい新規の投資者という，2つの相反する利害が絡むためである。証券会社内部にはそれぞれの関係者と接点を持つ部署があることから，それらの部署に対して一定の独立性を有する部署・会議体を関与させることによって，過度に高い価格や低い価格とならないための体制構築が図られている。

② 上場準備会社としてできること

想定発行価格は，主幹事証券会社内部における一定の独立性を有する部署または会議体で決定されるため，上場準備会社は想定発行価格の決定プロセスに直接的な影響を与えることはできない。

このため，主幹事証券会社が想定発行価格の決定プロセスに入る前までに，カバレッジ部門（投資銀行業において主に発行体に対する営業・リレーション構築の役割を担う部署）・公開引受部門等と十分なコミュニケーションをとり，自社の事業や成長性について適切に理解してもらうとともに，想定発行価格のおおよその水準についても理解を共有しておくことが重要である。

また，主幹事証券会社との想定発行価格に係るコミュニケーションのタイミングも重要である。万が一，自社の企業価値を適切に反映していないと考えられる想定発行価格の提示が行われた場合，上場承認日まで間がないと選択肢の幅が狭まってしまい，極端なケースでは，その想定発行価格を受け入れるか，IPOを取りやめるかの選択しかできなくなる可能性も考えられる。そのため，主幹事証券会社との想定発行価格に係るコミュニケーションは，可能な限り早めに開始することが望ましい。

⑶　上場時の公開価格に影響する要因について理解しているか

上場時の公開価格に影響する主な要因としては，以下のようなものが挙げられる。

①　上場準備会社の成長可能性とファンダメンタルズ

上場時の公開価格に影響を与える最も重要なファクターは，上場準備会社の成長可能性と財政状態，経営成績，収益力等のファンダメンタルズである。

上場準備会社は，まずは，事業計画，予算等に沿って着実に実績を残し，将来の事業計画の実現可能性，成長可能性の蓋然性を上げていくことが，適正な公開価格の設定にとって最も重要である。

②　マーケット環境

投資家は，株式，債券，投資信託など数多くの投資の選択肢がある中で，それぞれの投資方針やポートフォリオを踏まえてIPO銘柄へ投資するかどうかを判断する。

IPOのマーケット環境が良く，リスクマネーが新規のIPO銘柄への投資に流れやすい環境では，IPO銘柄へ投資する投資家が増え，良好なバリュエーションにつながる場合がある。

一方で，IPOのマーケット環境が悪く，投資家がIPO銘柄への投資を控える場合には，会社が想定するよりも低いバリュエーションとなってしまう場合がある。

③ 株価算定の際のパラメーター

類似会社比準法による評価の場合，前述のとおり，コンプス，採用する評価指標（株価収益率（PER）や株価売上高倍率（PSR）など），参照期などによりバリュエーションは変化する。

④ 投資家の評価・需要

IPOプロセスでは，後述するように，ロードショーでの投資家からのフィードバックやブックビルディングによる投資家需要を踏まえて公開価格の設定が行われることから，投資家の評価や需要も公開価格に影響を与える可能性がある。特に，価格算定能力が高いといわれる機関投資家の動向は重視される可能性がある。

さらに，エクイティ・ストーリーの内容によって投資家の評価は影響を受ける場合があるため，エクイティ・ストーリーの内容も重要となる（エクイティ・ストーリーについては，第３章1(4)（82頁）参照）。

⑤ 経営陣の説明能力，コミュニケーション能力

経営陣の対外的な説明能力，コミュニケーション能力も重要といえる。

IPOに向けては，マーケティング活動の一環で，機関投資家との面談を行う機会が多く設定される。機関投資家との面談は，通常，限られた時間でのコミュニケーションが求められることから，自社の強みや成長可能性等を投資家に対して適切に訴求できれば，適正な価格形成につながる可能性がある。一方，十分な説明ができない場合は，会社の実態にそぐわない価格形成につながる可能性もある。

投資家への説明にあたっては，論理的な構成に基づき，客観的なエビデンスを示して行うことで，自社の強みと将来の成長の蓋然性を訴求する必要がある。

⑥　IPOディスカウント

IPOディスカウントとは，IPO時の想定発行価格等の決定に際して考慮される割引（ディスカウント）をいい，概ね20%～30%の水準で設定されるケースが多くなっている。

IPOディスカウントが考慮される理由としては，上場準備会社は，上場会社と比べて過去の開示情報が限定的であること，過去に市場での取引実績がなく上場後の株式の流動性について不確実性があること，公開価格の決定日から上場日までの市場環境の変動リスクがあることなどから，上場会社に対する投資と比較して，投資者にとって相対的にリスクが高いと考えられる点等が挙げられることが多い。

(4)　適正な公開価格の決定に向けた準備ができているか

公開価格は，資金調達額や保有株式の売却額の多寡に直接の影響を与えるため，上場準備会社や株式の売出人にとって重要なテーマである。上場準備会社にとっては公開価格が想定よりも低い場合，期待した資金調達ができないことにつながる。また，株式の売出人にとっては，公開価格が想定よりも低い場合，期待したキャピタルゲインが得られないことにつながる。

このため，適正な公開価格が決定できるように準備をしていくことは重要である。適正な公開価格の決定に向けては，たとえば以下のような対応が考えられる。

①　業績向上への取組み

類似会社比準法による評価を含め，企業価値評価にあたっては，売上高・当期純利益などの財務指標をベースとすることから，会社が成長し，業績が向上することが適正な企業価値評価につながる。

このため，事業の成長性を高め，財政状態，経営成績，収益力等のファンダメンタルズの強化を図ることが，適正な公開価格の設定に向けた最も効果的な取組みとなる。

② 機関投資家へのアプローチ，コミュニケーション

上場に向けた公開価格決定プロセスにおいて，ロードショーに参加する機関投資家の意向は重要である。

機関投資家によって投資方針・関心の高い領域などが千差万別であるため，自社の株式に対する需要を喚起する観点からは，どのような機関投資家にアプローチすることが適切かについて，主幹事証券会社と十分に協議することが重要である。

③ 主幹事証券会社との適切なコミュニケーション

想定発行価格，仮条件，公開価格の設定にあたっては，株式の販売・引受けを行う主幹事証券会社が中心的な役割を担うことになる。このため，前述のとおり，IPOプロセスの早い段階から，主幹事証券会社と定期的に協議を行い，将来設定する公開価格の考え方やその時点の水準について目線を合わせていくことが重要である。

なお，公開価格について，主幹事証券会社1社の意向に偏重しない価格形成を図る目的で共同主幹事体制を採用するケースもある。共同主幹事体制とは，主幹事証券会社を1社ではなく複数社選定する場合をいう。

共同主幹事体制を採用し，複数の主幹事証券会社が関与することで，公開価格の設定に対する複数の意見が反映され，より適正な公開価格の決定につながる場合があるといわれている。一方で，単独主幹事体制と比べて関係者が増えることから，多くの調整・対応が必要となるなど，手続の負担が増加する面もある。

一般的には，時価総額が一定規模以上のIPO案件において，共同主幹事体制を採用する傾向にある。

2 ファイナンス手続

項　目	チェック
(1) ファイナンス手続の全体像を理解しているか	□
(2) オーバーアロットメントについて理解しているか	□
(3) ロックアップについて理解しているか	□
(4) 親引けについて理解しているか	□
(5) 公開価格の設定プロセス等の変更動向を把握しているか	□

(1) ファイナンス手続の全体像を理解しているか

① 入札方式とブックビルディング方式

上場時の公開価格の決定方法には,「入札方式」と「ブックビルディング方式」がある。それぞれの内容は以下のとおりである。

入札方式	ブックビルディング方式
入札対象部分について投資家が希望価格を入札し，その結果に基づいて残余の部分の公開価格が決定される方法をいう。	主幹事証券会社が，機関投資家等から意見を徴して仮条件を設定し，当該仮条件を投資家に示して需要調査（ブックビルディング）を実施し，公開価格を決定する方法をいう。

入札方式は，個人投資家を中心とした入札により公開価格が高騰しやすく，株式の円滑な流通に支障を来たすといった課題点が指摘されていた。

一方で，ブックビルディング方式は，入札方式で見られるような競争により高値となりやすい入札結果に基づくものではなく，機関投資家を含めた複数の投資家の需要を踏まえて公開価格を決定する方法であることから，入札方式と比べて，公開価格の極端な高騰が起こりにくく，需要と供給のバランスがとれた価格決定がしやすいといったメリットがある。

ブックビルディング方式が1997年に導入されてからは，以降のすべてのIPO

案件において，同方式が採用されている。

ブックビルディング方式のファイナンス手続の概要は，図表２－３のとおりである。

図表２－３　ブックビルディングによるファイナンス手続の流れ

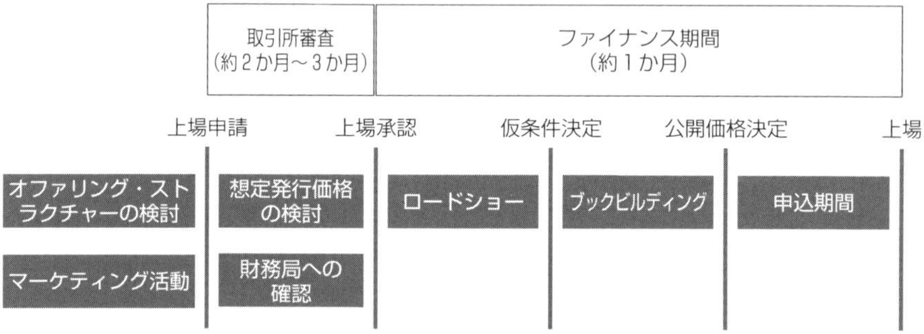

取引所審査
（約２か月～３か月）

ファイナンス期間
（約１か月）

上場申請　上場承認　仮条件決定　公開価格決定　上場

オファリング・ストラクチャーの検討
マーケティング活動
想定発行価格の検討
財務局への確認
ロードショー
ブックビルディング
申込期間

②　オファリング・ストラクチャーの検討

上場申請前から上場時のオファリング・ストラクチャーの検討を行う必要がある。この検討は，資本政策において想定していた上場時の状態を具体化させていく意味合いを持つ。

具体的には，以下のような内容を決めていくことになる。

- 公募・売出しのそれぞれの株式数（売出しの場合には，どの既存株主が何株売り出すか）
- 株式の販売エリア・販売先（日本/アジア/欧州/北米，国内投資家/海外投資家，機関投資家/個人投資家など，投資家の属性を踏まえてどのような比率とするか）

(i)　公募・売出しの検討

公募とは，会社が新株を発行し，資金調達を行うことをいう。売出しは，既存株主が売出人となって，所有する株式を売却することをいう。公募と売出しはいずれも市場に株式を流通させることを意味し，これらをあわせてオファリングと呼ぶ。売出しについては，既存株主が上場時に売り出す意向があるかを確認する必要がある。

	内　容	会社の資金調達
公募	新株発行 （または自己株式の処分）	○
売出し	既存株主の売却	× （売却資金は既存株主が取得）

(ii) 株式の販売エリア・販売先の検討

株式の販売エリア・販売先を検討する際には，通常の国内オファリングとするか，グローバルオファリング（詳細は第12章参照）や旧臨報方式（コラム24（339頁）参照）など海外投資家にもアプローチできる方法を採用するかについて検討する必要がある。

これらの検討にあたっては，流通株式比率など上場のための形式要件を満たしつつ，上場時に必要となる公募による資金調達の額，既存株主の売出しによるキャピタルゲインの実現，上場後に想定する株主構成などを考慮して決定していくことになる。詳細は，「第４章　資本政策の手法と個別論点」を参照。

③ マーケティング活動

公募・売出しに向けた株式のマーケティングの観点から，上場承認前に，会社が機関投資家とコミュニケーションを図ることがある。

コミュニケーション方法としては，主幹事証券会社などが主催するカンファレンスにおいて複数の機関投資家と接点を持つケースや，主幹事証券会社のアレンジにより機関投資家と個別面談を行う場合などがある。

なお，法規制により，有価証券届出書提出前は株式募集の勧誘が禁止されていることから，マーケティング活動が当該勧誘行為とみなされないように留意が必要である。たとえば，機関投資家向けの説明にあたっては，資料上，株式の取得を勧誘するような表現を記載しないことはもちろんのこと，IPOを実施する予定であること，具体的なIPOスケジュール，オファリング規模，新株発

図表２－４　IPOプロセスにおける投資家とのコミュニケーション

	イベント	概　要
上場承認前	カンファレンス	証券会社主催のカンファレンスにて，機関投資家に対して自社事業を紹介する。
	インフォメーション・ミーティング	主にIPOの半年〜３か月前に機関投資家に向けて自社のエクイティ・ストーリー等を紹介する。なお，現状では国内オファリングのみのIPOでの実施事例は少ない。
	プレ・ヒアリング	主に機関投資家に対して，需要の見込みに関する調査を実施する。なお，現状では，販売圧力を受けにくい投資家に対してのみ限定的に認められている。
上場承認後	ロードショー	ブックビルディング期間の最終需要集計の基となる仮条件を設定するために，機関投資家に向けて自社のエクイティ・ストーリーやIPOの概要を紹介する。詳細は後述。

（出典）経済産業省「スタートアップの成長に向けたファイナンスに関するガイダンス」より作成

行の有無，将来計画の数値などには言及しない，などの点に注意する。具体的な対応は，主幹事証券会社と十分なコミュニケーションを図りながら実施する必要がある。

④　財務局への事前相談

上場時の公募・売出しを行うためには，金融商品取引法に基づき，管轄の財務局に有価証券届出書（訂正届出書を含む）等を提出する必要がある。

確定版の有価証券届出書は，上場承認時に会社がEDINETを通じて提出するが，これに先駆けて，取引所への上場申請後に，管轄の財務局に対して，上場時に予定しているファイナンスの日程表や有価証券届出書等のドラフト版を提出し，事前相談を行う。

その際，有価証券届出書等のドラフト内容については，財務局の担当者により，企業内容等の開示に関する内閣府令など各種法令・規則と照らして，重要事項の不備がないか確認される。その結果，修正・検討が必要となる事項については，財務局の担当者から会社に対してフィードバックが行われ，上場承認時の有価証券届出書等の正式版の提出に向けて，修正対応を行うことになる。

⑤　想定発行価格の検討

想定発行価格は，上場承認日に公表される有価証券届出書等に記載され，投資家の投資判断上の目安の価格となる。

前述したように，想定発行価格は，公開価格決定までのプロセスの起点となる株価であるため，適正な公開価格の設定にあたり重要な要素となる。

想定発行価格は，主幹事証券会社が会社のビジネスモデルを踏まえてバリュエーションを行い，会社と協議のうえで決定する。

⑥　ロードショー（Road Show）と仮条件の決定

上場承認後に，機関投資家等への説明会を開催する。これをロードショー（Road Show）という。ロードショーでは，社長を中心とする経営陣が自社の事業内容や成長戦略などを機関投資家に対して説明する。ロードショーを通じて，機関投資家のブックビルディングへの参加意向，バリュエーションの目線などを確認する。

会社と証券会社は，ロードショーを行った機関投資家からのフィードバックを踏まえて，協議のうえで仮条件を決定する。仮条件は，通常「○円～○円」といったレンジで決定され，訂正有価証券届出書や訂正目論見書に開示されることとなる。

ロードショーにおける機関投資家向けの説明資料（ロードショー・マテリアル）の記載内容は，フェア・ディスクロージャー・ルールに基づき，投資家間で情報の格差が発生しないよう，目論見書に記載されている範囲に限定されているため留意が必要である。

⑦　ブックビルディング

仮条件公表後に，証券会社が投資家に対して需要調査を行う。投資家は，購入したい価格と株数を証券会社に申告し，主幹事証券会社はすべての投資家の需要を集計することで，公募・売出株数に対する需要の積み上がり状況を把握する。

⑧ 公開価格の決定

ブックビルディングの結果を踏まえて，会社と主幹事証券会社が協議し，通常は仮条件の範囲内で公開価格が決定される。

⑨ 申込み・販売

決定した公開価格をもとに，申込期間中に投資家が株式購入の申込みをし，投資家へ販売される。

⑵ オーバーアロットメントについて理解しているか

オーバーアロットメントとは，公募・売出しにあたり，予定株式数を超える需要があった場合に，主幹事証券会社が発行会社の大株主等から株式を一時的に借りて，公募・売出しと同じ条件で追加的に投資家に販売することをいう。

オーバーアロットメントは，株式の需要に応じて供給量を増やすことにより，需要面の過熱を防ぐことを目的とした制度である。

なお，取引相場に影響を及ぼすおそれのある過度な販売を防止する観点から，オーバーアロットメントにより追加販売ができる数量は，当初の公募・売出し数量の15％が上限となっている。

【株式の返却等の方法】

主幹事証券会社は，オーバーアロットメントで追加販売した株式を借入先（貸株人）に返却するため，販売後に株式を調達する必要がある。その方法としては，グリーンシューオプション，シンジケートカバー取引がある。

① グリーンシューオプション

グリーンシューオプションとは，引受価額で株式を調達できるコールオプションをいう。

オーバーアロットメントにより借りた株式について，販売後の市場価格が引受価額よりも高く推移している場合，主幹事証券会社は市場で株式を調達すると損失が発生してしまうため，引受価額で株式を調達できるコールオプションを権利行使する。

グリーンシューオプションの精算には，主に図表２−５のパターンがある。

図表２−５　グリーンシューオプションの精算パターン

パターン	内　容
第三者割当増資による方法（図表２−６）	•会社が，主幹事証券会社向けに第三者割当増資を行い，新株を発行（または自己株式を処分）したうえで，主幹事証券会社が借株を返却する手法である。 •第三者割当増資を行うため，会社にとって，オーバーアロットメント分が追加の資金調達機会となる。 •オーバーアロットメントに向けて，あらかじめ借受人である主幹事証券会社が発行会社との間で，返済期限までにオーバーアロットメント株式数を上限として第三者割当の引受けを約束しておく。
株式の売出しによる方法（図表２−７）	•会社の株主（貸株人）が，主幹事証券会社向けに株式を売り出す方法である。 •権利行使時には，主幹事証券会社から株主（貸株人）に対して行使価額の総額が払い込まれる形で精算される（権利行使された株数分だけ株主（貸株人）が上場時の売出しを行った場合と同じ結果となる）。

図表２−６　第三者割当増資による方法

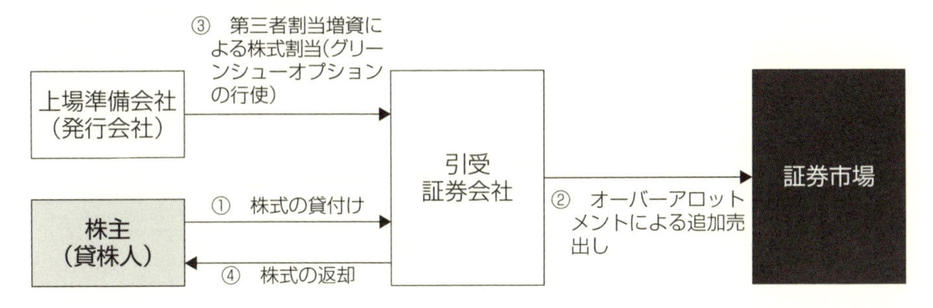

図表２－７　株式の売出しによる方法

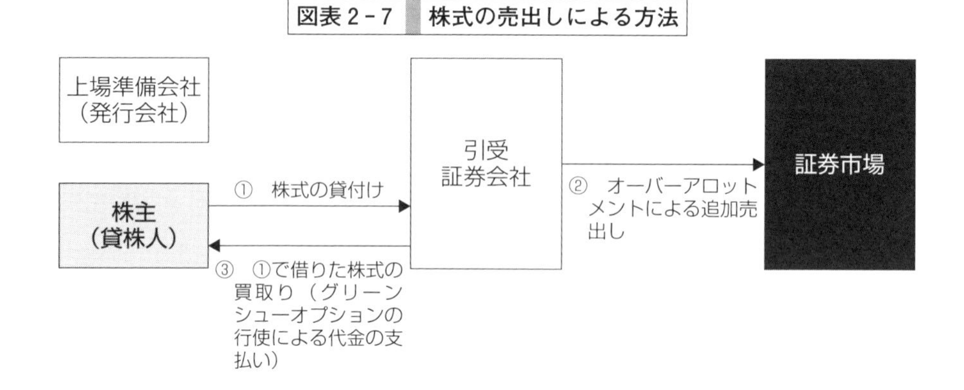

②　シンジケートカバー取引

シンジケートカバー取引とは，オーバーアロットメントによる売出しが行われた際に，株式を返却するために市場で株式を買い付ける取引をいう。

上場後の株価が公開価格よりも低く推移している場合，市場で株式を買い付けるほうが引受価額で株式を調達するよりも安く株式を調達することができるため，主幹事証券会社はグリーンシューオプションの行使ではなく，シンジケートカバー取引により株式を取得するインセンティブが働く。また，シンジケートカバー取引の実行により，株価の安定化（下支え）も期待できる。

図表２－８　シンジケートカバー取引による精算

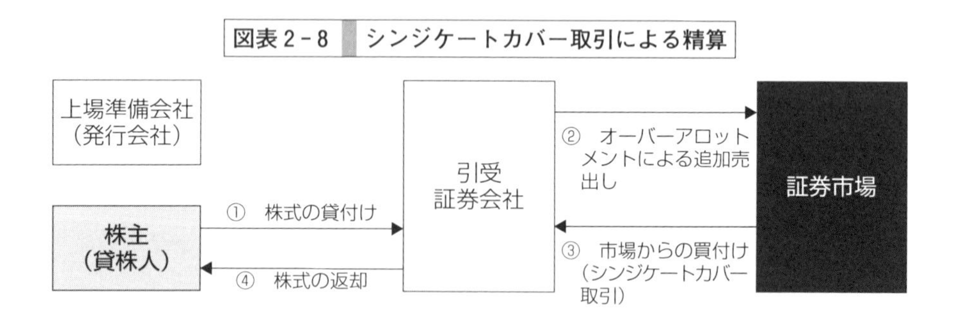

(3)　ロックアップについて理解しているか

ロックアップとは，会社の株主に対して，上場後の一定期間にわたり，株主が保有する株式の売却を制限することをいう。

上場前の株主（特に創業経営者やベンチャー・キャピタル等の大株主）は公開価格と比べて，割安で多くの割合の株式を保有していることが多く，上場後の早いタイミングで株式を売却し，利益を確定させたいというインセンティブが働く。しかし，仮に大株主が上場直後に保有株式を売却した場合，需給バランスが崩れたり，投資家が投資する際の不安材料になったりすることで，適正な株価に対して悪影響を与える要因となる可能性がある。このため，通常，上場後の株価を安定させる目的で，主幹事証券会社と会社の経営陣や一定の大株主等との間でロックアップ契約が締結される。

ロックアップ契約により売却を制限する期間は，株主の属性などを考慮して決定され，一般的に上場後90日や180日で設定されるケースが多い。

株主がロックアップ契約を締結している場合，有価証券届出書・目論見書などの開示書類において，ロックアップが行われている旨が記載される。

なお，実務上，取引所規則で定められている公開前規制を「制度ロックアップ」と呼び，上記の主幹事証券会社との契約によるロックアップを「任意ロックアップ」と呼ぶことがある。公開前規制については，第4章1(2)⑥（102頁）を参照。

(4)　親引けについて理解しているか

親引けとは，主幹事証券会社が，引受けに係る株券等を，発行会社の指定する販売先（親引け先）に売ることをいう。

親引けは，特定の者に対する利益供与に用いられるなどのおそれがあることから，原則禁止とされている（日本証券業協会の定める「株券等の募集等の引受け等に係る顧客への配分に関する規則」2②本文)。一方，市場環境や発行者の状況に応じた柔軟な配分方針に基づく公募・売出しが可能となるといったメリットもあることから，引受証券会社が適切と判断するなど一定の条件を満たした場合に限っては例外的に認められている（「株券等の募集等の引受け等に係る顧客への配分に関する規則」2②ただし書き)。

親引けを行うにあたって，引受証券会社は，日本証券業協会の定める「親引けガイドライン」を踏まえて，実施可否を判断することとされている。

【上場時における親引け先の主な事例】

上場時における親引け先としては，以下のような事例が挙げられる。

親引け先	主な販売目的
従業員持株会	従業員への福利厚生のため
事業会社（提携先など）	業務提携/協業関係/取引関係を今後も維持・発展させていくため
機関投資家	自社の株主への参画によって，自社の企業価値向上に資することを目的とするため

海外の制度(※)を参考として2022年に親引けガイドラインが改正されている。具体的には，ガイドライン上，親引けが認められると考えられる例示として，上場準備会社のコーポレートガバナンス向上や，企業価値向上に資すると考えられる機関投資家に割り当てるケースが明示された。

（※） 香港では，「コーナーストーン投資家制度」と呼ばれる制度がある。当該制度では，上場申請書の提出・公表後，IPOの上場承認（またはブックビルディング開始）前に中長期保有を確約した投資者への配分の合意がなされ，目論見書等において，当該投資者の概要および投資金額が開示される。これにより，オファリングに対する市場の信頼性の向上や発行者の企業価値や信用力の向上などの効果が期待されている。

上場時の親引け先としては従業員持株会に対する販売事例が一般的であるが，近年，機関投資家向けの割当事例が出てきたことや前述のガイドライン改正も契機として，中長期保有を確約した機関投資家を対象とした親引けの活用事例も徐々に増えてきている。

コーナーストーン投資家と呼ばれる中長期保有を確約した機関投資家が株主に参加することで，以下の効果が期待されている。

- 有価証券届出書上で，IPO予定会社の株主として参画する予定であることが開示されることにより，当該オファリングに対する市場の信頼性の向上に資すること
- 当該発行者のコーポレートガバナンス向上や企業価値向上（信用力の向上など

のアナウンスメント効果を含む）が期待されること

（出典）「『親引けガイドライン』に係るQ&A（日本証券業協会）」に基づき作成

(5)　公開価格の設定プロセス等の変更動向を把握しているか

①　関連法令の改正

金融審議会「市場制度ワーキング・グループ」中間整理（2022年６月），日本証券業協会「公開価格の設定プロセスのあり方等に関するワーキング・グループ」報告書（2022年２月）を踏まえて公開価格設定プロセス等の見直しが行われ，企業内容等の開示に関する内閣府令等が改正された。

これにより，2023年10月１日以降の株式のIPO銘柄より，「仮条件の範囲外での公開価格設定，売出株式数の柔軟な変更」および「上場日程の期間短縮・柔軟化」等の改善策が実施されている。

これにより，「一定の範囲内」であれば，仮条件の範囲外での公開価格設定，公開価格設定と同時に売出株式数の変更を，ブックビルディングをやり直すことなく実施することができるようになった。

また，上場承認前に有価証券届出書の提出が可能となったことにより，上場承認日から上場日までの期間の短縮を図ることが期待されている。

②　仮条件の範囲外での公開価格設定，売出株式数の柔軟な変更

これまで公開価格は，あらかじめ証券会社が投資家の需要予測などをもとに定めた仮条件の範囲内で設定されていた。そのため，この需要予測よりも実際の投資家の購入意欲が強かった場合や逆に弱かった場合でも，仮条件よりも高い金額，低い金額で公開価格を設定することはできなかった。

この点について，上記①の関連法令の改正では，より投資家の購入意欲を反映する観点から，仮条件の上限より20％まで高く公開価格を設定できるようになった。たとえば，仮条件が800～1,000円である場合において，想定していたよりも投資家の購入意欲が強かったときは，公開価格は1,200円を上限に設定できることになる。逆に，投資家の購入意欲が想定していたよりも低調であった場合にも，下限よりも20％低い金額（640円が下限）を公開価格に設定する

ことができる。

また，従前の大株主の売出株式数についても，公開価格決定時の売出株式数が仮条件決定時の売出株式数の80％以上かつ120％以下の範囲内であれば公開価格の設定と同様に，変更することが可能になった。たとえば，仮条件決定時には，売出株式数100万株とされていた場合，「80万株以上120万株以下」の範囲であれば，公開価格設定時に変更することができる。

ただし，これらは「一定の範囲内」であることが要件となっており，具体的には以下の３つの要件をすべて満たす必要がある。

- 公開価格が仮条件の下限の80％以上かつ上限の120％以下の範囲内で決定されること
- 「公開価格決定時の売出株式数」が「仮条件決定時の売出株式数」の80％以上かつ120％以下の範囲内であること
- 「公開価格決定時のオファリングサイズ（株式数(※)×公開価格）」が，「仮条件下限×仮条件決定時の株式数×80％以上かつ仮条件上限×仮条件決定時の株式数×120％以下」の範囲内であること

（※）　株式数：募集株式数＋売出株式数

また，ブックビルディングをやり直すことなく決定される可能性のある公開価格，変更の可能性のある売出株式数，公開価格決定時のオファリングサイズの範囲は，有価証券届出書および目論見書に記載しなければならないため留意が必要である。

③　上場日程の期間短縮方式が選択可能となったこと

従来は，上場承認日に有価証券届出書を提出することとされていたが，上場承認前に有価証券届出書を提出することが可能となり，必要な手続を前倒しで行うことができるようになった。このような形で上場することは「承認前提出方式」と呼ばれている（なお，この方式は，米国におけるIPOの際に用いられる書類のフォーマットの名称を踏まえて「S－１方式」と呼ばれることもある）。

これまで上場承認日から上場日までは１か月程度を要していたが，「承認前提出方式」を採用すれば，この期間を21日程度まで短縮することが可能になる。

図表２－９　「承認前提出方式」および「承認時提出方式（従来の方式）」のイメージ

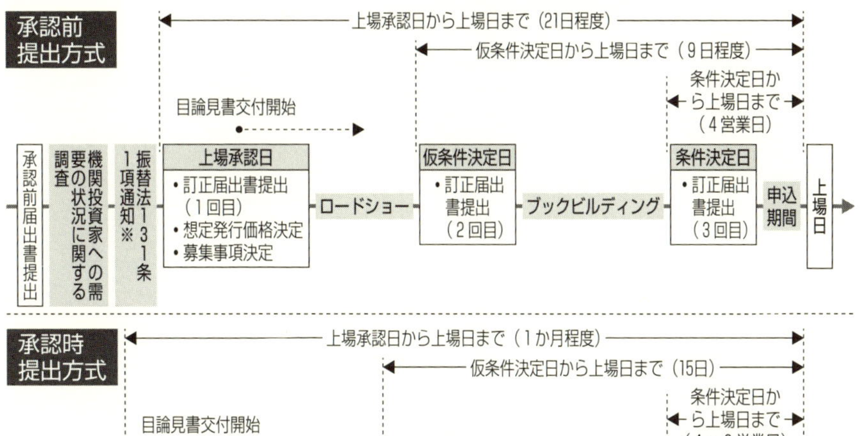

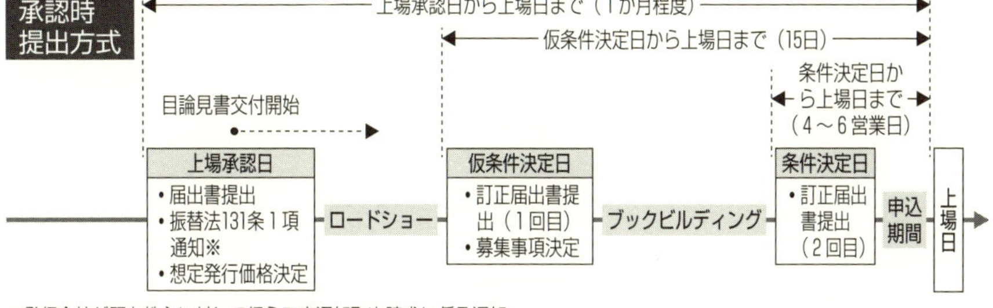

※発行会社が既存株主に対して行う口座通知取次請求に係る通知

（出典）　日本証券業協会「IPOにおける公開価格の設定プロセスの変更点・留意点等について」

今後，上場準備会社としては，この「承認前提出方式」か，従来の「承認時提出方式」のどちらかを選択することが可能とされている。

コラム8・上場時に公募を実施するかどうか

上場にあたって，公募・売出しをどの程度実施するかは，会社や既存株主にとって，IPOの最終局面における重要な意思決定の1つです。

意思決定にあたっては，各市場で定める流通株式数・流通株式比率などの形式要件を満たしながら，資本政策の目的（詳細は第4章1(1)（93頁）参照）を達成できるように検討することになります。

検討の結果，IPO案件の中には，上場時に公募は行わず，既存株主の売出しのみを行うケースがあります。

このような案件については，会社が上場時の資金調達を行わないことから，既存株主がIPO時に株式を売り抜けることが目的の，いわゆる投資の「EXIT案件」として，投資家からネガティブに受け止められてしまうこともあるようです。特に大株主が上場時に大量に保有株式を売却するだけの場合には，大株主が会社の将来性がない（上場時がピーク）と判断しているのではないか，といった懸念を投資家に与えてしまうこともあるようです。

また，自社には強みがあり成長機会がある，そして，そのための資金が必要である旨を外部に説明しているにもかかわらず，上場時の公募により資金調達をしない場合は，投資家に対して，会社の事業戦略との一貫性がない，といった心証を抱かせてしまうおそれもあります。

上場時に，公募により資金調達を行うかどうかについては，このように投資家を含めた関係者に自社の将来性について誤解を与えないということにも配慮し，自社の事業戦略を踏まえて慎重に検討することが必要です。

第3章 事業計画と予算の策定ポイント

1 事業計画

項　目	チェック
(1) 事業計画の意義を理解しているか	□
(2) 事業計画の利用者と利用目的を理解しているか	□
(3) 事業計画の策定プロセスを把握しているか	□
(4) エクイティ・ストーリーを構築しているか	□

(1) 事業計画の意義を理解しているか

創業間もないスタートアップ企業においては，事業戦略は創業者個人の頭の中に描かれており，想定していなかった環境変化が起きても創業者自らが状況を判断し，対応していくことが多い。

しかし，上場会社は，創業者等の特定の経営者に過度に依存することなく，会社として計画的，組織的に事業を運営し，継続的に成長していくことが求められる。つまり，上場会社は，将来的に経営者が代替わりしたとしても，会社として継続的に事業を営み，かつ安定的な収益基盤を維持していく必要があり，それを実現するための最も重要なツールが事業計画である。

すなわち，事業計画は，会社が目標に向かって事業を遂行していくための航海図であるといえ，会社の目指す目標と現状とのギャップを埋めるために，通常は3～5年の期間で策定される。

コラム9・計画どおりにいかないことが多いため，計画はなくてもよいか？

「事業は計画どおりにいかないことが多いのだから，計画はなくてもよいのではないか」という声を聞くことがあります。果たして本当にそうでしょうか。

確かに事業は計画どおりに進まないことも多いかもしれません。しかし，仮に事業が計画どおりに進まなかったとしても，事業計画には以下のメリットがあることから，やはり計画は策定する意義があると考えます。

① 実績が計画に未達の場合，統制活動によって，予算の遅れを取り戻し，実績を計画に近づけようとする力が働くため，未達の幅を最小限に抑えることができる。

② 計画策定時の精度の高いリスク分析とリスク対応方針の策定のプロセスを通じて，事前に幅広く多様なリスクを想定し，予期せぬ事態への対応力を高めることができる。

③ 計画どおりに進まなかった場合に，なぜ達成できなかったかの分析を実施でき，次回以降の計画策定の際に活かすことができる。

(2) 事業計画の利用者と利用目的を理解しているか

事業計画の利用者は，第一義的には経営者および従業員である。しかし，事業計画に含まれる情報は，会社外部の関係者にとっても有用であるため，さまざまな利用者が想定されている。

以下，それぞれの利用者と利用目的について整理する。

① 経営者および従業員

第一義的に，事業計画は経営者と従業員のためのものである。事業計画を共有することにより，全員が目標達成のために同じ方向を向くことが可能となる。

社員全員が関与して事業計画を策定することにより，会社の現状と課題が整理でき，やるべきことが明確になる。また，頭を使い創意工夫する文化が創出される等の効果も期待される。

さらに，社員全員で自社の事業の社会的意義を認識し，将来の会社のイメージを共有することで，社員のモチベーションを向上させる効果が期待できる。すなわち，適切に策定された事業計画は，社員の気持ちを鼓舞し，モチベーションを高め，組織の活性化につながるという効果もあるといえる。

②　投資家

エンジェル投資家やベンチャー・キャピタルが会社に投資する資金はリスクマネーであるため，投資の可否を判断するためには，会社の収益性や成長性の見極めが非常に重要となる。そのために，投資家は，会社が策定した事業計画を入手し，事業計画に基づき投資の意思決定が行われることになる。

また，上場後においても，機関投資家等が投資銘柄を決定する際には，会社の事業計画が重要な判断材料の１つとして利用されている。すなわち，事業計画は，市場とのコミュニケーション手段という側面も有するということであり，事業計画の内容が株価や資金調達に影響を与える場合があることを意味する。

特に投資家向けに，自社の特徴，成長可能性，企業価値を最大化するための戦略等を説明することを目的としたストーリーを「エクイティ・ストーリー」という。投資家に対して自社の魅力を伝えることにより，資金調達を円滑に行い，また株価を適切な水準に維持するために非常に重要なものとなっている（詳細は，(4)（82頁）を参照）。

③　証券取引所

証券取引所は，上場審査の際に事業計画を利用する。上場会社となり，広く投資家の資金を預かる立場として，継続的に事業を営むことができ，かつ安定的な収益基盤があることが求められるためである。

それぞれの市場区分の事業計画に関係する審査基準については，第１章5(3)（23頁）を参照。

④ 証券会社

証券会社は，上場準備会社の株式を引き受けることの可否を判断するために事業計画を利用する。審査の視点は証券取引所と概ね同様である。

なお，グロース市場に上場するにあたっては，「高い成長可能性」が求められるが，上場準備会社が「高い成長可能性」を有しているか否かについては，第一義的には主幹事を務める証券会社が判断することとされている。東京証券取引所は，この主幹事証券会社の判断を前提として上場審査を実施する。

⑤ 銀　　行

銀行は，融資の可否を判断するために事業計画を利用する。審査の視点としては，事業継続性や収益基盤のほかに，債務の返済能力や財務健全性が問題となるため，資金計画や貸借対照表等も重視される点が特徴である。

コラム10・エレベーター・ピッチ

「エレベーター・ピッチ」という言葉をご存知でしょうか。

「ピッチ」とは短時間のプレゼンテーションという意味で，「エレベーター・ピッチ」とは，エレベーターに乗っている間のような非常に短い時間で，効果的なプレゼンテーションを行うことをいいます。

この言葉の由来となっているエピソードは，真偽のほどはわかりませんが，以下のようなものです。

あるシリコンバレーの起業家が，著名な投資家から投資を受けたいと考えていましたが，その投資家は多忙なため，全くアポイントメントがとれない状況だったそうです。

ところがある日，偶然にその投資家と同じエレベーターに乗り合わせる機会がありました。起業家は，これは千載一遇のチャンスとばかりに，エレベーターに乗り合わせているほんの数十秒の時間で，必死に自社のビジネスプランのプレゼンテーションを行い，その結果，その投資家から投資を引き出すことができたということです。

日本ではこれほどシビアな状況ではないかもしれませんが，エンジェル投資家やベンチャー・キャピタルは案件を非常に多く抱えており，１社１社じっくりと検討する時間がないのも事実です。
　そこで外部の利用者に向けた事業計画については，エレベーター・ピッチの考え方に基づき，自社の事業環境，ビジネスモデル，優位性等について，いかに効率的かつ効果的に説明し，短時間で相手に直観的に理解してもらえるかという視点が重要になってきます。

(3)　事業計画の策定プロセスを把握しているか

事業計画の内容や事業計画の策定プロセスは，会社のバックグラウンドや事業の内容により各社各様であるが，いずれの会社にも共通すると考えられる部分について整理する。

グロース市場を目指す会社では，以下に記載した事項のほかに，高い成長を実現するための事業計画になっているかについても問われるため，留意が必要である。

①　策定プロセスの留意点

事業計画は，経営者や特定の部門に過度に依存することなく，組織的かつ計画的に事業を遂行していくために策定されるものであるため，創業者等の一部の経営者や一部の部門が独断的に努力目標を押しつけるような計画であってはならない。

事業計画は，所定の策定手続によって，組織的に立案された合理的な計画である必要がある。

②　事業計画の見直し（ローリング方式）

事業計画は，３～５年の中期計画であるから，頻繁に見直しや変更を行うべきではないという見解もあるが，昨今の経営環境は不確実性が高く，３～５年の期間でも技術革新やその他の予測不能な事象により，事業計画の前提が大きく変わってしまうこともありうる。

そのため，事業計画はローリング方式により，少なくとも１年ごとにその妥当性を見直すべきである。

ただし，事業計画を頻繁に下方修正すると，社員の間に「計画未達でも，どうせ事業計画が修正されるだけだろう」という意識が芽生えて，モチベーションが下がってしまう可能性があるため，見直しの結果，実際に事業計画を修正すべきか否かは慎重に検討する必要がある。

一方，逆に実現困難な高い目標をいつまでも掲げ続けていても，社員のモチベーションが下がってしまう可能性があるため，少なくとも会社がコントロールできない要因により事業計画に重要な影響がもたらされる場合は，事業計画の変更を検討する必要があると考えられる。

③　事業計画の構成要素

(i)　経営理念

経営理念は，利益追求を超えたところにある会社独自の価値観や社会的使命を表すものであり，会社が社会に存続する意義であるとともに，事業を遂行するための大義名分となるものである。

社会からの共感や支持を得られる経営理念は，社外にサポーターを増やす等，事業を遂行しやすい環境づくりに役立つとともに，従業員を鼓舞，モチベートすることにより会社の事業遂行力を高める効果もある。

(ii)　ビジネスモデルと事業化スケジュール

各事業ごとに，誰（顧客）に，どのような価値を，どのような方法で届けるかというビジネスモデルについて検討する。

具体的には，製品やサービスの特徴（類似製品との差別化要因，優位性，弱み），想定する顧客，仕入先，商流，販売チャネル，収益構造（どのような仕組みで収益および費用が発生するか）等について分析を実施する。

顧客や仕入先等との間に重要な契約（たとえば重要なライセンス契約やレベニューシェア契約等）が存在する場合には，その契約の内容や契約に起因するビジネスリスク（解約リスク等）についても分析を行う。

また，製品やサービスがまだ市場投入されていない場合は，事業化までのスケジュールについても検討を行う。

(iii) 環境分析

(a) 市場環境と市場規模の分析

自社がどのような市場で事業を営み，競争を行っていくかという事業ドメインを選択する。

いずれの事業ドメインを選択するかによって，将来の成長可能性が大きく変わってくる可能性があるため，自社の経営理念，社会的意義，顧客に提供する価値等に照らして，慎重に検討することが必要である。

その際，よく例に挙げられるのは鉄道会社である。鉄道会社が自社の事業ドメインを「鉄道事業」と定義した場合と，「総合輸送業」と定義した場合を考えてみる。

事業ドメインを「鉄道事業」と定義した場合は，自動車や航空機等の新しい輸送手段が台頭してきたとしても，それらを競合先ととらえることができないため，顧客のニーズの変化に対応することができない可能性がある。一方，事業ドメインを「総合輸送業」と定義した場合は，自動車や航空機等の新しい輸送手段の台頭をビジネスリスクととらえることができ，持続的成長のための適切な対応をとっていける可能性がある。

個別企業の例を挙げると，Google社は，自社の事業ドメインを「インターネット検索事業」ではなく，「世界中の情報を整理し，世界中の人々がアクセスできて使えるようにすること」と定義することにより，また，ウォルト・ディズニー社は，自らを「映画会社」ではなく「エンターテインメント企業」と定義することにより，それぞれ検索事業，映画事業以外のビジネス機会を見出すことができ，今日に至るまでの成長および発展につながっている。

自社の事業ドメインを定義した後は，将来の売上の規模や自社の成長性を評価するために，市場環境の分析と市場規模の分析が必要となる。分析の基礎となる市場規模等のデータは，信頼性や客観性が必要であるため，通常は第三者機関が公表しているデータに基づいて分析を実施する。また，分析は，顧客種別，地域別等，適切な区分にブレークダウンして実施するのが有用である。

(b) 競合相手先の分析

自社が事業を営んでいく市場（事業ドメイン）を決定すると，市場で競合する相手の姿も見えてくることになる。

競合分析は，競合相手のビジネスモデル，強みや弱み，自社との差異，自社のポジショニング，自社と競合相手の市場シェア等を分析することにより，自社の優位性や弱み，市場で成功していくための要因等を把握するために行うものである。

その際，現時点の競合相手だけではなく，将来同じ市場に参入してくる可能性のある潜在的な競合相手についての分析も必要となることには留意が必要である。

競合相手先を想定するにあたって，昨今，IT化，デジタル化が進んだことで，さまざまな業種において業際が曖昧になってきているため，どのような会社を潜在的競合相手先として識別するかは，潜在的な競争リスクに対応するための重要なポイントとなっている。

たとえば，広告ビジネスを例に挙げると，近年広告のデジタル化の進展と顧客ニーズの変化により，広告会社の重要な競合相手先として，従来は別業種と考えられていたコンサルティング会社が台頭してきた。また，今後，さらなるネットワーク化の進展により，ゲーム，SNS，メディア，EC，決済サービス等の業際も曖昧になっていく可能性もある。

なお，事業計画上，「競合相手先はいない」と分析している会社を見ることがあるが，日々変化していく現在の市場環境を考えると，いずれの市場においても，潜在的な競合相手先も含めて，競合相手先がいない市場というのは事実上想定することが難しい。「競合相手先はいない」と結論づけた場合，証券取引所や主幹事証券会社から十分な競合相手先分析が行われていないととられるおそれがあるため，本当に競合が存在しないのか，慎重に結論づける必要がある。

(c) 代替品の分析

競合相手先分析に加えて，代替品によって市場が奪われる可能性についても分析が必要である。

代替品とは顧客の特定のニーズを満たす既存製品以外の新製品のことであり，顧客の需要が代替品によって満たされてしまった場合，自社の収益性が低下するリスクがあるためである。

代替品の具体例としては，たとえばフィルム式カメラに対するデジタルカメラ，デジタルカメラに対するスマートフォンが挙げられる。音楽ビジネスだと，レコードに対するCD，CDに対する音楽ダウンロードサービス，音楽ダウンロードサービスに対する定額配信サービスが代替品として挙げられる。

将来出現する可能性のある代替品を予測することは難しいが，できる限りの分析を行い，将来の代替品によるリスクに備えておく必要がある。

(d)　製品およびサービスの需要，顧客，仕入先の分析

製品およびサービスの需要の動向や，顧客，仕入先の動向も将来のリスク要因となるため分析が必要となる。

顧客分析では，顧客の集中度，スイッチング・コスト（取引先を変更するためのコスト）の程度，自社製品の差別化の程度，自社製品のブランド力等を検討し，市場の競争環境を分析する。たとえば，少数の顧客しか存在しない場合，スイッチング・コストが低い場合，製品の差別化の程度やブランド力が低い場合には，一般的に競争は激化する。

一方，仕入先分析においては，仕入先の寡占の程度，独占的技術の有無等を検討し，自社の利益への影響を分析する。たとえば，仕入先の市場が寡占状態の場合や仕入先が独占的技術を保有しているような場合は，一般的に仕入先の価格交渉力が強く，自社の利益を圧迫することとなる。

このように，顧客，仕入先の動向を分析したうえで，現状を踏まえて，将来の需要動向や自社の利益に与えるインパクトを分析していくことが必要である。

(e)　自社の強みや弱み，参入障壁の分析

自社にどのような強みがあり，それをどう活かしていくか，また，自社の弱みをどのように克服およびカバーしていくかを分析することも重要である。

強み，弱みは主観的に分析するのではなく，競合相手先との対比の視点から客観的に分析する必要がある。

強み，弱みを検討および識別していく際の視点としては，製品およびサービスの特徴，知的財産の有無，ビジネスモデルの特徴，ブランド力の程度，蓄積された知識やノウハウの有無，経営陣の経歴や能力等が考えられる。

また，参入障壁とは，特定の市場に新規に参入しようとする場合に，参入を妨げるような障害となるものをいう。具体的には，業界が法令で規制されており許認可が必要な場合，多額の初期投資が必要な場合，顧客のスイッチング・コストが大きい場合等のほか，自社の強みも参入障壁になりうる。他社にとって参入障壁が高ければ，競争環境は自社にとって有利なものとなる。

(f) 法的規制の分析

法的に規制されている業界の場合，法令が事業活動にどのような影響を与えるかを分析する。

また，新しい法令の公布や法令の改廃等はビジネスリスクとなりうるため，それらを取りこぼすことなく捕捉し，法令を遵守していくためのコンプライアンス体制も構築する必要がある。

新しい製品やサービスを展開するにあたり，当局の許認可等が必要となる場合には，必要となる許認可の内容を理解したうえで，許認可の取得計画（取得方法，時期等）を策定する。

(g) リスクの分析，リスク対応策の立案

以上のような環境分析の結果として，想定されるビジネスリスクを識別したうえで，それぞれのリスクが顕在化する可能性，顕在化が予想される時期，事業に与える影響等を分析し，リスクへの対応方針，対応策を決定する。

リスクの重要度は，概念的には「リスクが顕在化した場合のインパクトの大きさ×リスクが顕在化する可能性」で評価される。

(iv) 目標と戦略

ここまでの分析結果を踏まえて，それぞれの事業について目標を設定し，目標達成のための具体的な行動計画を策定する。

目標は，会社の業績と密接に関係することから，売上高，利益，利益率等の

財務数値に基づき設定される場合が多い。

(v) KPIの設定

KPI（Key Performance Indicator）とは，会社の目標の達成の度合いを評価するための指標である。

KPIは会社の属する業種によって異なるが，具体例としては，顧客単価，顧客数，新規契約獲得数，顧客獲得コスト，チャーンレート，MRR（Monthly Recurring Revenue），LTV（Life Time Value）等が挙げられる。

KPIとしては，財務数値以外の指標（顧客数，新規契約獲得数，チャーンレート，MRR等）が選定される場合も多い。

それぞれの事業ごとに設定された目標や，事業の性質により，目標の達成度合いを適切に評価するためのKPIを設定する必要がある。

(vi) 数値計画の策定

(a) 数値計画の構成

以上のプロセスにより策定された事業計画は，結果や進捗度を客観的に測定し，評価可能とするために，数値計画に落とし込むことが必要である。

数値計画は，予測損益計画書，予測貸借対照表，予測キャッシュ・フロー計算書の三表が基本となるが，その基礎となる利益計画，販売計画，仕入計画，生産計画，設備投資計画，人員計画，資金計画等に基づき作成することが必要であり，これらの間の整合性も問われることには留意が必要である。

(b) トップダウンアプローチか，ボトムアップアプローチか

計画や予算を策定する手法には，トップダウンアプローチとボトムアップアプローチがある。

トップダウンアプローチは，主に上層部である経営陣が中心となって数値目標を策定し，その数値目標と整合するように事業計画を策定していく手法である。一方，ボトムアップアプローチとは，現業部門からの積み上げ数値を基礎として事業計画を策定していく手法である。

一般に，トップダウンアプローチによる場合，経営者の望むとおりの計画を

策定できる反面，計画実行にあたり，現場のコンセンサスを得ることが難しい場合があり，また努力目標的な意味合いが強くなって，上から押し付けられた計画のようになってしまうこともある。

一方，ボトムアップアプローチは，現場のコンセンサスが得やすく，現実的で無理のない予算が策定できる反面，それほど努力をしなくても達成できる低い数値設定になってしまうこともある。

そこで両者のメリットを活かしつつも，デメリットを減殺するために，折衷的なアプローチにより事業計画を策定することも考えられる。すなわち，まず経営陣が数値目標を提示し，次に現業部門がその数値目標を踏まえ，現場の実情も加味した計画を策定する。そのうえで，経営陣と現業部門の話し合いにより，適度な目標数値的な意味合いを持たせつつ，現業部門が当事者意識を持ち，モチベーションを維持できるような数値に落とし込んでいくという手法である。

(vii) 環境分析のフレームワーク

事業計画策定にあたっては，自社の属する市場の分析，自社の強みや弱みの分析，競合相手先分析といった環境分析が重要であるが，既存のフレームワークを利用することにより，効率的に環境分析が実施できる場合がある。

これらのフレームワークを利用する際の留意事項としては，やみくもに環境分析を始めるのではなく，まずは会社の目指す方向を設定したうえで，それを実現するためにはどうすればよいかという視点から環境分析を実施することである。

(a) SWOT分析

SWOT分析は，会社の内部環境，外部環境を，強み（Strength），弱み（Weakness），機会（Opportunity），脅威（Threat）の4つの視点から分析し，最適な戦略を導き出すためのツールである。

強み（Strength），弱み（Weakness）は内部環境，機会（Opportunity），脅威（Threat）は外部環境として整理される。

図表3－1　SWOT分析

- ▶自社の強み（Strength）
- ▶自社の弱み（Weakness）
- ▶市場の機会（Opportunity）
- ▶市場の脅威（Threat）

	プラス	マイナス
内部環境	強み	弱み
外部環境	機会	脅威

また，SWOT分析の応用として，クロスSWOT分析がある。これは，強み（Strength），弱み（Weakness），機会（Opportunity），脅威（Threat）を掛け合わせることによって得られる各領域の戦略を整理するためのツールといえる。

図表3－2　クロスSWOT分析

	機　会	脅　威
強み	自社の強みによって，機会を活かすことができるか	自社の強みによって，脅威を抑え込み，コントロールすることができるか
弱み	自社の弱みを克服して，機会を活かすことはできないか	最悪な事態を避けることはできるか

(b)　ファイブ・フォース分析

ファイブ・フォース分析とは，業界の収益性に影響を与える5つの要因を分析することにより，業界の収益構造と自社がとるべき戦略を明らかにしていくアプローチである。

ファイブ・フォースと収益性に影響を与える考慮要因は図表3－3のとおりである。

図表３－３　ファイブ・フォース分析

ファイブ・フォース	考慮要因
買い手（顧客）の交渉力	買い手（顧客）の集中度，買い手（顧客）のスイッチング・コスト，自社製品の差別化，買い手（顧客）の垂直統合力等
売り手（仕入先）の交渉力	売り手（仕入先）の集中度（寡占度合い等），自社のスイッチング・コスト，売り手（仕入先）製品の差別化，売り手（仕入先）の垂直統合力等
新規参入の脅威	参入障壁の有無，スイッチング・コスト，ブランド力等
代替品の脅威	代替品のコスト，買い手（顧客）のスイッチング・コスト，代替品の差別化等
既存企業の競争	競争企業の数，業界の成長性，撤退障壁の有無，ブランド力等

⑷　エクイティ・ストーリーを構築しているか

①　エクイティ・ストーリーの意義

エクイティ・ストーリーとは，投資家に向けて会社の特徴・成長戦略・企業価値の増大の道筋についての説明をするストーリーである（経済産業省「スタートアップの成長に向けたファイナンスに関するガイダンス」）。

エクイティ・ストーリーによって自社および事業の魅力，成長性等を投資家に対して説明することにより，投資家から会社の実力に見合った適切なバリュエーションでの資金調達を行うことが可能になり，ひいては自社の企業価値を高めることにつながる。

企業価値を高めるためには，まずは会社の競争力を高め，業績を上げていくことが最も重要であるが，エクイティ・ストーリーは，投資家の自社に対するバリュエーションに直接訴求できるツールとして意義があるものである。

②　エクイティ・ストーリーの要諦

エクイティ・ストーリーにおいて検討・分析される項目は，事業計画とも共通する部分が多い。しかし，事業計画が，自社の経営者および従業員をはじめ，投資家や金融機関などさまざまな利用者を想定しているのに対して，エクイティ・ストーリーは，主に投資家をターゲットとし，自社および事業についての適切な理解を促し，適切なバリュエーションで投資してもらうことを主眼としている点で事業計画とは異なる。

そのため，エクイティ・ストーリーは，単に投資家に自社および事業について説明するだけのものではなく，それによって投資家に自社に対する「共感」を抱いてもらい，投資家の投資行動につながっていくようなものでなければならない。この点が，エクイティ・ストーリーが，「ストーリー」とされているゆえんであるといえる。

③　エクイティ・ストーリーの実現可能性

このように，エクイティ・ストーリーは，投資家の自社および事業に対する「共感」を促すことを目的とするが，一方で，その点を重視するあまりに事業の魅力を誇張しすぎることは避けなければならない。

投資家に対して虚偽の説明をするようなことは法令違反ともなりうる問題外のことであるが，虚偽とまではいえない場合でも，事業の魅力を誇張したエクイティ・ストーリーを作成し，それによって高いバリュエーションによる資金調達が実現できたとしても，その後，エクイティ・ストーリーで語られていた内容どおりに事業が進捗しなかったときには，投資家の信頼を失い，次回以降の資金調達に大きな支障が出る可能性がある。

そのため，エクイティ・ストーリーは，投資家に自社および事業に「共感」を持ってもらえるものであると同時に，実現可能なものでなければならない。

なお，IPOプロセスにおける会社が投資家との接点を持つタイミングとしては，時系列順にカンファレンス，インフォメーション・ミーティング，プレ・ヒアリング，ロードショーが挙げられる（詳細は，第2章の図表2-4（58頁）参照）。IPOにタイミングが近くなればなるほど，エクイティ・ストーリーにはより高い実現可能性が求められることに留意する必要がある。

④　エクイティ・ストーリーの記載項目

エクイティ・ストーリーには，特定の決まった様式や作成ルールはないため，投資家に自社の魅力を適切に伝え，「共感」を持ってもらえるように各社が工夫しながら作成していくことになる。

ただし，IPOを目指している会社の魅力は事業の成長性がベースとなっているケースが多いため，東京証券取引所グロース市場「事業計画および成長可能性に関する事項の開示」（第１章の図表１-15（37頁）参照）の記載項目を参考にしてエクイティ・ストーリーが作成されている場合が多い。

前述の事業計画の説明と一部重複する部分もあるが，「事業計画および成長可能性に関する事項の開示」の記載内容は以下のとおりである。

(i) ビジネスモデル

企業グループのビジネスモデルや取り扱っている製商品・サービスの内容，およびそれらの特徴をわかりやすく記載する（事業の内容）。

企業グループの収益・キャッシュ・フロー獲得の方法や，それに要する主な費用の内容・構成等を記載する（事業の収益構造）。

(ii) 市場環境

企業グループがターゲットとする具体的な市場の内容（顧客の種別，地域など）および規模を，信憑性・客観性の高いデータ等を用いて記載する（市場規模）。

企業グループの主要な製商品・サービスごとに，競合の状況（競合の内容（顧客・地域の重複，代替性など），自社のポジショニング，シェア等）を記載する（競合環境）。

(iii) 競争力の源泉

成長ドライバーとなる技術・知的財産，ビジネスモデル，ノウハウ，ブランド，人材（経営陣等）等の状況およびそれらの競争優位性について記載する（経営資源・競争優位性）。

(iv) 事業計画

企業グループのビジネスモデル，市場環境，競争力の源泉を踏まえた経営方針・成長戦略，当該経営方針・成長戦略を実現するための具体的な施策の内容を記載する（成長戦略）。

経営上重視している，成長戦略の進捗を示す重要な経営指標（投資者の投資判断に影響を及ぼすもの）について，当該指標を採用した理由，実績値および具体的な目標値を記載する（経営指標）。

中期利益計画を公表している場合（公表する場合）は，その内容および前提条件を記載する（利益計画および前提条件）。

前回記載した事項の達成状況（成長戦略を実現するための具体的な施策の実施状況や，経営指標や利益計画の達成状況など）や前回記載した事項からの更新内容を記載する（進捗状況）。

(v)　リスク情報

成長の実現や事業計画の遂行に重要な影響を与える可能性があると認識する主要なリスクとそれらに対するリスク対応策を記載する（認識するリスク，リスク対応策）。

コラム11・事業計画は複数策定すべきか？

事業計画は１つだけ策定するのではなく，努力目標的な意味合いのある計画と実現可能で現実的な計画の２つを作成したほうがよいという考え方があります。また，外部公表向け（保守的計画）と内部管理用（目標数値的な計画）の２つの計画を策定したほうがよいという考え方もあります。

複数存在する計画をうまく管理していく仕組みがあれば問題ないと思われますが，複数の計画が存在すると責任の所在が不明確になってしまう可能性があります。

また，たとえば，外部向けの計画は達成し株価も上がったにもかかわらず，内部向けの計画が未達成だったために十分な人事評価が得られなかったような場合には，業績評価の尺度が不明瞭になり，現場が混乱し，予算達成への動機づけに悪い影響を与える可能性もあります。

そのため，複数の計画を適切に管理できる仕組みがない限り，計画は１

つのほうが望ましいと考えます。

ただし，いわゆる「プランB」は策定しておくべきと考えます。

「プランB」とは，予測できなかった事象等により，当初の計画が立ち行かなくなった際に発動する代替計画です。

「プランB」は，当初計画に代替する計画のため，上記で述べたような計画を同時並行的に二重管理することによる弊害はありませんし，会社のリスク対応手段として必要なものといえます。

2 予　算

項　目	チェック
(1)　事業計画と予算の関係を把握しているか	□
(2)　予算策定のポイントを理解しているか	□
(3)　予算統制のポイントを理解しているか	□

(1)　事業計画と予算の関係を把握しているか

事業計画の初年度について，具体的な活動計画を織り込んだ単年度の利益計画が予算であり，事業計画を実現させていくための指針となるものである。予算は，事業計画をより具体化した利益計画であるため，事業計画と整合しているものでなければならない。

(2)　予算策定のポイントを理解しているか

①　総合予算としての予算

予算は，損益予算，資金予算，投資予算からなる総合予算として策定する必要がある。

また，これら3つの予算は，さらにブレークダウンされた複数の下位予算から構成されている。

一般的な総合予算の体系は図表3-4のとおりである。いずれも関連性を有するため，損益予算，資金予算，投資予算およびそれらの構成要素の予算はすべて整合していることが必要である。

②　月次ベースでの予算の作成

年度予算の進捗状況を適切に把握するため，また月次の予算と実績の差異分析を実施可能とするために，予算は月次ベースで策定する必要がある。

その際，より精度の高い分析が実施できるように，年度の数値を単純に12等分したものを月次予算とするのではなく，各月の受注動向や季節的な要因を考慮のうえ，それぞれの月の固有の予算として策定する必要がある。

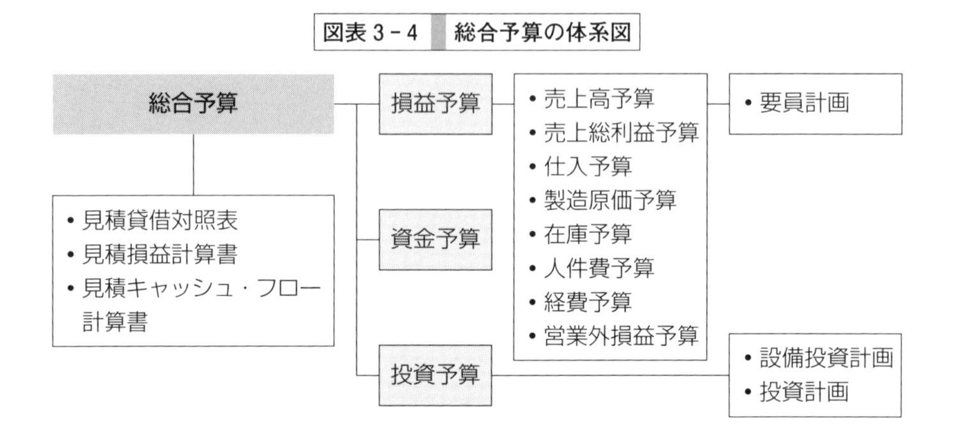

③　予算の見直し（ローリング方式）

予算についても，事業計画と同様に，予算実績差異分析の結果等に基づき，適時の見直しが必要である。予算は事業計画に比べて，より精度の高い管理が必要となるため，事業計画よりも短いタームの四半期ごと，または月次で見直しを行うことが必要である。

(3)　予算統制のポイントを理解しているか

予算統制とは，予算の進捗を管理するとともに，予算と実績との差異分析を行い，分析結果を経営者および管理者にフィードバックし，戦略の修正や予算の見直し等の必要な措置をとっていくための一連のプロセスである（図表3－5参照）。

①　予算と実績の差異分析

予算統制の基礎となるのは，予算と実績の差異の把握と，その原因分析である。

予算と実績の差異の発生原因を，たとえば為替相場の変動や自然災害等による会社がコントロールできない原因と，連絡ミスによる納期の遅れ等，会社が

図表３－５　予算統制

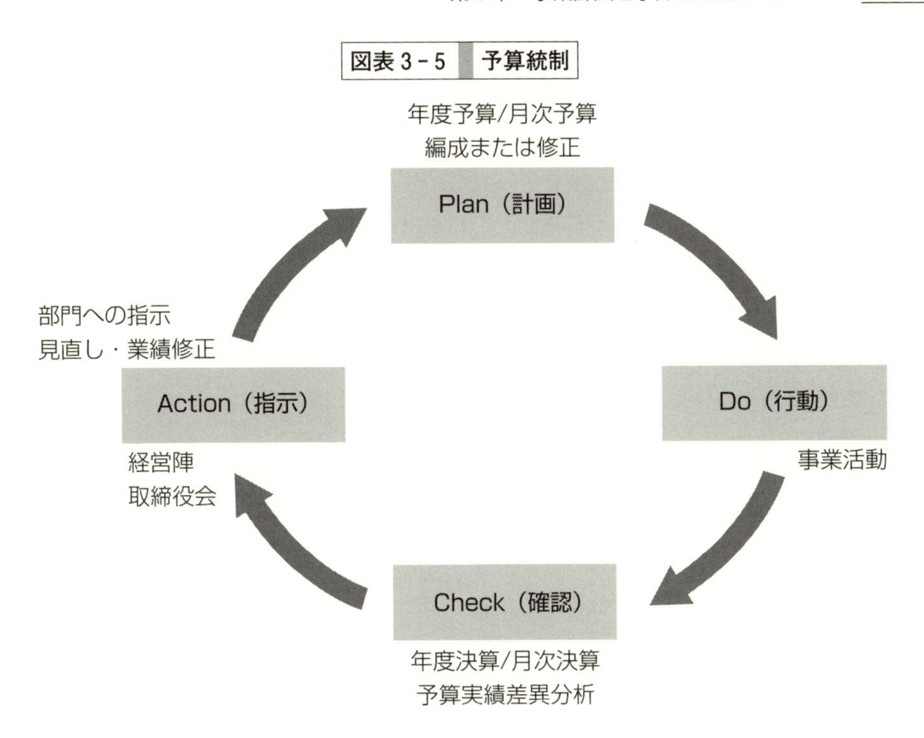

コントロール可能な原因に区分することは有用である。そのうえで，会社がコントロール可能な原因を中心に，解消のための対応を行っていくことになる。

環境変化への適時かつ適切な対応のためには，予算と実績の差異分析をいかに迅速に実施するかが重要となる。

②　月次決算の重要性

予算実績差異分析を迅速に実施するためには，月次決算を速やかに行うことが必要となる。

上場審査上は，月末後10営業日前後で月次決算を取りまとめ，翌月の15日前後には取締役会で報告することが求められる。

月次決算は，原則として年度決算と同一の基準で作成すべきであるが，年度決算と比較して，速報性および迅速性が求められるため，一部簡便な方法を採用したり，概算計上等の見積りによることも許容される。

③ 責任部門へのフィードバック

(i) フィードバックする際の留意点

予算と実績の差異分析を行い，取るべきアクションを明確にした後，責任部門へフィードバックを行う。

フィードバックの方法は，可能な限り管理責任者の動機づけとなるような形で行うことが望ましい。

なぜなら，フィードバックが過度な叱責や締め付けになってしまうと，責任部門のモチベーションに影響を及ぼし，中長期的には業績にマイナスの効果を与えてしまう場合があり，また予算達成のために架空の売上を計上する等の不適切会計を誘発する原因になることもあるためである。

(ii) マネジド・コストの統制上の留意点

会社が支出額をコントロールすることが可能な費用をマネジド・コストといい，典型的な例としては，研究開発費，広告宣伝費，人材採用費等が挙げられる。

マネジド・コストを統制するうえでの留意点は，ただ予算を下回っていればよい，コストを削減すればよいというものではない点である。これらは予定された業務を実施しないことや，業務の品質を落とすことにより容易に削減可能なためである。

そのため，マネジド・コストについては予算を下回ったか否かという見地に加えて，計画された業務が質的・量的に適切に実行されたかという見地からの統制も必要であることに留意が必要である。

コラム12・業績予想の修正

上場会社は，公表している直近の業績予想値（予算）から，売上高では±10%，経常利益または当期純利益では±30%の変動が見込まれる場合は，業績予想修正の適時開示が求められています。

業績予想は，投資家にとって重要な投資判断材料の１つです。業績予想の修正が何度も続くようだと，市場から，予算を策定する能力と予算を遂行する能力に疑義が呈されてしまう可能性があります。上場審査においても，特に申請事業年度においては，予算と実績の乖離の状況が慎重に審査されることになります。

一時，上場後間もない会社の大幅な業績予想の下方修正が問題視されたため，日本取引所グループは，「最近の新規公開を巡る問題と対応について」（2015年３月31日）を公表しました。これにより，上場時に公表される業績予想については，前提条件やその根拠の適切な開示が要求されることとなり，上場直後に業績予想の修正を行う場合には，それらに関する特に丁寧な説明が要求されることとなりました。

第4章 資本政策の手法と個別論点

1 資本政策の手法と留意点

項　目	チェック
(1)　資本政策の目的を理解しているか	□
(2)　資本政策の留意事項を確認しているか	□

(1)　資本政策の目的を理解しているか

資本政策とは，資金調達をはじめとする複数の目的を達成するために，株式等の発行タイミング，発行数，発行価額等について計画することをいう。

資本政策の主な目的としては，以下のようなものが挙げられる。

①　成長のための資金の調達

上場を目指す会社にとって，資本政策の最も重要な目的は，成長のための資金の調達である。

創業者のアイディアから事業が始まり，その後，研究開発，製品化，市場投入，成長期，安定期と，いくつかのステージを経て事業が成長していくことになるが，それぞれのステージごとに資金需要は異なってくる。

そのため，会社が成長していくにあたって，どのタイミングで，どの程度の資金需要があるかを適切に策定された事業計画に基づき予測し，どのような方法で資金を調達していくかを計画することが必要となる。

資本政策においては，このような成長のための資金調達という最も重要な目的を基軸としつつ，以下のような目的をいかに達成していくかがポイントとなる。

② 安定株主の確保

安定株主とは，株主総会の決議において経営陣等と同じ議決権を行使することが期待される株主のことをいう。

創業間もない時点では，創業者や親族等の安定株主が株式の大半を保有しており，創業者，経営陣と株主総会の意思が反するケースはほとんどないといえる。

しかし，資本政策の過程で外部株主が増加していくと，必ずしも外部株主が，経営者の意向に沿う議決権を行使するとは限らなくなる。そのため，経営者の意図した決議が困難となり，会社経営が不安定になる可能性がある。

また，上場後は，外部株主が，創業者，経営陣の意向に反して株式を手放すことにより，敵対的買収をされるリスクも生じる。

そこで，株主総会の安定した運営のために，資本政策において，上場時および上場後にどの程度の安定株主を確保しておくべきかを検討することが必要になる。

安定株主対策については，本章2(2)（112頁）を参照。

③ 役員，従業員へのインセンティブの付与

上場後の株価は上場前の何倍にもなる場合も多く，上場後にキャピタル・ゲインを得られることは，役員，従業員にとっても大きな魅力となる。そのため資本政策においては，上場前と上場後の株価の差を活かしたインセンティブ・プランを導入することの検討も行われる。

インセンティブ付与の方法としては，役員，従業員に株式を取得させる方法，ストック・オプションを付与する方法，従業員持株会等がある。

インセンティブの付与については，本章2(3)（115頁）で詳述する。

④　上場のための形式要件への対応

各市場区分で定められている上場のための形式要件（詳細は，第1章5(2)（17頁）を参照）の中には，株主数，流通株式数，流通株式比率，流通株式時価総額等に関する定量的な基準が設けられており，この基準を満たしていなければ上場することができない。

そのため，資本政策において，上場時点でこれらの形式要件を満たすための計画を策定することが必要となる。

⑤　創業者利益の確保

創業者利益とは，創業者等の既存株主が，上場時に保有株式を売却することで得られるキャピタルゲインのことをいう。

創業者等は，公表されていない会社の重要な情報を把握しているため，株式市場で株式を売却する場合は，インサイダー取引規制や相場操縦規制に抵触する可能性がある。また，大量に株式を売却すると，「会社の業績が悪化するのではないか」というネガティブな思惑を呼び，株価にマイナスの影響を与えてしまう可能性もある。

そのため，創業者等が市場で株式を売却できる機会は限られており，上場時の売出しが創業者利益を確保できる少ない機会の1つとなっている。したがって，資本政策において，安定株主比率への影響を見定めながら，創業者等が上場時にどれだけの株式を売り出すかを計画する必要がある。

一方，最近では，インサイダー取引規制や相場操縦規制に抵触するリスクを軽減するために，有価証券処分信託が利用されることがある。これは，創業者等が保有する株式を信託し，信託銀行との間で取り決められた最低売却希望価格の範囲内で，信託銀行の裁量で株式を市場で売却していくというものである。これにより，株式を売却するタイミングや売却価格に創業者等が関与できる場面が限定されるため，インサイダー取引規制や相場操縦規制に抵触するリスクはある程度軽減されることになる。

⑥　相続や事業承継の対策

上場することにより株式の換金性が高まり，株式売却による相続税の納税資金の確保が容易になる。しかし，上場後に株式を売却する場合は安定株主の持株比率が低下し，株主総会の安定的な運営に支障が出ることや，敵対的買収のリスクが高まることも想定される。

また，上場後に創業者から後継者への株式譲渡を考えた場合，上場前と比べて株価が高くなるため，後継者に十分な資金力がなければ株式を譲渡することが難しくなる。また，贈与する場合においては多額の贈与税が課されることとなってしまう。

そのため，資本政策においては，極力株価の低い初期の段階で後継者に株式を承継することを検討する必要がある。

具体的な手法としては，後継者への株式譲渡，第三者割当増資，ストック・オプションの付与等が考えられる。また，税務上のメリットのある財産保全会社を設立し，財産保全会社に株式を保有させる方法を採るケースも多い。

相続，事業承継については，2(4)（119頁）で詳述する。

図表４－１　資本政策の目的

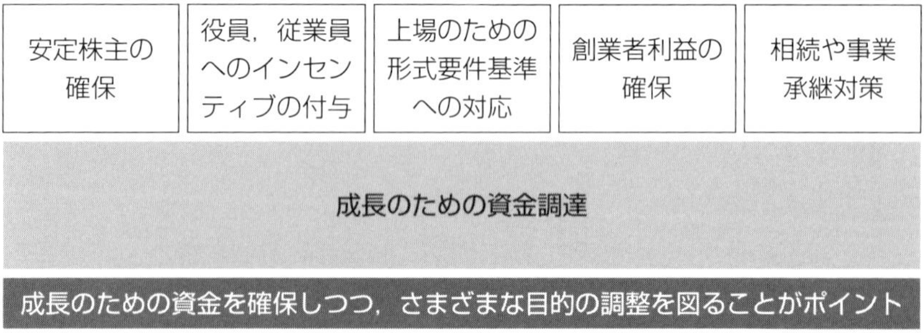

安定株主の確保	役員，従業員へのインセンティブの付与	上場のための形式要件基準への対応	創業者利益の確保	相続や事業承継対策
成長のための資金調達				
成長のための資金を確保しつつ，さまざまな目的の調整を図ることがポイント				

(2)　資本政策の留意事項を確認しているか

①　会社としての資本戦略の必要性

資本政策は，当初IPOコンサルタント，証券会社，ベンチャー・キャピタル等の専門家が草案を作成することもある。しかし，資本政策は自社の成長戦略と，資本政策の目的の優先順位を反映したものでなければならないため，自社で主体的に策定する必要がある。

そして，そのためには以下のような事項についての資本戦略が重要となる。

(i)　資本政策の目的の優先順位づけ

資本政策では，さまざまな目的を達成する必要があるが，これらの中にはトレードオフの関係にあるものがある。具体例は，以下のとおりである。

☑　外部から多額の資金調達をする場合や創業者利益のために株式を大量に売り出す場合は，安定株主比率が低下して経営が不安定になる可能性がある。

図表４－２　外部株主への割当株式数，創業者の売出し株式数と安定株主対策との関係

外部株主への割当株式数	資金調達	安定株主対策
多い	○ （多額の資金調達）	△ （安定株主の持株比率は低下）
少ない	△ （資金調達額は限定的）	○ （安定株主の持株比率維持）

創業者の売出し株式数	創業者利益	安定株主対策
多い	○ （多額の創業者利益）	△ （安定株主の持株比率は低下）
少ない	△ （創業者利益は限定的）	○ （安定株主の持株比率維持）

☑　外部から資金調達する場合は，なるべく高い株価で株式を発行することが効率的であるが，株価が上がってしまい相続対策のための株式の異動が難しくなってしまう。

図表４－３　資金調達時の株価と相続対策との関係

資金調達の株価	資金調達	相続対策
高い株価	○ （多額の資金調達）	△ （多額の相続税が課される可能性）
低い株価	△ （資金調達額は限定的）	○ （相続税への影響は限定的）

☑ 役員，従業員のインセンティブのためにストック・オプションを大量に発行すると，将来の希薄化への懸念から，株価にマイナスの影響を与え，資金調達に支障が出る可能性がある。

図表４－４　ストック・オプションの発行数と，インセンティブ効果，希薄化効果との関係

ストック・オプションの発行数	役員，従業員へのインセンティブ効果	希薄化効果
多い	○ （高まる）	△ （将来の希薄化への懸念から，株価にマイナスの影響を与えるおそれ）
少ない	△ （限定的）	○ （将来の希薄化への懸念は抑えられる）

そのため，すべての目的を同時に達成することは困難であり，会社としていずれの目的を優先するかについての資本戦略を検討する必要がある。

この点，急成長企業の中には，戦略的に安定株主対策よりも成長のための資金調達を優先し，上場前から安定株主比率が50％未満のケースも見受けられる。一方，経営の安定性を重視する会社の中には，安定株主比率を高めるために，新規の資金調達は極力控えるケースも見受けられる。

いずれにしても，自社の資本戦略に基づき資本政策を策定することが重要である。

(ii) 上場時点の姿および上場後を考慮する

資本政策の策定にあたっては，上場が1つの節目になるため，まずは上場時点における株主構成，発行済株式数，株価等を想定し，そこをターゲットとして，検討していくこととなる。

しかし，資本政策は上場時点で完結するものではない。会社は上場後も継続して成長していくことが必要であり，そのための資金が必要となる。そのため，上場後も継続的に資本政策を更新していく必要がある。

また，上場後に想定する資本戦略により，資本政策が影響を受けることがある。

たとえば，上場後，流通株式比率が高く，安定株主比率が低いような場合でも，機関投資家や個人投資家に自社の理念，経営の状況等を丁寧に説明し，経営者の信念や考えに共感または同意してもらうことで安定株主に近い存在になってもらうという資本戦略を採ることがありうる。

機関投資家に株式を取得してもらうケースでは，株式に十分な流動性がない場合は，市場で大口の取引を行うと株価が大きく変動してしまう可能性がある。そのため，市場外取引で株式を取得してもらえるように，大口の既存株主の中で，機関投資家に株式を譲渡する株主を誰にするか（ベンチャー・キャピタル等）をあらかじめ調整しておくことが必要となる。

また，個人投資家に株式を取得してもらうケースでは，個人投資家は株式取得のための資力に制限があるため，あらかじめ株式分割等で株式数を増やし，個人投資家が取得しやすい株価にしておくことが必要になる。

資本政策は，IPOコンサルタント，証券会社，ベンチャー・キャピタルのサポートを受けて策定されることが一般的であるため，上場時点までの計画となることが多いが，このように上場後の資本戦略も見据え，上場後も継続的に更新していく必要がある。

② 適切に策定された事業計画を基礎とする

事業が成長していく中で，どのタイミングでどの程度の資金が必要になるかを高い精度で予測するためには，適切に策定された事業計画が不可欠となる。

また，資金調達時の株式の発行価格は，株式発行時の時価総額を株式数で除して算定され，時価総額は，株式発行時点における事業計画上の当期純利益を基礎に算定される。そのため，将来の上場時や上場までの各段階の資金調達における株式の発行価格を高い精度で設定・予測するためにも，適切に策定された事業計画が必要となる。

このように，資本政策の精度はその前提となる事業計画の精度に依存することになるため，資本政策を策定するにあたっては，適切に策定された事業計画の存在が不可欠となる。

③ 資本政策は後戻りが難しいことを理解する

資本政策は，後戻りが難しいといわれる。

たとえば，株式はいったん発行してしまうと，その後に株式をどのように処分するかはその株主の意思に委ねられ，発行会社が干渉することはできなくなる。そのため，株式の発行後に会社にとって好ましくない株主だったことが判明した場合でも，株式を手放すことを強要することはできない。

また，ベンチャー・キャピタル等の既存株主との関係から，通常，過去の発行価格を下回る価格で株式を発行することは難しくなるため，一度割高な価格で株式を発行してしまうと，その株価がネックとなり，その後の資金調達が困難となることがある。

ストック・オプション等についても，一度付与したストック・オプションは会社側から一方的に破棄することはできず，仮に協議のうえで破棄できたとしても，役員や従業員のモチベーションが低下してしまう可能性がある。

このように，資本政策は，いったん実行してしまうと，実行前と同じ状態に戻すことはできないため，慎重に計画し実施する必要がある。

④ 日常の運転資金は新株発行ではなく借入金で調達する

資本政策により調達する資金は，あくまで将来の成長のための資金であり，日常の運転資金は借入金等で調達すべきである。

株式による資金調達には，借入金のような利息は発生しないが，リスクマネーであるため，投資家は回収不能となるリスクに見合ったリターン（配当利回りやキャピタルゲイン）を求めており，これが引受時の株価に反映されている。そのため，株式による資金調達コストは，借入等による資金調達コストよりも高くなっており，それを日常の運転資金に充てるのでは採算が取れない場合が多い。

また，株式取得による投資にあたっては，投資家は投資意思決定に慎重となるため，投資実行までに時間がかかるだけでなく，場合によっては，投資が突然中止になる場合もある。実際に，投資家との間で直前まで順調に出資の話が進んでいるように見えたが，土壇場で投資家側の取締役会で投資が否決されたことにより，運転資金の調達ができず，そのまま倒産に至ったという事例が発生している。

このように，新株発行により調達する資金を日常の運転資金に充てることは適切ではなく，日常の運転資金の調達は，コストが相対的に低く，また資金調達時期を計画しやすい借入金等によるべきである。

⑤　金融商品取引法上の開示対象となるケースに注意する

上場前であっても，新株の募集または既存株式の売出しにおいて，勧誘する株主数や発行価額の総額が一定以上の場合，金融商品取引法上の開示が必要となってくるため留意が必要である。

具体的には，株式の発行（売出し）価額の総額が１億円以上で50名以上を対象とした募集（売出し）の場合は有価証券届出書，株式の発行（売出し）価額の総額が１千万円超１億円未満で50名以上を対象とした株式の発行（売出し）の場合は有価証券通知書を提出しなければならない。

有価証券届出書等の作成，提出には相当の事務負担が生じるため，届出義務が発生しない範囲内で資金調達を行うことが通常である。

また，有価証券届出書や有価証券通知書の提出義務があるにもかかわらず届出が失念されていたような場合は，金融商品取引法違反となり，IPO自体が中断されてしまうケースもあるため，これらの書類の提出義務が生じる新株発行（売出し）は，慎重に実行する必要がある。

なお，基準となる勧誘対象者と発行価額の総額には通算規定があり，勧誘対象者が50名未満，発行価額の総額が１億円未満であっても，過去の一定期間の募集を通算して50名以上，１億円以上となる場合には，有価証券届出書の提出が必要となるため注意が必要である。

図表4－5　金融商品取引法上の開示対象となるケース

勧誘対象者	発行価額の総額	提出書類
50名以上(※)	1億円以上	有価証券届出書
	1千万円超1億円未満	有価証券通知書
	1千万円以下	届出不要
50名未満(※)		届出不要

(※)　勧誘対象者が50名以上の場合でも，適格機関投資家のみを勧誘する場合で，有価証券が適格機関投資家以外の者に譲渡されるおそれのない場合には「募集」とは扱われないため，届出は不要である。反対に，勧誘対象者が50名未満であっても，有価証券が取得者から多数の者に譲渡されるおそれがある場合は「募集」として扱われるため，発行価額によっては届出が必要になる。

⑥　公開前規制に注意する

IPOにおける公正性を確保するため，IPOが実現する可能性が高い時期に，特定の者が，第三者割当等による新株発行や，新株予約権の割当を通じて短期間に利益を得る行為が規制されている。この規制を「制度ロックアップ」と呼ぶことがある。

具体的には，上場申請日の直前事業年度の末日の1年前の日以後に第三者割当増資等により株式を取得した者や新株予約権の割当を受けた者は，上場日以後6か月を経過する日（新株発行等の効力発生日から1年を経過していない場合は，1年を経過する日）まで継続保有することを，書面にて確約しなければならない(※)。この書面を「確約書」という。

これに違反して株式等を譲渡した場合は，社会通念上やむを得ない場合を除き，証券取引所は上場申請の不受理または受理の取消しの措置を行うことになるため，厳守する必要がある。

また，特別利害関係者等が，上場申請年度の直前年度の末日の2年前の日から上場の前日までの期間において，株式または新株予約権の譲渡，譲受，行使を行った場合には，Ⅰの部にてその移動状況を開示しなければならない。

（※）新株予約権のうち，役員または従業員への報酬として割当てたストック・オプションとしての新株予約権で，一定の要件を満たすものについては，継続保有の期間は上場日の前日までとなる。

図表４－６　公開前規制

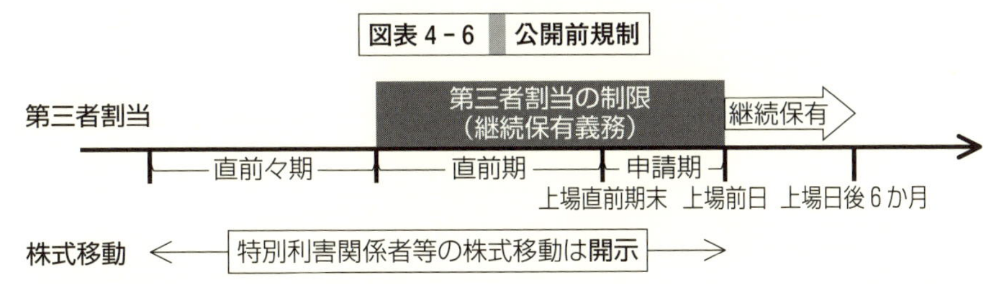

（出典）金融庁　第１回「株式新規上場引受に関する検討会」（2016年12月15日）東京証券取引所作成資料

2 資本政策に関する個別論点

項　目	チェック
(1) 資本政策の具体的手法を把握しているか	□
(2) 安定株主対策を理解しているか	□
(3) 役員，従業員へのインセンティブ・プランの考え方を理解しているか	□
(4) 相続や事業承継の留意点を確認しているか	□

(1) 資本政策の具体的手法を把握しているか

資本政策の代表的な手法は以下のとおりである。これらの各手法の特徴を理解したうえで，会社の資本戦略に沿って，その時々で最適な方法を選択しながら，成長のための資金の調達とその他の目的との調整を行っていくことになる。

① 株主割当増資

株主割当増資は，増資の際に発行する新株を，既存株主の持株比率と同じ比率で，既存株主に対して有償で割り当てることをいう。

増資前と増資後の株主と持株比率は変わらないため，外部の株主を入れたくない場合や，持株比率を変えたくない場合に適している。

しかし，既存株主全員が十分な資力を有しているとは限らないため，会社が必要な資金を調達できない可能性や，場合によっては株主割当増資が成立しない可能性がある。

なお，株主割当増資は，株主間に不公平感をもたらすことがないため，先述の公開前規制（詳細は，本章1(2)⑥（102頁）を参照）は適用されない。

② 第三者割当増資

第三者割当増資とは，特定の第三者に有償で株式を割り当てることをいう。外部の第三者が入らず，既存株主のみに割り当てる場合でも，増資前の持株比率と異なる割合で割り当てる場合は，第三者割当増資となる。

通常は時価発行増資となり，また資力のある投資家のみを対象とすることができるため，発行価格や資金調達額等において目的に適った資金調達が可能であり，そのため資金調達手段としても最も利用されている手法である。

ただし，安定株主以外への第三者割当増資は，安定株主比率を下げることになり，特に，株価が低い段階で第三者割当増資を繰り返すと，既存株主の議決権比率が大きく下がってしまう場合があるため注意が必要である。

また，第三者割当増資は，既存株主間の持株比率の調整手段としても利用される場合がある。

③　株式譲渡

既存株主が保有する株式を他者に譲渡することをいう。

新株の発行を伴わないため発行済株式総数は変化せず，また，譲渡人と譲受人の当事者のみの取引となるため，会社に新たに資金が入ってくることはない。

株式譲渡は，持株比率の調整手段として利用されるケースが多い。たとえば，資本政策の初期段階において，株主数が多い場合や名義株がある場合に，創業者へ株式を集中させる目的等で利用されたり，相続対策や事業承継対策で，後継者に株式を移転する手段として用いられる。

④　新株予約権

新株予約権とは，発行した株式会社に対して権利を行使することにより，その株式会社の株式の交付を受けられる権利のことをいう（会社法２二十一）。すなわち，新株予約権の割当を受けた者は，将来の一定の期間において，所定の価格（権利行使価格）で，その会社の株式を購入することができる権利を有することとなる。

成長過程にあるスタートアップ企業においては，事業の成長とともに株価も上がっていくため，将来の新株予約権の行使時点においては，その時点の株価が新株予約権の割当時の権利行使価格を上回っている場合が多い。そのため，新株予約権の行使により，時価よりも低い価格で株式を取得し，その時点の時価で売却することで，差額分の利益を得られるという仕組みである。

スタートアップ企業においては，優秀な人材への給与填補，外部協力者への報酬，安定株主対策，役員および従業員のインセンティブ・プラン等の目的で用いられる。

たとえば，スタートアップ企業では，優秀な役員，従業員を確保するために，十分な報酬を準備することが資金面で難しいケースがある。そのような場合，新株予約権で報酬を支払い，報酬の不足分を填補すれば，現金の支出なく，役員，従業員が満足できるだけの報酬を支払うことが可能となる場合がある。

安定株主確保という見地からは，創業期の株価が低い段階で創業者等に新株予約権を付与しておき，ベンチャー・キャピタル等，外部の株主が入ってきた後に新株予約権を行使して株式を取得し，安定株主比率を維持するといった活用方法も考えられる。

また，新株予約権のうち，役員，従業員に対して報酬として付与するものをストック・オプションという。ストック・オプションは，役員，従業員へのインセンティブ・プランとしても有効である（詳細は，⑶（115頁）を参照）。

このように，新株予約権は，一般に潤沢な資金を有していないスタートアップ企業にとって利便性の高いものといえる。

⑤　新株予約権付社債

新株予約権付社債とは，新株予約権を付した社債をいう（会社法２二十二）。新株予約権付社債のうち，新株予約権の行使時に社債部分を株式取得の払込金額に充てるものは，転換社債型新株予約権付社債といわれる。

新株予約権付社債の発行者側のメリットとしては，発行時点では発行済株式総数の増加を伴うものではないため，安定株主比率を低下させることなく資金調達ができること，新株予約権が付されているため，社債部分の金利を通常より低く抑えることができることが挙げられる。転換社債型新株予約権付社債については，新株予約権の権利行使時に社債部分が株式取得の払込みに充てられるため，社債の償還資金が不要となる点等もメリットといえる。

一方，新株予約権付社債の取得者側のメリットとしては，将来，新株予約権の行使によりキャピタルゲインが得られる可能性がある点が挙げられる。ただし，新株予約権の行使時点の株式の時価が行使価格を下回ってしまい，新株予約権の価値がゼロとなってしまうリスクがあることには留意が必要である。

⑥　種類株式

株式会社は，図表４－７の事項について内容の異なる株式を発行することができ，この内容の異なる株式を種類株式という（会社法108）。

図表４－７　種類株式の内容

異なる内容とすることができる事項	内　　容
剰余金の配当	優先的に配当を受け取ることができる株式（配当優先株式）のほか，配当の受取りが他の株式に劣後する株式も発行できる。
残余財産の分配	優先的に残余財産の分配を受けることができる株式（残余財産分配権優先株式）のほか，残余財産の分配が他の株式に劣後する株式も発行することができる。
株主総会において議決権を行使することができる事項	株主総会において決議できる事項が制限されている株式。議決権を持たない無議決権株式も発行できる。
譲渡による取得について会社の承認を要すること	いわゆる「譲渡制限株式」。
株主が会社に対してその取得を請求することができること	いわゆる「取得請求権付株式」。会社が種類株式を取得する際の対価として，普通株式を交付する場合もある。
一定の事由が生じたことを条件として会社が取得できること	一定の事由が発生した際に，会社が種類株主から株式を取得できる。「取得条項付株式」といわれる。
会社が株主総会の決議によってその全部を取得すること	株主総会の過半数の決議により，会社がその全部を取得できる種類株式であり，「全部取得条項付株式」といわれる。
株主総会において決議すべき事項のうち，株主総会の決議のほか，種類株主を構成員とする種類株主総会の決議を必要とするもの	株主総会で決議された事項に対して拒否権を有することになるため，「拒否権付株式」といわれる。

種類株主を構成員とする種類株主総会において取締役または監査役を選任すること	いわゆる「役員選任権付株式」。指名委員会等設置会社および公開会社(※)は，この種類株式を発行することはできない。

(※) 会社法上の公開会社のことであり，株式に譲渡制限が付されていない会社をいう（会社法2五)。

(i) 種類株式を利用した資金調達

種類株式のうち，普通株式に対して特定の優先的な権利を有する株式を優先株式という。IPO前において，ベンチャー・キャピタル等の投資家のリスクを軽減し，企業に投資しやすくするために優先株式が利用されるケースが増えてきている。

その際，図表4－8のような条件が付されるケースがよく見受けられる。

他社との合併や買収等の組織再編行為により，投資家が損失を被る可能性がある場合の救済措置としては，図表4－8の株式買取請求権のほかに，投資契約等に「みなし清算条項」を入れる方法や，「拒否権」を設定する方法もある。

「みなし清算条項」とは，投資先企業の合併や買収等があった際に，投資先企業が清算したものとみなし，投資家の株式取得価額に相当する金額について，投資先企業が受け取った買収等の対価から優先的に分配を受けることができるとするものである。

「拒否権」は，合併や買収等を意思決定する際に，優先株式の株主を構成員とする種類株主総会の承認を要するとするものである。種類株主総会の承認を必要とするという形の拒否権は，会社の合併や買収の場合だけでなく，会社が発行できる株式の内容や種類，発行可能株式総数，株式の併合や分割等の重要事項を決定する際にも設定される場合がある。

このような優先株式は，IPOによって，上場時にキャピタルゲインを得るという投資家の目的が達成されることから，一斉取得条項に基づき，IPO直前にすべて普通株式に転換することが通常である。

図表4－8　優先株式の条件の具体例

項　目	条　件	目　的
残余財産の分配	会社を清算し残余財産を分配する際に，優先株式の払込金額に達するまで，他の株主に優先して分配を受けることができる。	優先株式の取得価額まで優先的に残余財産を分配することによって，投資家の投資リスクを軽減する。
組織再編等の際の株式買取請求権	会社分割により主たる事業を他の会社に承継させた場合，または第三者に譲渡した場合は，優先株主は会社に対して優先株式の買取りを請求することができる。	主たる事業が実質的になくなってしまった際に，投資家を救済する。
普通株式への転換請求権	優先株主は，会社に対し，普通株式と引換えに，優先株式を取得することを請求することができる。	上場する際に，優先株式を上場対象である普通株式に転換する機会を確保する。
一斉取得	会社において上場を申請する決議が行われた場合，会社は，優先株式を取得し，引換えに普通株式を交付することができる。	上場にあたって会社に優先株式を消滅させる機会を与える。投資家側としても，上場により当初の投資目的を達成できるため，優先株式を保有し続ける必要性がなくなる。

(ii)　種類株式等と上場

実際の事例は少ないものの，一定の場合に，種類株式の上場が認められている。

(a)　優先株式の上場

優先株式は，利益の配当，残余財産の分配等の面で普通株式とは異なるため，優先株式の上場にあたっては，会社が配当するに足る利益を計上する見込みがあるかという点や，種類株式の流通株式数，時価総額，優先株式の内容，企業内容の開示を適切に行うことができる体制があるか等について，取引所による慎重な審査が行われる。

⒝　議決権種類株式の上場

議決権種類株式には，普通株式よりも議決権が多いもの，普通株式よりも議決権が少ないもの，議決権を有しない無議決権株式がある。

上場対象となる議決権種類株式は，図表４－９のとおりである。

図表４－９　上場対象となる議決権種類株式

	上場準備会社		すでに上場している会社
	単独上場	普通株式と同時上場	
議決権の少ない株式	○	×	×
無議決権株式	○	○	○
議決権の多い株式	×	×	×

（出典）　東京証券取引所「2023新規上場ガイドブック」より作成

【⑴　普通株式よりも議決権が多い議決権種類株式】

普通株式よりも多い議決権を有する議決権種類株式は，低い持株比率で会社の支配権を獲得することが可能であり，コーポレート・ガバナンスに歪みを生じさせる可能性があるため，上場は認められていない。

【⑵　普通株式よりも議決権が少ない議決権種類株式および無議決権株式】

一方，普通株式より議決権の少ない議決権種類株式と無議決権株式については，コーポレート・ガバナンスの歪みを生じさせる可能性が相対的に低いといえる。また，発行会社側には種類株式を利用した資金調達の需要があり，投資家に対しても多様な投資対象を提供することにつながるため，株主の権利を尊重した設計になっていることを条件に上場が認められている。

ただし，投資時の混乱（銘柄間違い）や，株主保護の見地から，複数種類の議決権がある株式を同時に上場させることは，現時点では認められていない（無議決権株式を除く）。

コラム13・種類株式と上場

米国市場に上場している，Alphabet Inc.やMeta Platforms Inc.といった会社は，今なお創業者グループが議決権の過半数を保有しています。これを可能にしているのが，議決権種類株式です。すなわち，創業者グループが議決権の多い株式を保有することによって，創業者グループの株式保有比率が維持されているのです。

日本では，事例はまだ少ないですが，2006年に石油開発会社である国際石油開発帝石株式会社（現在は株式会社INPEX）が，経済産業大臣に経営上の重要な事項について拒否権を行使できる種類株式（いわゆる黄金株）を付与したまま，普通株式を上場させています。

2014年には，介護ロボットスーツを開発するCYBERDYNE株式会社が，創業者グループに普通株式の10倍の議決権を有する議決権種類株式を付与したまま，普通株式を上場させています。

証券取引所の上場審査では，種類株式を発行している場合には，普通株主の権利内容および権利行使が不当に制限されるか否かの観点で慎重な審査が行われます。

現時点において，我が国においては，議決権種類株式を活用して経営支配権を維持しつつ，IPOを行っているケースは，経営の安定が高く求められるケースに限定されているようです。

⑦　自己株式

既存株主が何らかの理由で株式を手放したいが，他の株主に株式取得のための十分な資力がない場合には，会社が自己株式として取得することによって，ガバナンスや安定株主の構成に大きな影響を与えることなく目的を達成することができる。

また，自己株式は，既存株主の構成比率を調整する手段の１つとしても利用できる。

取得した後の自己株式は，売却，消却により処分できるほか，将来，ストック・オプションが行使された際に交付するためや，IPO時に売り出すための株式としても活用できる。

(2) 安定株主対策を理解しているか

株主総会において円滑に決議を行い，経営の安定化を図るためには，株主総会における安定株主対策が必要となる。安定株主の議決権比率の目安としては，図表4-10のとおり，2分の1超，3分の2超，3分の1超が考えられる。

安定株主の議決権比率をどの程度確保すべきかについては唯一の正解はなく，会社の経営理念，外部からの資金調達の必要性，経営の安定化の必要性，上場後に公開買付等により買収されるリスク等を勘案し，各社の資本戦略に基づき決定していくべきものである。

図表4-10 安定株主の議決権比率の目安

効　果	議決権比率の目安
普通決議事項の決議が可能	2分の1超
特別決議事項の決議が可能	3分の2超
特別決議事項を拒否することが可能	3分の1超

また，株主総会における普通決議事項，特別決議事項は図表4-11のとおりである。

次にどのような株主が安定株主となりうるかが問題となるが，経営者以外の株主は，いずれも永久に安定株主のままでいるとは限らないため，それぞれの属性や個々の会社の状況に応じて株式の保有比率を検討していく必要がある。

① 親族，財産保全会社

親族や財産保全会社は基本的には安定株主といえるが，相続や後継者選び等で関係が悪化する可能性にも配慮する必要がある。

また，社歴の長い会社では，創業時の経営陣の親族が株式を保有していたものの，その後の相続等により会社のビジネスに全く関知していない親族が株主となっている場合がある。このような場合は，株式が第三者に渡ってしまう可能性もあるため，可能な限り現経営陣やその親族に株式を譲渡させることが望ましい。

図表4-11　株主総会の決議事項

決議	定足数	決議要件	決議事項
普通決議	議決権の過半数（定款で定足数を加重軽減可）	出席株主の議決権の過半数	自己株式の取得（会社法156①）
			総会検査役の選任（会社法316①）
			業務財産検査役の選任（会社法316②）
			役員の選解任（会社法329①，341）
			会計監査人の出席要求決議（会社法398②）
			計算書類の承認（会社法438②）
			資本準備金の減少（会社法448①）
			資本金の額の減少（会社法450②）
			準備金の額の増加（会社法451②）
			剰余金の処分（会社法452）
			剰余金の配当（会社法454①）
			役員報酬の決定
特別決議	議決権の過半数（定款で3分の1以上の割合に軽減できる）	出席株主の議決権の3分の2以上（定款で決議要件を加重できる）	譲渡制限株式の買取り（会社法140②）
			特定株主からの自己株式の取得（会社法156①，160①）
			全部取得条項付種類株式の取得（会社法171①）
			譲渡制限株主の相続人に対する売渡請求（会社法175①）
			株式の併合（会社法180②）
			募集株式，募集新株予約権の発行における募集事項の決定（会社法199①，238②）
			募集事項の決定の委任（会社法200①，239①）
			株主に株式や新株予約権の割当を受ける権利を与える場合の決定事項の決定（会社法202③四，

			241③四)
			累積投票取締役や監査役の解任（会社法339①，342）
			役員の責任の一部免除（会社法425①）
			資本金の額の減少（会社法447①）
			現物配当（会社法454④）
			定款の変更（会社法666）
			事業譲渡の承認（会社法467）
			解散（会社法471③）
			解散した株式会社の継続（会社法473）
			吸収合併契約，吸収分割契約，株式交換契約の承認（会社法783①，795①）
			新設合併契約，新設分割計画，株式移転計画の承認（会社法804①）

② 役　員

役員についても基本的には安定株主といえる。また，役員に株式を保有させることによって，経営への参画意識を高めるという効果も期待される。

ただし，将来的に退任して外部株主となってしまう可能性には配慮が必要である。

また，創業メンバーが複数いる場合に，それぞれ均等に株式を保有するケースがある。役員の関係が良好なうちは問題ないかもしれないが，経営方針の相違等で仲たがいしてしまった場合，株主総会の決議に必要な過半数の議決権を保有している者がいないため，他の者が反対すると株主総会の決議ができなくなってしまうことがある。このような状態をデッドロックという。そのため，共同創業の場合でも，経営をリードする者を決めておく等して，いずれかが過半数を保有するようにしておくべきである。

また，保有させる株式数については，古くからの役員と新たに参画した役員との間で不公平感が出ないよう配慮が必要である。

③　従業員，従業員持株会

従業員や従業員持株会も基本的に安定株主といえる。

ただし，従業員は役員よりも退職の可能性が高く，また，従業員が株式を直接保有することによって負うこととなるリスク（会社が倒産した際に株式の取得価額を回収できないリスク等）を好まない場合もあるため，従業員個人に直接株式を保有させるのではなく，従業員持株会を通して保有させるケースが多い。

従業員持株会については，⑶③（119頁）にて後述する。

④　取引先，事業パートナー

良好な取引関係，事業提携関係のある相手先を安定株主として考え，株式を割り当てることがある。

その際，短期的な取引関係では安定株主とはならないため，自社の経営戦略や事業環境に照らして，長期的な取引関係やパートナーシップを維持していける関係か否かを慎重に判断する必要がある。

⑤　ベンチャー・キャピタル

ベンチャー・キャピタルは，上場までの良きパートナーといえるが，上場時に株式を売却しキャピタルゲインを得ることを目的として投資を行っているため，安定株主とはなりえない。

株式上場後，概ね半年以内程度で株式を売却するケースが多い。

⑶　役員，従業員へのインセンティブ・プランの考え方を理解しているか

上場後の株価は，上場前と比較して何倍，場合によっては何十倍となるケースがある。この株価の差を利用して，役員，従業員の事業への参画意欲を促進して，株価形成にも寄与するようなインセンティブ・プランを構築することが可能である。

① ストック・オプション

(i) ストック・オプションを付与する対象者

ストック・オプションとは，新株予約権のうち，役員，従業員に対して報酬として付与されるものをいい，ストック・オプション付与時に設定した権利行使価格で，将来において現物株式を取得する権利である。通常，権利行使時点の株価はストック・オプション付与時に設定した権利行使価格よりも高くなっているため，権利行使により取得した株式を売却することにより，キャピタルゲインを得ることができる。

このようにストック・オプションは，株価の上昇によるキャピタルゲインを前提としたインセンティブ・プランであるため，付与対象者は，基本的に，株価に影響を与えるような戦略，施策の立案および実行と，その結果に対する責任を持つ一定以上の役職者になると考えられる。

一方では，IPOの実現は全従業員の総力の結果であるため，特定の役職者だけでなく，可能な限り広くストック・オプションを付与すべきという考え方もある。その場合は，付与対象者と付与されない者との間に不公平感が生じないように，役職や在籍年次等のような客観的な基準を設ける必要がある。対象者の基準が不明確な場合には，付与されない者に不満や不公平感が生じ，組織全体のモラールに悪影響を及ぼし，逆効果となる可能性がある。

また，ベンチャー企業は，通常，役員，従業員に十分な給与を支払うことが難しいため，特定の優秀な人材を採用する際に，大企業に勤務した場合の給与との差額を填補する意味合いでストック・オプションを付与するケースもある。このような目的でストック・オプションを発行する場合も，ストック・オプションを付与されない従業員との間で不公平感が出ないよう配慮する必要がある。

(ii) 適切なストック・オプション付与数

ストック・オプションにより得られるキャピタルゲインは，付与対象者の職責や業務の成果に照らして適切な水準である必要がある。特に会社経営に責任を持つ者以外にも広くストック・オプションを付与する場合に留意が必要である。

たとえば，時に一従業員の立場で，数千万円規模の多額なキャピタルゲインを得られるようなストック・オプションを付与されることがあるが，各人の職責や業務成果に対して過分なストック・オプションプランは，上場後，早々にストック・オプションを行使して退職することの誘因となり，当初の意図とは逆効果となる可能性がある。

(iii)　ベスティング条項

インセンティブ・プランとしてストック・オプションを付与したにもかかわらず，ストック・オプションを付与した従業員等が権利行使後に早々に退職してしまうという本末転倒の結果とならないように，「ベスティング条項」を付けることが有効である。

ベスティング条項とは，ストック・オプションの権利を段階的に行使させるための制限である。たとえば，入社後1～2年後から権利行使可能とし，その後，5年程度の期間でストック・オプションの行使に制限をかけるものである。

図表4-12のように，5年内に段階的に権利行使可能とする場合と，5年後に一括で権利行使可能とする場合がある。

図表4-12　ベスティング条項の具体例

経過期間	権利行使可能部分	
	段階的な権利行使の例	一括権利行使の例
入社1年経過後2年経過まで	20%	−
2年経過後3年経過まで	20%	−
3年経過後4年経過まで	20%	−
4年経過後5年経過まで	20%	−
5年経過後	20%	100%
計	100%	100%

権利行使の条件には，入社年数やストック・オプションを付与して以降在籍した年数のほかに，たとえば「営業利益が○億円を超過したときに○％行使可能」，「営業利益が○年連続で○％成長したときに○％行使可能」等のような業績達成要件を設定することも可能である。

このようなベスティング条項を設けることで，上場後間もなくストック・オプションを行使してキャピタルゲインを得た後で早々に退職するといった事態を一定程度防止することが可能となる。

ⅳ ストック・オプションの発行済株式総数に占める割合

ストック・オプションは潜在株式であり，上場後の株価の引下げ要因になるため，付与可能数には限度があると考えられている。

現状，明確なルールはないものの，従来は発行済株式総数の10％程度が上限と考えられていた。しかし，近年，社数は多くないものの，10％を超える事例も出てきている。

そのため，発行済株式総数の10％を上限の目安としつつも，10％を超える場合には主幹事証券会社や取引所に，会社の成長や事業の発展のために必要なストック・オプションであることを適切に説明できるかが重要となる。

② 株式の取得

インセンティブ・プランとして，役員や従業員に直接株式を取得させることも考えられる。その場合，株式の取得資金が必要となるため，場合によっては役員や従業員が個人的に借入を実行しなければならないこともある。

また，株式を取得した者は，会社が倒産した場合には出資分の損失を被ることになるため，業績が思うように伸びない場合や，上場準備の進捗が滞る場合には，士気の低下という逆効果が生じる場合がある。株式を取得した役員，従業員が上場前に退職した場合は，株式の買取りについてトラブルになるケースもある。

この点，ストック・オプションであれば，現物株式の取得の場合と比べて，取得価額が小さい，もしくは取得価額がゼロで済み，また，上場前に退職した場合は，そのストック・オプションは無効となるように設計できる。そのため，役員，従業員へのインセンティブとしては，ストック・オプションによるケースが多くなっている。

③　従業員持株会

従業員持株会とは，従業員の中から会員を募集し，毎月の給与から天引きする拠出金により自社株式を共同取得し，拠出金額に応じて自社株式を保有する制度である。株式取得資金の補助として，会社が一定の奨励金を支給する場合も多い。

従業員持株制度の導入によるメリットとしては，少ない金額でも株式を取得できる，従業員の資産形成が図られる，経営参画意識が高まる，従業員持株会という安定株主の持株比率が増える等が挙げられる。

一方で，株式は従業員持株会への拠出額に基づき各人に配分されるため，ストック・オプションのように，業務への貢献度に応じた配分ができない点がデメリットといえる。

(4)　相続や事業承継の留意点を確認しているか

上場後の株価は上場前と比べて相当高くなっているため，上場後に相続が発生した場合には，多額の相続税がかかることになる。また，その際，納税資金確保のために株式を売却すると，安定株主比率が下がってしまう。

そのため，上場前の株価が低い初期の段階で，将来の相続や事業承継に備えておくことが重要である。

上場前の相続，事業承継対策としては，以下のような方法が考えられる。

①　後継者への株式の移転，発行

株価の低い初期の段階で，可能な限り後継者に株式を移転させることが考えられる。その際，譲渡の場合は譲渡人側において譲渡益課税が，贈与の場合は贈与を受ける側において贈与税の課税が発生するため注意が必要である（詳細は，第９章[8](1)（284頁）参照）。

また，株式の移転のほかに，第三者割当増資により，後継者に対して新株を発行することも考えられる。この場合に適正価格によっている場合は課税関係は生じないが，後継者が有利な価格で株式を引き受けた場合には，後継者側には所得税が課されるため留意が必要である（詳細は，第９章[8](2)（285頁）参照）。後継者の資金負担の面からは，第三者割当増資も極力株価の低い初期の段階に

実施することが望ましいといえる。

② 後継者への新株予約権の発行

事業承継対策として，後継者に新株予約権を発行することも考えられる。これも株価の低い初期の段階で発行するようにすれば，後継者の資金負担は少なくて済む。

③ 財産保全会社の活用

将来の相続税の節税や，相続時の株式の散逸を最小限にするために，会社の株式を保有することを目的とした財産保全会社を活用することが考えられる。財産保全会社を利用した場合，創業者一族は，財産保全会社の株式を保有することを通して，間接的に会社の株式を保有することになる。

財産保全会社に株式を移転しておけば，株式の含み益から法人税等相当額を控除できるため，個人で株式を保有している場合に比べて，将来の相続時に，株式の相続税評価額を低く抑えることができる。

財産保全会社に株式を移転する際には，譲渡による場合は譲渡益課税が発生し，贈与による場合は贈与税が発生する。また，株式を現物出資する場合も，資産の譲渡となり譲渡益に対して所得税が発生する。そのため，財産保全会社も，株価の低い初期の段階で設立しておくことが望ましい。

また，財産保全会社は，関連当事者として証券取引所によって慎重な審査を受けることになり，開示書類においても関連当事者との取引は開示対象になるため，合理的な説明ができない取引関係はすべて解消しておく必要がある。

3　スタートアップ企業のデットファイナンス

項　　目	チェック
(1)　デットファイナンスの内容を理解しているか	□
(2)　スタートアップ企業のデットファイナンスの手法を理解しているか	□
(3)　デットファイナンスの留意点を確認しているか	□

(1)　デットファイナンスの内容を理解しているか

①　デットファイナンスによる資金調達事例の増加

従来，スタートアップ企業では銀行等の金融機関からの融資等，デットファイナンスによる資金調達は難しいとされてきた。これは，キャピタルゲインを求めてハイリスクハイリターンの投資資金を原資とする出資に対し，元本の確保と利息を求めるローリスクローリターンの預金等を原資とする融資は，赤字を前提に事業の急拡大を図るスタートアップ企業には適さないケースが多かったためと考えられる。

しかし，近年ではデットファイナンスの活用事例が増えている。たとえば，スタートアップ企業が，メガバンクをアレンジャーとした数十億円から数百億円規模のシンジケートローンによる資金調達をする事例や，一般的に財務内容が盤石な企業に設定されることが多かったコミットメントラインを設定する事例も出てきている。

②　金融機関のスタンスの変化

2022年11月28日，政府が，日本にスタートアップ企業を生み育てるエコシステムを創出し，第二の創業ブームを実現するため，「スタートアップ育成５か年計画」を策定した。当計画内では，金融機関に対して，不動産担保や個人保証によらず，事業価値やその将来性といった事業そのものを評価して，成長資金を融資し，支援していくことが期待されている。また，ディープテックベンチャーへの民間融資に対する債務保証制度(※1)が導入されたほか，成長資金融資の際の利活用が期待される事業成長担保権(※2)をはじめとした事業全体を担保とする制度の議論が本格化している。これらの追い風もあり，金融機関のスタートアップ企業に対するスタンスにも変化の兆しがみえている。

(※1) ディープテック企業に代表されるような，ビジネスモデルを確立して収益化を図るまでに長期を要し，必要資金が多額であるスタートアップ企業が，経済産業大臣が指定する金融機関等から行う借入について，一定の要件のもと，㈱中小企業基盤整備機構が債務を保証する制度。保証率は50%，保証金額は1.5～25億円/件とされている。

(※2) ノウハウ，顧客基盤等の無形資産を含む事業全体を対象とする担保権の仮称。担保価値は，会社の事業価値と一致することとなる。物的担保の対象にすることができるような資産に乏しいスタートアップ企業が成長資金を調達しやすくなる効果等が期待されている（参考：「事業成長担保権について(2023年3月　金融庁)」)。

たとえば，一般社団法人全国銀行協会は，2023年1月19日に，スタートアップ企業の育成や支援を社会的使命と位置づけ，スタートアップ企業への取組強化を共通認識とするための申し合わせを行っている。この中で融資判断にあたっては，物的担保や財務実績のみによらず，事業価値や将来性を踏まえて行うことが示されている。また，一定の要件を満たすスタートアップ企業については，早期に強固な財務基盤を確立した状態とすることが困難であることを勘案し，個人保証を求めないことを検討すること等が盛り込まれている。そのほかにも，スタートアップ企業の販路拡大等のため，大企業を含めた金融機関の取引先企業とのビジネスマッチングにも積極的に取り組むことが記載されている。

個々のメガバンクや地方銀行においても，スタートアップ企業向け融資残高の増加計画の公表，スタートアップ企業支援部署の人員増強，スタートアップ企業向け融資審査の専門チーム設置といった動きがある。

このように，金融機関のスタンスも大きく変化してきていることが窺える。

③　エクイティファイナンスとの違い

デットファイナンスをエクイティファイナンスと比較した場合の主な相違点は図表4-13のとおりである。

図表４-13　デットファイナンスとエクイティファイナンスの主な相違点

	デット	エクイティ
貸借対照表の区分	負債（他人資本）	純資産（自己資本）
資金提供者の立場	債権者	株主
資金提供者への返済義務	あり	なし
資金調達コスト	相対的に低い（利息）	相対的に高い（資本コスト）
株主総会における議決権	なし	あり
株式の希薄化	なし	あり
主な財務指標への影響	自己資本比率は相対的に低くなるが，自己資本利益率は相対的に高くなる	自己資本比率は相対的に高くなるが，自己資本利益率は相対的に低くなる

(2)　スタートアップ企業のデットファイナンスの手法を理解しているか

スタートアップ企業のデットファイナンスの手法としては，以下のようなものが挙げられる。

①　公的融資

政府系金融機関等が提供する融資であり，制度ごとに要件が定められており，当該要件を充たせば，企業規模や業績，財務内容等に関わりなく融資を受けられる点や，借入期間や金利が一般的な民間融資と比べて好条件である点はメリットと考えられる。一方，デメリットとしては，制度ごとに必要な書類の準備や作成が求められ，手続に時間を要する点や，利用できる限度額が定まっている点が挙げられる。

②　信用保証協会保証付融資

信用保証協会は金融機関から資金調達する際に，保証人となって融資を受けやすくなるようサポートする公的機関である。保証申込の代表的な流れは，金融機関経由で各地域の信用保証協会に必要書類を提出し，申込手続を行うというものである。利用するメリットとしては，一般的に，保証があることで金融機関の融資審査が通りやすくなる点や無担保で長期の借入ができる点が挙げられる。また，申込金融機関を自由に選ぶことができ，金融機関にとっても保証によりリスクが低減できるため，将来的なプロパー取引も見据えて取引実績を積み重ねたい場合等に有効である。一方，デメリットとしては，限度額が設定されている点（普通保険：２億円，無担保保険：8,000万円）や保証協会に対する保証料が必要になる点，資本金と従業員数の制限が付されており，企業規模が大きくなると利用できなくなる点等が挙げられる。

③　プロパー融資

金融機関が信用保証協会等を介さず直接融資を行う融資をプロパー融資という。プロパー融資は，審査のハードルが上がるため，一定の実績がある企業の利用が想定されるが，公的融資や信用保証協会保証付融資と異なり限度額等の制限がないため，調達できる金額や調達手法に関する選択肢の幅が広がる。たとえば，日々変動する運転資金について極度内で必要に応じて調達・返済が可能である当座借越契約，金融機関が融資枠の範囲内での融資実行をコミットするコミットメントライン等の調達手法がある。また，数十億円超の設備投資資金等を調達する際には，複数の金融機関が１つの契約書に基づき同一条件で協調融資を行うシンジケートローンを活用することで，より多額の資金調達が可能になる。一方で，経営者保証や担保が求められる場合が多い点は留意が必要である。

④　ベンチャーデット

上述の①～③が従来から活用されている伝統的な融資の種類だが，最近ではベンチャーデットと呼ばれる資金調達の手法が注目されている。

経済産業省の「ベンチャー・ファイナンスの多様化に係る調査」（2021年３月　野村資本市場研究所）によれば，ベンチャーデットの活用が進む米国および欧州では，スタートアップ企業への融資とともに，将来的にあらかじめ設定された金額にて発行体の株式を購入することができる権利（新株予約権）が付与される新株予約権付融資の形をとることが多いとされている。新株予約権付融資における新株予約権の発行は，スタートアップ企業の信用補完，金融機関における総合的な採算等の見地から行われているものと考えられる。

一方，日本では，新株予約権付融資に限定されず，スタートアップ企業向けのデットの総称として「ベンチャーデット」という用語が用いられることも多い。スタートアップ企業は，業績は赤字で，担保となる資産を持たないケースも多いため，金融機関では通常のプロパー融資とは異なる視点や手法を取り入れて融資の検討が行われている。たとえば，増資に係る実績や今後の計画といったエクイティの調達力にも着目して検討が行われたり，前述の㈱中小企業基盤整備機構によるディープテックベンチャー等への民間融資に対する債務保証制度の活用も検討されることなどがある。

(3)　デットファイナンスの留意点を確認しているか

スタートアップ企業がデットファイナンスによる資金調達を行う場合の主な留意点は以下のとおりである。

①　返済の蓋然性を示す事業計画を策定すること

金融機関では融資の元本回収を確実に行うための審査が行われる。そのため，金融機関に提示する事業計画においては，成長性も重要ではあるが，安定性や健全性も重視され，計画が未達になるリスクを踏まえても一定の元本返済の蓋然性を示すことが必要である。

赤字の要因等を明確にして黒字化の蓋然性を示すことや，資金使途や返済原資を意識してキャッシュ・フローや資金繰りの計画を示すこと，業績が下振れた際の代替策を用意することなども有効と考えられる。なお，金融機関では審査を行ううえで，会社が作成した計画について，より保守的な前提に基づき金融機関独自のストレスケースを作成して検討することがある。そのため，金融機関がストレスケースを作成しやすいように，計画売上の根拠資料や連動する経済的な指標，費用についても，その内訳や変動費と固定費の区分といった事業計画の基礎情報を準備しておくと審査がスムーズに進む場合がある。

また，金融機関では計画を評価するうえでも実績を重視する傾向がある。そのため，具体的な融資検討に至る前の段階から計画と実績の進捗を共有する継続的なコミュニケーションは，計画に対する信用力を上げる手段の１つとなると考えられる。

② 資産超過であること

一般的に，債務超過の状態では融資の難易度は上がることが多い。金融機関が業績や財務内容に基づいて信用格付を算出する際に，融資が可能な評価を得られない可能性があるためである。債務超過の状態で検討を進める場合には，債務超過を解消する具体的な方策やスケジュールを明確にして金融機関に説明することが必要となる。

③ エクイティ調達力があること

スタートアップ企業に対する融資では，エクイティ調達力が審査上のポイントの１つとなることがある。ベンチャー・キャピタルからの調達実績や，今後の計画の有無が検討要素となるため，金融機関がスタートアップ企業の評価をするうえで，ベンチャー・キャピタルにヒアリングを行うケースもある。

④ 金融機関にとっての採算性や将来の取引拡大への期待

金融機関にとって，スタートアップ企業に対する融資は，取引実績も乏しく担保等もないことが多いため，一般的に，既存の取引実績がある企業と比してリスクが高く，審査にも時間を要するため，採算性は高くないと考えられる。

そのため，当該金融機関グループ内の他の会社（証券会社，信託銀行，ベンチャー・キャピタル等）との取引も含めて，将来取引が拡大していくことへの期待も融資実行の判断の際のポイントの１つとなることがある。

⑤ 複数の金融機関と並行して交渉することを検討すること

金融機関によって融資の判断や諸条件は異なり，担保や保証のほか，財務制限条項の設定等が求められることもある。また，融資の可否に際し，他の金融機関の動向等がポイントとなることもある。

融資の可能性を引き上げるため，また，諸条件の比較検討と交渉のためなどに，複数の金融機関と並行して交渉することが有効な場合がある。

コラム14・外部から資金調達する際の適正な株価とは？

外部から増資により資金調達する際，前回の増資時の株価よりも高い株価で資金調達する場合を「アップラウンド」，低い株価で資金調達する場合を「ダウンラウンド」といいます。

ビジネスが順調に成長し，前回よりも高い株価で資金調達を行うアップラウンドのケースでは，将来の成長期待から資金調達も円滑に実施することができ，また，既存株主が保有する株式の価値も上がるため，会社にとっても株主にとっても望ましい状態といえます。

一方，前回よりも低い株価で資金調達を行うダウンラウンドのケースは，一般的によいイメージはありません。一体，ダウンラウンドのどこがいけないのでしょうか。

ダウンラウンドによるデメリットとしては，以下のようなものが挙げられます。

1．既存株主の不利益となる

新しい株主は，既存株主よりも低い株価で同じ権利を取得できることになるため，既存株主の権利が希薄化し，保有する株式の価値が低下してしまいます。

2．円滑な資金調達ができなくなる可能性がある

既存株主である投資家（ベンチャー・キャピタル等）は，自らの権利が希薄化するため，ダウンラウンドによる資金調達を簡単には認めません。また，一度ダウンラウンドで資金調達をしてしまうと，会社の信用が低下し，次回以降の資金調達が困難となってしまう可能性があります。

かといって，ダウンラウンドを避けるために前回の株価を無理に維持しようとすると，株価が割高と評価されて，投資家が集まらなくなる可能性があります。

このようにダウンラウンドのケースでは，円滑な資金調達ができなくなってしまう可能性があります。

3．安定株主の保有割合が低下する

　投資家（ベンチャー・キャピタル等）との投資契約には，希薄化防止条項が入っています。これはダウンラウンドによって既存株主である投資家（ベンチャー・キャピタル等）の持株比率が不当に低下した場合に，持株比率を維持するために，一定の数の株式を投資家（ベンチャー・キャピタル等）に無償で追加交付しなければならないというものです。これにより，安定株主の持株比率が大きく下がってしまうことになります。

　では，ダウンラウンドはなぜ起きるのでしょう。

　会社の業績が下降局面にある場合は，ダウンラウンドが起きやすいといえるかもしれませんが，必ずしもそうとも限りません。

　ビジネスが順調に成長している場合でも，前回の資金調達の株価が会社の実態よりも過大で割高感があった場合には，業績が好調でもダウンラウンドとなってしまう可能性があります。

　反対に業績が下降局面であっても，株価に割安感があればアップラウンドとなる可能性があります。

　一般的に外部から資金調達を行う場合は，株価は高ければ高いほどよいと考えがちですが，会社の実態から乖離した高すぎる株価は，将来のダウンラウンドのリスクとなります。そのため，将来の資金調達も見据えて，会社の実態に即した適正な株価で資金調達を行うことが重要になります。

第5章 IPOに向けた経営管理体制の構築

1 コーポレート・ガバナンス

項　目	チェック
(1)　コーポレート・ガバナンス体制を構築しているか	□
(2)　取締役会を設置しているか	□
(3)　監査役会（または監査等委員会，指名委員会等）を設置しているか	□
(4)　会計監査人を選任しているか	□

(1) コーポレート・ガバナンス体制を構築しているか

コーポレート・ガバナンスとは，一般に「企業統治」と訳され，公正かつ健全な企業経営が行われるために経営を監視する仕組みのことをいう。上場審査においては，コーポレート・ガバナンスが有効に機能していることが確認される（詳細は，第1章5(3)（23頁）を参照）。

株式会社としてのコーポレート・ガバナンスの基本的な体制を構築するにあたって，会社法上，必ず設置される機関は株主総会と取締役のみであるため，それ以外の機関については自社のコーポレートガバナンスの方針に従って設置していくことになる。

図表5－1　コーポレート・ガバナンス体制図（例）

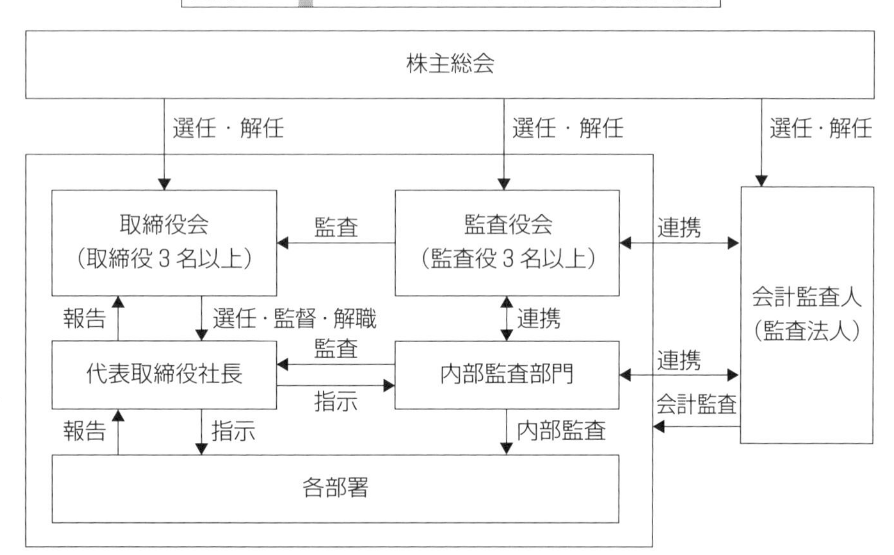

(2)　取締役会を設置しているか

IPOにあたっては，取締役会の設置が求められている（上場規程437(1)）。取締役会とは，株式会社の業務執行の意思決定を行うとともに，取締役の職務執行を監督する機関であり，取締役3名以上で構成される（会社法362，39①）。取締役全員で重要事項を審議することにより適切な経営意思決定が期待されるとともに，取締役会において取締役の業務執行を相互に監督することにより，上場会社に求められるコーポレート・ガバナンスが有効に機能することが期待される。

(3)　監査役会（または監査等委員会，指名委員会等）を設置しているか

IPOにあたっては，監査役会または監査等委員会，指名委員会等を設置する必要がある（上場規程437(2)）。

①　監査役会設置会社

監査役とは，取締役等の業務執行を監査する株式会社の機関である（会社法381，390）。監査役会は，監査役3名以上で構成され，1名以上の常勤監査役を置くことにより会社の情報等を収集しやすくするとともに，半数以上の社外監査役を置くことにより監査役監査の独立性を確保している。監査役会設置会社は，従来から多くの上場会社で採用されている機関設計である。

②　監査等委員会設置会社

監査等委員会設置会社とは，監査役を置かずに，取締役会の中に取締役の職務執行の監査を行う監査等委員会という委員会を設置する会社である（会社法399の2）。

監査等委員会設置会社の特徴としては，監査役会の監査機能と取締役会の監督機能を監査等委員会に一元化している点が挙げられる。すなわち，取締役会の監督機能を強化している点において，取締役会の主な機能を経営の意思決定でなく経営陣を監督することに求める欧米型のガバナンスに近い機関設計といえる。この特徴が日本の上場会社に受け入れられたことから，2015年に導入されて以降，毎年，採用する上場会社数は増加傾向にあり，監査役会設置会社の次に採用する会社が多くなっている。

③　指名委員会等設置会社

指名委員会等設置会社とは，監査役を置かずに，取締役会の中に指名委員会，監査委員会，報酬委員会の3つの委員会を設置する会社であり，各委員会の委員の過半数が社外取締役であることが求められている（会社法400）。業務執行については，取締役会において選任した執行役に委任する形をとる。指名委員会等設置会社の趣旨は，取締役会の主眼を監督機能に置き，業務執行については執行役に委ねることで，経営の健全性と機動性を高める点にある。すなわち，監査等委員会設置会社よりもさらに欧米型のガバナンスを反映した機関設計といえ，監督と執行の分離をより重視している会社が採用する傾向にある。

⑷ 会計監査人を選任しているか

IPOにあたっては，会計監査人の設置が求められる（上場規程437⑶）。会計監査人とは，会社の計算書類等を独立した立場から監査する株式会社の機関であり，監査法人または公認会計士のみが就任することができる（会社法396①，337①）。

なお，未上場会社でも，会社法上の大会社（資本金5億円以上または負債合計額200億円以上）に該当する場合には，会計監査人を設置しなければならない（会社法328）。また，監査等委員会設置会社または指名委員会等設置会社についても同様に，未上場会社であっても会計監査人の設置が求められている（会社法327⑤）。

会社法上，会計監査人の設置が求められているにもかかわらず，会計監査人の選任が失念されているケースが稀にあるが，法令違反となるため，上場が認められないだけでなく，監査法人との間で上場準備のための監査契約を締結することも困難となる可能性がある。そのため，早急に会計監査人を選任し，法令違反の状態を解消する必要がある。

2 株主総会

項　　目	チェック
(1)　定時，臨時株主総会を適切に開催しているか	□
(2)　法令および定款の定めに従い，株主総会招集通知を発送しているか	□
(3)　株主総会議事録を作成および保管しているか	□

(1)　定時，臨時株主総会を適切に開催しているか

株主総会は，会社の最高意思決定機関であり，定時株主総会と臨時株主総会がある（会社法295，296）。定時株主総会は，事業年度終了後の一定の時期に開催することが義務づけられており，通常は事業年度終了後３か月以内に開催される。一方，臨時株主総会は必要に応じていつでも開催することができる。

株式会社の運営は，株主総会の決議事項を適切に把握したうえで，会社法上必要な決議の漏れがないように行う必要がある。なお，株主総会決議には普通決議と特別決議があるが，それぞれの決議要件と主な決議事項については第４章の図表４-11（113頁）を参照されたい。

(2)　法令および定款の定めに従い，株主総会招集通知を発送しているか

株主総会を開催するには，公開会社でない会社は株主総会の日の１週間前まで，公開会社(※)は２週間前までに株主に対してその通知を発する必要がある（会社法299）。ただし，株主総会は，株主全員の同意があるときには招集手続を省略することができるため（会社法300），特に株主数が少ない段階では，実務上有用である。

(※)　会社法上の公開会社のことであり，株式に譲渡制限の付されていない会社をいう（会社法２五）。

(3) 株主総会議事録を作成および保管しているか

株主総会の開催後は，開催日時や場所，議事の結果等を記載した議事録を必ず作成し，株主総会の日から本店には原本を10年間，支店には5年間その写しを備え置かなければならない（会社法318）。なお，株主総会議事録は書面以外にPDF等の電磁的記録で保管することも認められている（会社法施行規則72②）。

3 取締役および取締役会

項　目	チェック
(1) 取締役の任期は２年以内としているか	□
(2) 実質的に業務を行っていない名目的取締役がいないか	□
(3) 同族役員が取締役会の半数を占めていないか	□
(4) 親会社等との兼務者または親会社等からの出向者が取締役会の半数以上を占めていないか	□
(5) 常勤取締役がグループ外の会社の取締役等を兼任していないか	□
(6) 独立役員を選任しているか	□
(7) 取締役会を毎月開催しているか	□
(8) 取締役会規程を整備し，取締役会の決議事項に漏れがないようにしているか	□
(9) 取締役会開催後には，議事録を作成し，本店に10年間備え置いているか	□

(1) 取締役の任期は２年以内としているか

取締役の任期は２年とされているが，短縮することが可能で，また公開会社以外については，定款で最大10年まで伸長することが可能である（会社法332①，②）。

上場するにあたっては，公開会社となることが前提となるため，取締役の任期は２年以内とする必要がある。

(2) 実質的に業務を行っていない名目的取締役がいないか

名目的取締役とは，実質的に職務を行わない名義だけの取締役のことである。未上場会社の場合には，取締役会の人数合わせのために家族や親族等を取締役にしたり，会社の信用を高める目的で，社会的地位のある人に形式上取締役に就任してもらったりする等のケースが該当する。上場にあたっては，取締役および取締役会の機能を実効性のあるものにするため，名目的取締役には取締役を退任してもらう必要がある。

また，名目的取締役には当たらない場合でも，職務執行の状況が不十分と認められる取締役がいる場合には，退任してもらう必要性を検討する必要がある。

⑶　同族役員が取締役会の半数を占めていないか

同族役員が取締役会の半数を占めるような場合には，会社の利益よりも同族の利益を優先した意思決定を行ってしまうおそれがある。そのため，同族役員には取締役から退任してもらい，その人員数を取締役会の意思決定や監督機能を歪めない範囲内に引き下げる必要がある。

⑷　親会社等との兼務者または親会社等からの出向者が取締役会の半数以上を占めていないか

親会社等が存在する場合で，親会社等との兼務者や親会社からの出向者が取締役会の半数以上を占めている場合には，会社の意思決定が，会社自体の利益よりも親会社等の利益を優先して行われ，事業活動や意思決定が阻害されるおそれがある。そのため，親会社等関係者の取締役の人員数を取締役会の意思決定や監督機能を歪めない範囲内に引き下げる必要がある。

⑸　常勤取締役がグループ外の会社の取締役等を兼任していないか

常勤取締役は，原則として資本下位の会社以外の常勤取締役を兼任することはできない。これは，会社の業務執行に専念する責務があるためである。

他の会社の非常勤取締役であれば兼務が認められる場合があるが，業務執行，意思決定，取締役の監督等の取締役としての職務を十分に果たせていない可能性があるため，取締役の職務執行に支障が生じていないか慎重に検討する必要がある。

一方，非常勤取締役については常勤取締役とは異なり，他の会社の常勤役員など，非常勤取締役として関与している会社とは別にメインの業務・立場を有していることが一般的である。ただし，複数の会社に関与している場合には，非常勤取締役としての役割を十分に果たすことができているかが問題となるケースがあるため，関与社数については慎重に検討する必要がある。

(6) 独立役員を選任しているか

独立役員とは，一般株主と利益相反が生じるおそれのない社外取締役または社外監査役をいう。上場会社は，一般株主と利益相反が生じるおそれのない独立役員を１名以上確保することが義務づけられており（上場規程436の２），また，取締役である独立役員を少なくとも１名以上確保するよう努めなければならないとされている（上場規程445の４）。

また，コーポレートガバナンス・コードでは，独立社外取締役の有効な活用の観点から，独立社外取締役の人数，取締役会に占める割合について，原則としてプライム市場では取締役会の３分の１以上，スタンダード市場では２名以上といった水準が示されている。

コーポレートガバナンス・コードは，上場規程と異なり義務ではないが，遵守しない場合はその理由の開示が求められ，その内容によっては，市場から企業のコーポレート・ガバナンスに対する姿勢の是非が問われる可能性がある。したがって，上場にあたっては，上場規程で定められている最低限の独立役員を確保したうえで，コーポレートガバナンス・コードの趣旨や各社の置かれている状況を踏まえて，独立役員としてどのような人材を候補として，どの程度の人数（または割合）を選任するかを検討していく必要がある。

(7) 取締役会を毎月開催しているか

会社法上は，取締役会は最低３か月に１回開催しなければならないが（会社法363②），上場を目指すうえでは，適時に業績と予算の状況を把握し，経営環境の変化に適切に対応していくことが求められる。そのため，取締役会は原則として月次での開催が必要となる。

(8) 取締役会規程を整備し，取締役会の決議事項に漏れがないようにしているか

取締役会の運営にあたっては，取締役会の決議事項を取締役会規程等であらかじめ明確にしたうえで，会社法上または会社の規程上必要な決議が漏れなく

行われるように運用する必要がある。

なお，取締役会の法定決議事項は図表５－２のとおりである。

図表５－２　取締役会の決議事項

取締役会の専権事項（会社法362④）
• 重要な財産の処分および譲受け • 多額の借財 • 支配人その他の重要な使用人の選任および解任 • 支店その他の重要な組織の設置，変更および廃止 • 社債を引き受ける者の募集に関する重要な事項として法務省令で定める事項 • 内部統制システムの構築に関する決定 • 定款の定めに基づく取締役会決議による役員および会計監査人の会社に対する責任（会社法426①，423①）の免除
その他の取締役会決議事項例（監査役設置会社の場合）
• 要綱を定款で定めた種類株式の内容の決定（会社法108③） • 譲渡制限株式，譲渡制限新株予約権の譲渡承認等（会社法139①，140⑤，265①） • 自己株式の取得価格等の決定，子会社からの取得，市場取引等による取得，消却（会社法157②，163，165②，178②） • 取得条項付株式の取得（会社法168①） • 株式の分割，株式無償割当（会社法183②，186③） • 所在不明株主の株式の競売等（会社法197④） • 公開会社における募集株式，新株予約権の募集事項の決定等（会社法201①，202③二，202③三，204②，240①，241③二，241③三，243②） • 株式を振替制度の取扱い対象とすることへの同意（社債，株式等の振替に関する法律128②） • 株主総会の招集の決定（会社法298④，325） • 代表取締役の選定（会社法362②三，③） • 監査役設置会社以外における取締役と会社間の訴訟の会社代表者の決定（会社法364） • 取締役の競業取引，利益相反取引の承認（会社法365①） • 計算書類，事業報告，附属明細書の承認（会社法436③） • 株式の発行と同時に行う資本金，準備金の額の減少（会社法447③，448③） • 中間配当（会社法454⑤） • 会計監査人設置会社，取締役の任期が１年等の要件を満たす会社における剰余金の配当（会社法459①）

会社法上の規定ではないものの，一般的に取締役会で決議される項目
• 重要な規程類の制定，改廃 • 相談役，顧問の選任，解任 • 役員報酬の内訳の決定 • 会社またはグループの経営の基本方針の決定 • 予算および中期経営計画の決定 • 決算短信，有価証券報告書，四半期報告書の承認 • 重要な関連当事者取引の実施 • 重要な契約の締結 • 株主名簿管理人の決定 • 重要な訴訟の提起

また，たとえば「重要な財産の処分」や「多額な借財」の「重要」や「多額」の判断基準は，あらかじめ会社としての重要性の基準を明確化しておくことが必要である。その際，金額的な重要性だけでなく，金額は小さいが会社の戦略や事業に与える影響が大きい等，質的側面からの重要性の検討も必要となる。

(9) 取締役会開催後には，議事録を作成し，本店に10年間備え置いているか

取締役会開催後には，議事録を作成し，取締役会の日から10年間本店に備え置くことが必要である（会社法371①）。なお，取締役会議事録は参加した取締役や監査役の電子署名を付与することで，電子化することも認められている（会社法389④，会社法施行規則225①）。

コラム15・米国の取締役会は独立取締役だらけ？

米国の上場会社における取締役会の構成は，日本と比べて，独立取締役（Independent Director，日本における独立社外取締役に相当）の比率が高いといわれています。

日本では取締役会の構成のうち，独立社外取締役が過半数を占める会社はあまり多くありませんが，米国の上場会社では独立取締役が取締役会の中心です。中にはCEO以外はすべて独立取締役という会社もあります。

実際，日本でも馴染深い，米国のGAFAM（グーグル，アップル，フェイスブック，アマゾン，マイクロソフト）の取締役会の構成を見てみると，以下のとおり，取締役会に占める独立取締役の割合が高くなっています。

会社名	取締役会の構成		取締役会全体に占める独立取締役の割合
	社内取締役	独立取締役	
Alphabet Inc.（Google LLCの親会社）	3名	8名	72%
Apple Inc.	1名	8名	88%
Facebook, Inc.（現Meta Platforms, Inc.）	2名	7名	77%
Amazon.com, Inc.	2名	9名	81%
Microsoft Corporation	1名	11名	91%

（出典） 各社の2023年の開示資料より作成

これは，日本と米国における，取締役会の役割に対する考え方の違いによるものと考えられます。

具体的には，日本では，取締役会をマネジメントボード（取締役会が業務執行の意思決定を行う）として位置づける考え方が多いのに対して，米国では，取締役会をモニタリングボード（取締役会は経営者の業務執行を監督する）として位置づける考え方が中心となっています。米国では，こうした考えのもと，NASDAQ等の取引所の上場規則により，上場会社に対して，取締役会の「過半数（majority）」をIndependent Director（独立取締役）にすることを求めています。

どのような取締役会が望ましいかは，各国や各社の置かれている状況によって異なると思いますが，こうした米国企業の考え方もコーポレート・ガバナンス体勢の構築にあたって参考になるかもしれません。

4 監査役および監査役会

項　目	チェック
(1) 常勤監査役を選任しているか	□
(2) 複数人体制での監査実績があるか	□
(3) 経営者の親族が監査役に就任していないか	□
(4) 名目だけの監査役はいないか	□
(5) 監査役および監査役会の監査実施状況は適切であるか	□
(6) 内部監査人および監査法人と連携しているか	□

(1) 常勤監査役を選任しているか

監査役会設置会社の場合には，監査役の互選により常勤監査役を１名以上選任する必要がある（会社法390③）。常勤監査役とは，「他に常勤の仕事がなく，会社の営業時間中原則としてその会社の監査役の職務に専念する者」（江頭憲治郎著『株式会社法（第８版）』）とされている。監査役会は３名以上の監査役で構成されるが，そのうち半数以上は社外監査役でなければならない（会社法335③）。上場準備にあたっては，監査役会監査の実効性確保の観点から，原則的には直前期（N−１期）までに監査役会を設置し，十分な監査実績を残しておく必要がある。

(2) 複数人体制での監査実績があるか

監査役会設置前であっても，たとえば，「監査役協議会」や「監査役連絡会」といった任意の機関を設置し，実質的な監査役監査を開始することは，上場準備という観点からは有用である。

(3) 経営者の親族が監査役に就任していないか

監査役は独立の立場から取締役の職務執行の状況を監査する立場にあるため，

監査役が経営者の親族である場合には，監査役の独立性が損なわれ，監査の実効性が阻害されるおそれがある。

そのため，監査役は経営者の親族以外から選任する必要がある。

(4) 名目だけの監査役はいないか

未上場会社では，人数合わせで名目だけの監査役を選任しているケースが見受けられる。

しかし，上場にあたっては，監査役監査を実効性のあるものにするため，取締役の職務執行を十分に監査できる人物を監査役にすべきである。

(5) 監査役および監査役会の監査実施状況は適切であるか

監査役監査は，取締役会に出席して意見を述べるのみでは不十分である。監査役は，能動的，主体的に監査を実施するとともに，取締役の職務執行の適法性についての検討過程や検討結果を適切なエビデンスとともに監査調書に記録し，その内容を監査役会で共有し，監査役会の監査の結論を監査報告書として報告することが必要である。

具体的な監査役の監査手続の例は図表５－３のとおりである。

図表５－３　監査役の監査手続の例

- 取締役会への出席および意見陳述
- 重要な会議（経営会議，リスク管理委員会，コンプライアンス委員会等）への出席および意見陳述
- 重要な議事録や稟議書等の業務執行に関する書類の閲覧
- 規程類や重要な記録等の整備，管理状況の調査
- 取締役および従業員に対するヒアリング
- 本社，支店，工場，店舗その他の事業所の実地調査
- 子会社の実地調査
- 計算書類および事業報告等の監査
- 会計監査人との意見交換および報告の受領
- 内部監査人との意見交換および報告の受領

(6) 内部監査人および監査法人と連携しているか

監査役と監査法人，内部監査人はそれぞれの監査の目的が異なるが，監査対象としては共通する部分も多いため，それぞれの監査を効果的かつ効率的に進めるためには三者の連携が必要不可欠である。

そのため，上場審査においては，それぞれの監査計画や監査の実施状況，監査結果等について，三者の連携の状況が確認される。

それぞれの監査の比較表は図表5－4のとおりである。

図表5－4　三様監査の比較表

	監査役監査	会計監査	内部監査
監査目的	•取締役の職務執行の適法性 •会計監査	•会計監査 •内部統制監査	•法令や規程等への準拠性 •不正の防止や発見 •業務の有効性や効率性の向上
実施主体	監査役	監査法人	内部監査人
監査対象	•取締役の職務執行 •計算書類等	•計算書類等 •財務諸表等	•社内の各業務プロセス等
根拠法令等	•会社法	•会社法 •金融商品取引法	なし

5 組織的経営のための組織設計

項　　目	チェック
(1)　事業運営に必要な機能を明確にしたうえで組織化しているか	□
(2)　ライン部門（現業部門）とスタッフ部門（管理部門）は明確に区別しているか	□
(3)　予算や中期経営計画の統括，IRを担当する経営企画部門を設置しているか	□
(4)　独立した内部監査担当部署を設置しているか	□
(5)　スタッフ部門（管理部門）を強化しているか	□
(6)　各部門について管掌する取締役を置いているか	□
(7)　管理職の兼務（ヨコの兼務）は原則として解消しているか	□
(8)　財務機能と経理機能は原則として分離しているか	□

(1) 事業運営に必要な機能を明確にしたうえで組織化しているか

組織を設計するにあたって，事業運営に必要な機能を明確にすることが必要だが，これは会社の事業内容や事業形態，規模等に依存する。図表5－5は製造業を営む会社の組織図を一例として示したものであるが，どのような部門を組織するかについては画一的なルールがあるわけではない。

会社の事業運営に必要な機能は何かというところからスタートして，上場準備にあたっては，対外的にもなぜそのような組織構造を採っているかについて合理的な説明が可能な組織設計とすべきである。また，経営戦略や経営環境によって適切な組織構造は異なるため，経営戦略や経営環境の変化に伴い，継続的に見直しを行っていく必要がある。

図表５－５　組織の例

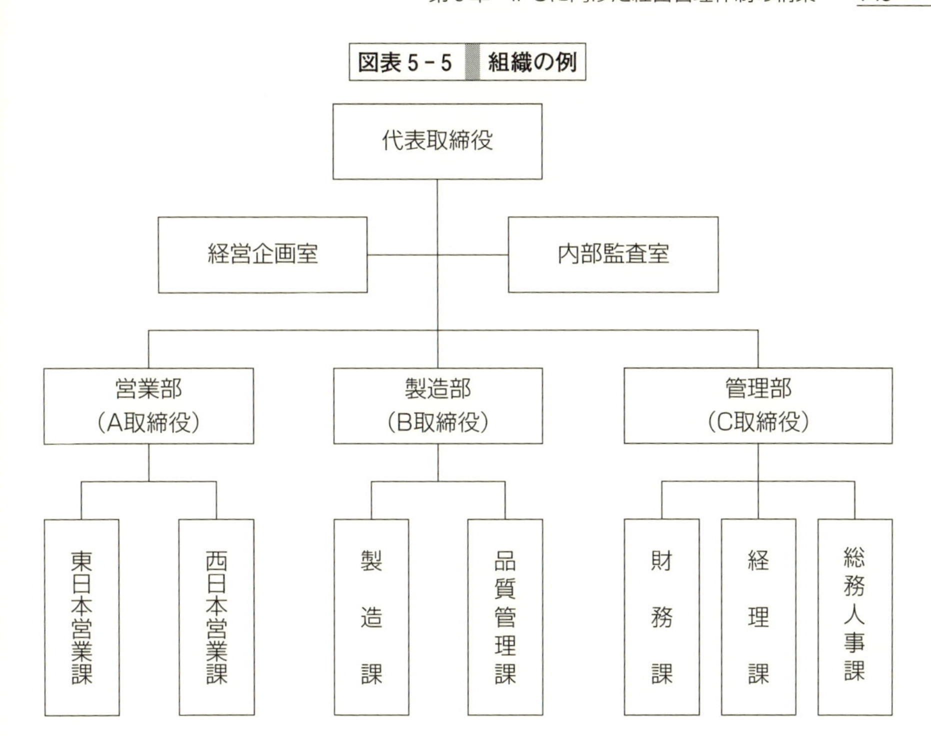

⑵　ライン部門（現業部門）とスタッフ部門（管理部門）は明確に区別しているか

営業部や製造部といった会社の事業に直接関わる部門をライン部門（現業部門）といい，ライン部門の業務を支援，管理する部門をスタッフ部門（管理部門）という。

ライン部門とスタッフ部門との間の相互牽制が内部統制の基本となることから，組織設計にあたっては，両者を明確に分離することが必要である。

仮に，営業担当者が経理業務や財務業務を兼務している場合，顧客から回収した売上金を着服したり，営業成績を良く見せるために売上を水増ししたりすることが可能となってしまい，不正のリスクが高まることになる。

(3) 予算や中期経営計画の統括，IRを担当する経営企画部門を設置しているか

上場会社となるためには，中期計画や予算の策定，さまざまな情報開示等の業務を担う組織が必要であり，その組織として経営企画室等を設置することが多い。

経営企画室の設置自体は必須ではないが，管理部等の既存の部門での対応が困難な場合には，選任の部門を新たに設置することを検討する必要がある。

(4) 独立した内部監査担当部署を設置しているか

上場審査では，会社に内部監査の体制が整備され，適切に運用されているかが確認される。上場審査に対応するためには，直前々期（N-２期）までに社長直轄の内部監査室等の専門の組織を設置するか，内部監査担当者を選任し，原則として，直前期（N-１期）からは内部監査の運用を開始する必要がある。

内部監査専門の独立した組織を設置せずに内部監査担当者を選任する場合には，自己監査（内部監査担当者が自身の所属する部門の監査を実施すること）とならないように複数の部門から担当者を選任する必要がある。

なお，内部監査はアウトソースすることも可能だが，その場合でも，アウトソーサーに内部監査の計画から報告までのすべての業務を委託することはできず，経営者が内部監査の重要性を認識したうえで，主体的に関与する姿勢が求められるため留意が必要である。

一般的な内部監査のフローは図表５-６のとおりである。

図表5－6　内部監査の実施フロー

①　内部監査計画の策定
年間の監査計画を策定し，社長の承認を受ける。その際，前年度の監査における指摘事項や社長からの指示があれば，監査項目として追加する。

②　被監査部門への監査実施の通知
通常，監査実施に先立ち，監査対象部門には監査対象に選定された旨を通知するが，必要に応じて抜き打ちで監査を実施するケースもある。

③　監査および現場での報告会の実施
実地調査等により監査を実施し，終了後に被監査部門の責任者に監査の結果を報告するとともに，意見交換や改善策の検討等を行う。

④　監査報告書の作成および報告
監査の結果を監査報告書としてまとめ，社長に報告する。問題点については，あわせて取締役会，監査役等にも報告する。

⑤　被監査部門への監査結果の通知
被監査部門の責任者に対して正式な監査結果の報告を行い，要改善事項がある場合には改善指示書を社長名で提出し，改善を指導する。

⑥　改善状況のフォローアップ
被監査部門における指摘事項の改善実施状況を確認する。

(5)　スタッフ部門（管理部門）を強化しているか

上場を実現するためにはスタッフ部門の強化が不可欠である。一般に，上場準備を進めていく過程で以下のような業務がスタッフ部門に割り当てられ，日常業務に加えて重くのしかかることになる。そのため，スタッフ部門の人員数を増員することのほか，上場準備業務の経験や上場会社で経理業務やIRの経験を持つ人材を採用することの検討が必要な場合がある。

- 上場準備プロジェクト全般の管理
- 社内規程（上場会社特有の規程，マニュアル）の整備
- 適時開示（業績予想，決算短信，四半期決算等）の体制整備
- 上場申請書類，業務フローチャート等の作成
- 主幹事証券会社や証券取引所の審査への対応
- 有価証券報告書，半期報告書の作成
- 内部統制報告制度（J-SOX）の導入
- 投資家へのIR対応　等

(6) 各部門について管掌する取締役を置いているか

会社の主要な部門には管掌役員を置き，組織図全体を役員がカバーするように組織や役員の配置を検討する必要がある。

ただし，代表取締役は全社を統括する立場にあるため，原則として特定の部門管掌は行わないように設計する必要がある。図表5-5の例では，営業部をA取締役，製造部をB取締役，管理部をC取締役といった具合にそれぞれ代表取締役以外の役員が管掌しており，社長直轄の経営企画室や内部監査室を含めて，組織図全体をいずれかの役員が管掌している状態になっている。

(7) 管理職の兼務（ヨコの兼務）は原則として解消しているか

営業部長が製造部長を兼務したり，営業部長が管理部長を兼務したりするような，いわゆる管理職のヨコの兼務については上場審査上問題視される可能性が高いため，原則として解消することが必要である。これは，管理職が複数の部門長等を兼務すると，相互牽制が十分に効かず，不正等が行われるリスクが高まるためである。

たとえば，営業部長が経理部長を兼務している場合，営業部長の責任である売上成績を良く見せるために，経理部長権限を使って架空売上等の不適切な売上を計上することが可能となってしまう。

⑻　財務機能と経理機能は原則として分離しているか

原則として，財務機能と経理機能は分離することが必要である。ここで財務機能とは，資金調達や決済，資金管理の全般を行う業務であり，経理機能とは，会社の日々の取引の記帳を行う業務である。

これらの機能が分離されず，１人の担当者が財務機能と経理機能の両方を担っている場合には，取引記録等を偽造して，会社の銀行口座から担当者の口座に資金を振り込むといったことが可能になる。

6 諸規程の整備

項　　目	チェック
(1) 必要な規程を網羅的に策定し，実際に運用しているか	□
(2) 規程は会社の実態に適合しているか	□
(3) 規程間の整合性はとれているか	□
(4) 規程類は各種法令等に違反していないか	□
(5) 規程類は従業員に周知徹底され，いつでも閲覧できるか	□
(6) 各規程の管理担当部門や改廃権限は明確になっているか	□

(1) 必要な規程を網羅的に策定し，実際に運用しているか

会社が事業活動を組織的に運営していくためには，社内ルールや業務の手順を明文化した規程類を整備する必要がある。規程類が適切に整備されていない場合，会社の業務が担当者独自の解釈に基づき属人的に行われ，業務の質を一定に保つことができなくなり，また，担当者が変更となった場合にスムーズな引継ぎができなくなってしまう。

上場審査上，上場会社として必要な規程が網羅的に整備され，かつ，上場前の一定期間運用されていることを実際の帳票や証跡等をもって確認されることから，上場準備開始後速やかに整備を進め，原則として，直前期（N-1期）までには運用を開始する必要がある。

また，日常の手続や判断基準等をより具体的かつ明確に示すために，規程細則，取扱要領，業務マニュアル等を作成して補完するのが通常であるため，これらも併せて整備する必要がある。

上場会社として一般的に整備される規程は図表5-7のとおりである。

図表5-7　上場会社が整備する規程の例

基本規程	•定款 •取締役会規程 •株式取扱規程 •監査役会規程 •会議体規程（経営会議規程等）
組織関係規程	•組織規程（組織図を含む） •業務分掌規程 •職務権限規程（職務権限表を含む） •稟議決裁規程 •内部監査規程 •関係会社管理規程
業務関係規程	•与信管理規程 •販売管理規程 •購買管理規程 •外注管理規程 •生産管理規程 •開発管理規程 •棚卸資産管理規程 •固定資産管理規程 •資金管理規程
人事労務関係規程	•就業規則 •給与（賞与）規程 •出張旅費規程 •退職金規程 •介護休業，育児休業に関する規程 •慶弔見舞金規程 •人事考課規程 •安全衛生管理規程
総務関係規程	•文書管理規程 •印章管理規程 •規程管理規程 •個人情報保護規程 •インサイダー取引管理規程 •適時開示規程 •情報システム管理規程 •情報セキュリティ規程

	• 知的財産管理規程 • リスク管理規程 • 反社会的勢力対応規程 • 内部通報規程 • 関連当事者取引管理規程
経理関係規程	• 経理規程（勘定科目分類表を含む） • 原価計算規程 • 予算管理規程

⑵　規程は会社の実態に適合しているか

上場準備会社は，成長過程にあり，業容の拡大に応じて業務内容が変化したり，組織体制が変更されたりすることがしばしば見受けられる。

したがって，規程類は一度制定したらそれで完結ということではなく，業務内容や組織体制の変化，法令等の制定や改廃に応じて随時見直していく必要がある。そのため，組織の変更や法令の制定・改廃等の都度，適時に規程類を改訂するためのプロセスを構築・運用するとともに，少なくとも１年に一度程度は規程に改訂すべき点がないか見直すことが望ましい。

⑶　規程間の整合性はとれているか

規程類を改訂すると，他の規程類の内容と整合がとれなくなる場合があるため，規程類の改訂時には関連する規程類との整合性も併せて確認することが必要である。

⑷　規程類は各種法令等に違反していないか

特に法規制との関連性が高い規程類（定款，取締役会規程，監査役会規程，就業規則，給与規程，安全衛生管理規程，個人情報保護規程，適時開示規程，インサイダー取引管理規程等）の内容については，法令違反がないかどうかの確認が必要である。その際，顧問弁護士や社会保険労務士等，専門家によるチェックを受けることの検討も必要である。

(5)　規程類は従業員に周知徹底され，いつでも閲覧できるか

規程類は制定するだけではなく，従業員に周知してはじめて意味を持つ。そのため，規程類の制定または改訂後は，速やかにイントラネット等に掲示して周知し，経営者や従業員がいつでも閲覧できる状態にしておく必要がある。

(6)　各規程の管理担当部門や改廃権限は明確になっているか

各規程ごとに，主管部門（所管部門）や改廃権限者を定めておく必要がある。改廃権限者は，重要な規程の場合には取締役会とするのが通常だが，そうでない場合には，所管部門の部門長や担当役員とすることもある。

7 稟議制度の整備

項　目	チェック
(1) 適切な権限の委譲が行われ，権限の所在は明確になっているか	□
(2) 稟議制度を導入しているか	□
(3) 事後稟議になっていないか	□
(4) 稟議書は網羅的に保管されているか	□

(1) 適切な権限の委譲が行われ，権限の所在は明確になっているか

下位の者への適切な権限委譲によって機動的な意思決定が可能となるとともに，上席者はより重要な経営意思決定に専念することが可能となる。

ただし，会社の事業規模がまだ小さく，従業員数も少ない場合には経営者等が個々の取引内容を把握でき，意思決定を迅速に行うことができることもあるため，どの程度権限委譲すべきかについては事業規模や従業員数に応じて判断すべきである。なお，各決裁権限者については，職務権限規程等で明確にしておく必要がある。

(2) 稟議制度を導入しているか

稟議制度とは，上位者の承認が必要な事項について，下位の者が稟議書を上申し，決裁を得る制度のことをいう。

円滑な決裁のため，稟議書の様式は，ある程度統一しておくことが必要である。一般的な稟議書の記載事項は，起案者の所属部署と氏名，起案日，稟議番号，案件名，起案内容（理由，目的，効果，金額等）等である。

図表５－８　一般的な稟議フロー

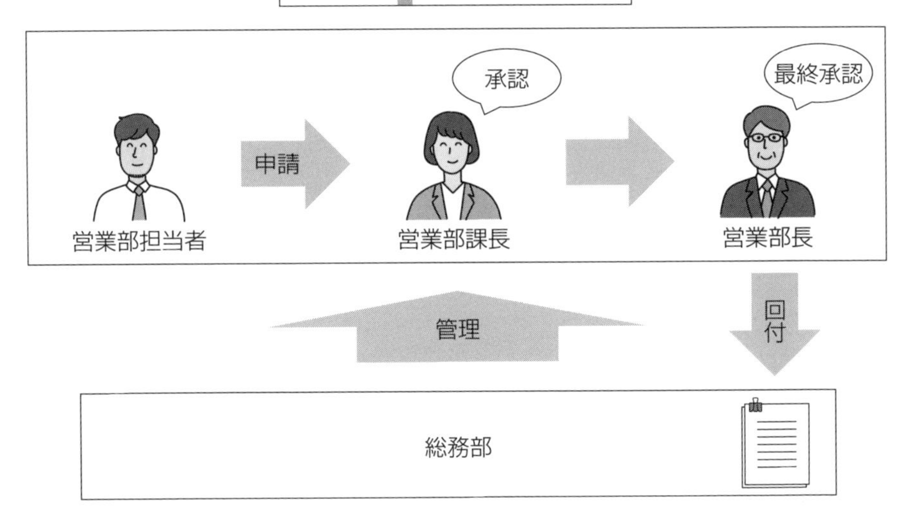

(3)　事後稟議になっていないか

上場審査では，稟議制度が導入されていることだけでなく，適切に運用されているかどうかも確認されるため，事後稟議の発生状況は，よく確認されるポイントである。

たとえば，事後稟議が頻発しているような場合には，上場審査上，稟議制度が従業員に定着していないか，もしくは，形骸化していると判断され，経営者や監査役の姿勢の問題にも発展する可能性がある。そのため，事後稟議は極力なくしていく必要がある。

また，手続上のミス等で事後稟議が発生してしまった場合に備えて，承認手続の瑕疵を事後的に治癒するために，事後承認となってしまった原因分析，再発防止策の策定，事後的なリスク評価等，事後承認を適切に行うためのプロセス等をあらかじめ構築しておく必要がある。

(4)　稟議書は網羅的に保管されているか

稟議書は，後日内容の確認が必要な場合があり，また内部監査人，監査役，会計監査人の監査において確認が必要となることもあるため，適切に保管しておくことが必要である。

なお，近年はチャット・ツールを稟議の代わりに利用しているケースも多く見受けられるが，一般にチャット・ツールの場合には稟議のプロセスや結果を事後的に確認することが容易ではなく，また，一覧性や網羅性を確保するのも難しい場合があるため，上場準備の過程でワークフローシステムに切り替えるケースが多い。チャット・ツールを稟議の代わりに利用している場合は，一覧性や網羅性，事後的な検証可能性を確保できるかどうかを慎重に検討することが必要である。

8 コーポレートガバナンス・コード

項　　目	チェック
(1)　コーポレートガバナンス・コードの概要を理解しているか	□
(2)　コーポレートガバナンス・コードの改訂を確認しているか	□
(3)　コーポレート・ガバナンスに関する報告書を理解しているか	□
(4)　各市場区分における適用範囲を把握しているか	□
(5)　コーポレートガバナンス・コードにおける独立社外取締役の取扱いを理解しているか	□

(1)　コーポレートガバナンス・コードの概要を理解しているか

①　コーポレートガバナンス・コードの趣旨・目的

東京証券取引所は，実効的なコーポレート・ガバナンスの実現のため，2015年６月に「コーポレートガバナンス・コード」を公表している。

会社の経営陣は，株主から経営を任された者としての責任をはじめ，さまざまなステークホルダーに対する責務を負っている。コーポレートガバナンス・コードは，最低限の法令を遵守してさえいればよいという「守りのガバナンス」ではなく，こうしたステークホルダーに対する説明責任を果たすことを含め，会社の意思決定の透明性，公正性を担保しながら，企業価値の向上を目的とする「攻めのガバナンス」の実現を目指すものと位置づけられている。

上場会社は，コーポレートガバナンス・コードを踏まえて，会社の持続的な成長と中長期的な企業価値の向上を図ることが期待されている。

②　コーポレートガバナンス・コードの特徴

コーポレートガバナンス・コードは，会社が取るべき行動について詳細に定めた「ルールベース・アプローチ」（細則主義）ではなく，会社がそれぞれの置かれた状況に応じて，実効的なコーポレート・ガバナンスを実現できるように「プリンシプルベース・アプローチ」（原則主義）が採用されている。

③ コーポレートガバナンス・コードの構成

コーポレートガバナンス・コードは，5つの「基本原則」，31の「原則」，47の「補充原則」から構成されている（全83原則）。

「基本原則」は，ベースとなる5つのルールや考え方が定められており，それらをより具体化したものが「原則」および「補充原則」となっている。基本原則の5つの内容と原則および補充原則の対応関係は，図表5－9のとおりである。

図表5－9　基本原則の5つの内容と原則および補充原則の対応関係

基本原則	原則	補充原則
1．株主の権利，平等性の確保	7	11
2．株主以外のステークホルダーとの適切な協働	6	4
3．適切な情報開示と透明性の確保	2	5
4．取締役会等の責務	14	23
5．株主との対話	2	4
合計	31	47

(2) コーポレートガバナンス・コードの改訂を確認しているか

コーポレートガバナンス・コードは，2015年6月の公表以降，2018年6月と2021年6月にそれぞれ改訂されている。

2021年6月の主な改訂内容は，以下のとおりである。取締役会の機能発揮のほか，多様性やサステナビリティといった観点が反映されていることが特徴である。

① 取締役会の機能発揮

独立社外取締役の人数や割合の強化や，取締役のスキル・マトリックスの策定や公表等，取締役会の機能向上を図る趣旨の内容が盛り込まれた。また，支配株主がいる場合において取締役会に占める独立社外取締役の割合の強化または特別委員会の設置等，ガバナンス体制を強化する内容も反映されている。

②　会社の中核人材における多様性の確保

企業価値向上のためには，多様性の確保が重要な視点の1つと位置づけられている。経営陣の多様性を確保するためには，経営陣を支える会社の管理職における多様性の確保（女性，外国人，中途採用者の登用）も重要であることから，管理職における多様性の確保の考え方と自主目標の設定が促されることとなった。

③　サステナビリティをめぐる課題への取組み

世界的に環境問題が深刻化する中，持続可能な社会の実現に向けた意識の高まりを受け，上場会社は，サステナビリティについて基本的な方針を策定し，自社の取組みを開示すべきことが示された。特に，プライム市場においては，TCFDまたはそれと同等の国際的枠組みに基づく気候変動開示の質と量の充実が求められている。

なお，TCFDとは，気候関連財務情報開示タスクフォース（Task Force on Climate-related Financial Disclosures）をいう。TCFDは，2015年にG20の要請を受けた金融安定理事会によって設置された組織であり，気候変動が企業や機関の財政面に与える影響に関する情報開示を推進するため，2017年6月に開示の基礎となる枠組みを提示している。これをTCFD提言という。

TCFD提言では，ガバナンス，戦略，リスク管理，指標と目標の4つのカテゴリーに関する11項目の開示が推奨されている。具体的な開示内容は，図表5-10のとおりである。

(3)　コーポレート・ガバナンスに関する報告書を理解しているか

上場会社は，自社のコーポレート・ガバナンスの状況を説明した「コーポレート・ガバナンスに関する報告書」を東京証券取引所へ提出し，開示することが求められている。当該報告書の中では，各原則への対応状況について，いわゆるコンプライ・オア・エクスプレインの手法による記載が求められている。

コンプライ・オア・エクスプレインとは，各原則を遵守（コンプライ）するか，遵守することが適切ではないと判断する場合はその理由を説明（エクスプレイン）する方式をいう。

図表５-10　TCFD提言により開示が推奨される項目

■ガバナンス：気候関連のリスクおよび機会に係る組織のガバナンス
気候関連のリスクおよび機会についての，取締役会による監視体制
気候関連のリスクおよび機会を評価，管理するうえでの経営者の役割
■戦略：気候関連のリスクおよび機会がもたらす組織のビジネス，戦略，財務計画への実際のおよび潜在的な影響
組織が識別した，短期，中期，長期の気候関連のリスクおよび機会
気候関連のリスクおよび機会が組織のビジネス，戦略，財務計画に及ぼす影響
２℃以下シナリオを含む，さまざまな気候関連シナリオに基づく検討を踏まえた，組織の戦略のレジリエンス
■リスク管理：気候関連リスクを組織がどのように識別，評価，管理しているか
組織が気候関連リスクを識別，評価するプロセス
組織が気候関連リスクを管理するプロセス
組織が気候関連リスクを識別，評価，管理するプロセスが組織の総合的リスク管理にどのように統合されているか
■指標と目標：気候関連のリスクおよび機会を評価，管理する際に使用する指標と目標
組織が，自らの戦略とリスク管理プロセスに即して，気候関連のリスクおよび機会を評価する際に用いる指標
Scope 1，Scope 2および当てはまる場合はScope 3の温室効果ガス（GHG）排出量と，その関連リスク
組織が気候関連リスクおよび機会を管理するために用いる目標，および目標に対する実績

遵守することが適切ではないと判断した理由の説明（エクスプレイン）を行う際には，実施しない原則に係る対応について，株主等のステークホルダーの理解が十分に得られるよう工夫する必要がある。なお，上場企業が公表する「コーポレート・ガバナンスに関する報告書」の中には，エクスプレインとした理由について「検討中」という説明のまま，数年間が経過している事例もあるなど，コンプライ・オア・エクスプレインが形骸化しているとの指摘もある。

こうした状況を踏まえて，東京証券取引所は，2023年３月31日に「建設的な対話に資する「エクスプレイン」のポイント・事例について」を公表している。

当該公表資料では，投資家との建設的な対話に資すると考えられる「コーポレート・ガバナンスに関する報告書」の記載上のポイントや，投資者にとってわかりやすく説明していると考えられる事例・説明が不十分と考えられる事例が示されているため，自社の報告書を作成するにあたっては，当該資料を参考にすることが有用である。

(4)　各市場区分における適用範囲を把握しているか

コーポレートガバナンス・コードの適用範囲は，上場する市場区分によって違いがある。

具体的には，プライム市場，スタンダード市場は，「基本原則」，「原則」，「補充原則」のすべてについて適用されるが，グロース市場は５つの「基本原則」のみが適用される。また，コードの中には，プライム市場のみに適用される，より高い水準のものがある。

これらの関係を示すと，図表５-11のとおりである。

図表５-11　各市場区分に適用される原則の関係

市場区分	全原則（83）		
	基本原則（５）	原則（31）	補充原則（47）
プライム	○	○＋より高い水準	○＋より高い水準
スタンダード	○	○	○
グロース	○	－	－

（※）プライム市場に求められる「より高い水準」には，独立社外取締役の活用（後述），TCFD等に基づく気候変動開示，英文による情報開示の促進等が挙げられる。

コーポレートガバナンス・コードは上場会社に適用されるものであるが，上場準備会社においても，上場準備段階からコーポレートガバナンス・コードの内容を十分に検討し，上場予定の市場や上場スケジュールを踏まえて，自社に適したコーポレート・ガバナンス体制を構築していく必要がある。

(5) コーポレートガバナンス・コードにおける独立社外取締役の取扱いを理解しているか

本章3(6)（137頁）に記載のとおり，上場にあたっては，上場規程に基づいて最低1名の独立役員の選任が義務づけられている。また，コーポレートガバナンス・コードでは，独立社外取締役の有効な活用の観点から，独立社外取締役の人数，取締役会に占める割合について，図表5-12に記載した水準が示されている。上場にあたっては，上場規程で定められている最低限の独立役員を確保したうえで，コーポレートガバナンス・コードの趣旨や各社の置かれている状況を踏まえて，独立役員としてどのような人材を候補として，どのくらいの人数（または割合）を選任するかを検討していく必要がある。

図表5-12 （原則4-8）独立社外取締役の有効な活用

	プライム	スタンダード	グロース
独立社外取締役の人数，取締役会に占める割合	3分の1以上（過半数(※)）	2名（3分の1以上(※)）	－

(※) 業種，規模，事業特性，機関設計，会社を取り巻く環境等を総合的に勘案して必要と考えられる場合の水準。

また，原則4-8を補足する位置づけとなる「補充原則4-8③」では，支配株主に対する牽制の強化，少数株主保護の観点から，支配株主を有する場合における独立社外取締役の割合等が示されている。

図表５-13　（補充原則４-８③）支配株主を有する場合の独立社外取締役の割合等

<table>
<tr><th></th><th>プライム</th><th>スタンダード</th><th>グロース</th></tr>
<tr><td rowspan="3">支配株主(※１)を有する上場会社</td><td>過半数</td><td>３分の１以上</td><td rowspan="3">－</td></tr>
<tr><td colspan="2">または</td></tr>
<tr><td colspan="2">特別委員会(※２)の設置</td></tr>
</table>

（※１）　支配株主としては，親会社や，議決権の過半数を所有する株主等が該当する。
（※２）　支配株主と少数株主との利益が相反する重要な取引や行為について審議および検討を行う，独立社外取締役を含む独立性を有する者で構成された特別委員会。

なお，上記は基本原則の定めではないため，グロース市場においては直接的な適用対象とはならないものの，自社の置かれている状況を踏まえて，独立社外取締役の活用，ガバナンス体制の強化を検討することが必要と考えられる。

コラム16・コーポレートガバナンス・コードへの対応は最低限でよい？

コーポレートガバナンス・コードは，前述のとおり，コンプライ・オア・エクスプレインの手法により，コンプライしない場合には，理由の説明が求められます。

それでは，コーポレートガバナンス・コードへの対応は，最低限でよいのでしょうか。

コーポレートガバナンス・コードは，社会の期待，要請を踏まえて，改訂されているという面があり，内容によっては，資本市場の実務のほうがコーポレートガバナンス・コードより先行しているということもあります。

たとえば，資本市場の中心的なプレーヤーである機関投資家の中には，株主総会における議決権行使判断基準として「独立社外取締役を取締役会の３分の１以上選任しているか」という基準を従来から設けていたところがあります。その後，2021年６月の改訂では，機関投資家を対象とするプライム市場において「独立社外取締役を少なくとも取締役会の３分の１以上選任すること」が明示されました（さらに業種，規模，事業特性，機関設計，会社を取り巻く環境等によっては，取締役会の「過半数」を独立社外取締役として選任するといった水準も示されています）。

こうした動向を踏まえると，たとえコーポレートガバナンス・コードで要請される対応をしていたとしても，機関投資家によっては，十分な対応をしていないと評価する可能性もあります。そうした場合，上場後の株主総会で思わぬ反対票が入ることもあるかもしれません。

そのため，コーポレートガバナンス・コードには最低限の対応をすれば十分と考えるのではなく，企業価値向上のため，経営環境向上のため（社内外のサポーターを増やし，円滑に経営を行っていくため等），会社としてどのような取組みをしていくべきかという見地から検討していくことが必要なのではないでしょうか。

第6章 IPOに向けた業務管理体制（内部統制）の整備

1 内部統制整備の概要

項　　目	チェック
(1)　なぜ内部統制が必要かを理解しているか	□
(2)　上場審査における取扱いを確認しているか	□

(1)　なぜ内部統制が必要かを理解しているか

「財務報告に係る内部統制の評価及び監査の基準」によれば，内部統制とは，業務の有効性と効率性，報告の信頼性，法令遵守，資産の保全の4つの目的が達成されているとの合理的な保証を得るために，業務に組み込まれ，会社内のすべての者によって遂行されるプロセスと定義されている。

内部統制が達成すべきこれらの4つの目的は，具体的には図表6－1に示したようなリスクに対応するためにあるといえる。

内部統制は，このようなリスクを合理的な水準にまで軽減し，会社が有効かつ効率的に事業活動を行い，継続的に成長していくために必要不可欠なものといえる。

図表6－1　内部統制の目的とリスクへの対応

内部統制の目的	適切な内部統制を構築することで低減できるリスク（例）
業務の有効性と効率性	業務が標準化されていない（属人的な対応になっている）ことで，業務上のミスや無駄が多く発生してしまうリスク
報告の信頼性	企業実態を反映しない不適切な財務情報や非財務情報を報告してしまうリスク
法令遵守	事業を遂行するうえで遵守が求められる法規制に違反してしまうリスク
資産の保全	保有する会社財産が横領，紛失等によってなくなるリスク

(2)　上場審査における取扱いを確認しているか

上場審査では，第1章5(3)（23頁）に記載した実質審査基準の「企業のコーポレート・ガバナンス及び内部管理体制の有効性」の観点を中心に，適切な内部管理体制が構築されているかどうかが確認される。

どのような内部管理体制を構築すべきかについては，画一的な基準はなく，会社の置かれている状況により異なるが，構築にあたっては，表面的，形式的な対応に留まるのではなく，実効性があるかを意識すること，また，構築後も継続的に課題点の洗い出しや改善といった取組みを続けることが重要となる。

また，プライム市場，スタンダード市場の場合は，上場申請に係る提出書類のうち，「新規上場申請のための有価証券報告書（Ⅱの部）」の添付書類として，主要な製品や商品およびサービスに関する「事務フロー」の提出が求められている。上場審査では，この事務フローに沿って業務の流れが確認されることとなる。

また，グロース市場の場合は，「各種説明資料」上で，主な事務フローについて記載する必要があり，審査担当者の求めに応じてヒアリングの中で確認されるケースが一般的となっている。

コラム17・従業員を信頼していないから内部管理体制を構築するのか？

上場に向けては，適切な内部管理体制の構築が求められます。

内部管理体制を構築する過程では，たとえば，創業当時は全幅の信頼を置く従業員１人に任せていた業務についても，別の人にその人の業務を監視（チェックおよび承認等）させるといった，第三者の目を介在させる統制を追加する必要があります。

こうした対応は，場合によっては，「自分は信頼されていないのではないか」と受け取られることもあるかもしれません。経営者側としても，誠実な従業員を疑っているような形になってしまい，少し気が咎めてしまうこともあるかもしれません。

そのような場合は，少し考え方を変えて，内部管理体制は，「従業員は目を離すと悪いことをするものだ」という性悪説に基づいて構築するものではなく，不正の発生を未然に防ぐことによって，「大切な従業員を守るため」に構築するものだと考えてみてはいかがでしょうか。

たとえば，現預金の出納管理を，創業者が厚い信頼を置く担当者１人だけに任せていた場合を想定してみましょう。

何も特別なことが起きなければ，問題なく業務は回っていくかもしれません。しかし，もしその担当者の家族や大切な人が深刻な病気に罹ってしまい，その治療のために高額な医療費がかかる状況になったとしたらどうでしょうか。

その担当者は，誰からも監視されていない時に，日々目にする多額の現預金を前にして冷静に淡々と業務を行い続けることができるでしょうか。いくらその担当者が誠実で，会社に対する忠誠心を持ち合わせていたとしても，いわゆる「魔が差した」状況になり，自分の行っていることを理解できないままつい現預金を横領してしまうようなこともあるかもしれません。さらに，横領した本人は社内処分や刑事責任を問われ，その結果，その後の本人や家族の人生にも深刻な影響を与えてしまうことになるかもしれません。

経営幹部の皆さんは，自分が同じような状況に置かれても，絶対に現預金に手を付けないという自信があるでしょうか。

適切な内部管理体制が構築されており，「常に誰か他の人の目が入っている」という状況を作ることができれば，このような不幸なことが起きる可能性を大幅に減らすことができます。そのような意味で，内部管理体制は，自社の大切な従業員を守るためのものであるとも考えることができます。

自社の従業員を大切に思えば思うほど，ぜひしっかりとした内部管理体制を構築していただきたいと思います。

2 販売管理

項　目	チェック
(1)　新規取引開始時のポイントを理解しているか	□
(2)　与信管理のポイントを理解しているか	□
(3)　受注管理のポイントを理解しているか	□
(4)　役務提供，出荷，売上計上時のポイントを理解しているか	□
(5)　請求，回収のポイントを理解しているか	□
(6)　債権管理のポイントを理解しているか	□

販売活動は，会社にとって収益の源泉であり，会社の存続と成長のための重要な活動である。

販売管理の目的は，取引の開始から売上債権を回収するまでの一連の販売活動が適切に行われるように管理することである。特に顧客が期待するサービス（品質管理）を，顧客が期待するタイミング（納期管理）で提供できるか，その対価を漏れなく回収できるか（回収管理）といった観点が重要である。

また，販売管理のプロセスは，会社の事業目的に大きく関わる勘定科目である売上，売掛金に至る業務プロセスとして，原則として，内部統制報告制度（J-SOX）における評価対象プロセスとなる。

販売管理の一般的なフローは，図表6－2のとおりである。

図表6－2　販売管理の一般的なフロー

(1) 新規取引開始時のポイントを理解しているか

新規の取引開始にあたっては，取引先が反社会的勢力や反市場勢力に該当しないことを確認することが重要である。

反社会的勢力等との関係性を持ってしまうと，最悪の場合は，上場準備を断念せざるを得ない事態に陥ることもありうる。そのため，新規取引の開始にあたっては，取引相手となる顧客が，反社会的勢力等に該当しないかどうかを，外部企業が提供するデータベースやWEB検索によって，事前に社内で確認する体制構築が必要となる。

また，今後取引を行ううえで支障となりそうな会社の風評に懸念される情報がないか，あるいは会社の財務状況（支払能力）に問題がないかなどの観点からチェックすることも重要である。

(2) 与信管理のポイントを理解しているか

与信管理とは売掛金が回収不能となるリスクの管理であり，取引先ごとに適切な与信限度額や与信期間等を設定し，債権が回収不能となるリスクを合理的な水準に軽減することをいう。

売上の拡大のためには，より多くの相手に自社の製品やサービスを販売することが必要となるが，一方で，取引相手が常に十分な支払能力を有しているとは限らない。

そのため，新規に取引を開始するにあたって，適切に与信限度額や与信期間等を設定する必要がある。

与信限度額等を適切に設定した後の日常的な与信管理の方法としては，以下のようなものが考えられる。

- 外部情報を活用しながら，得意先の財政状態，経営成績等を把握する
- 与信限度額の上限を超える取引を行う場合には，適切な承認を得る
- 債権の滞留状況や取引先における業績悪化等の状況変化を継続的に確認し，定期的に与信限度額を見直す

(3) 受注管理のポイントを理解しているか

① 受注時の証憑整備

受注時には，原則として契約書や注文書を入手し，受注内容を明確にしておく必要がある。口頭等による受注の場合，取引先との認識の齟齬等により，事後に紛争等になる可能性もあるため，受注確認は書面等により，事後確認ができる方法で行うべきである。

② 受注承認

受注にあたっては，社内の適切な承認のもと，受注内容を確定する必要がある。仮に営業担当者が独断で受注できてしまうと，価格面で自社の販売方針や条件に沿わない受注や，数量や品質面から納期に間に合わせることが困難な受注のほか，場合によっては架空受注をしてしまうといった不適切な受注をするリスクがある。

③ 受注残管理

受注後に，受注残高が適切に管理されていない場合，納期遅れが生じる原因になってしまう。そのため，承認された受注案件については，受注管理表等により案件や残高を適切に管理することが必要である。

(4) 役務提供，出荷，売上計上時のポイントを理解しているか

役務提供，出荷，売上計上にあたっては，所定の品質の製品，サービスが提供されているか，納品，検収が完了しているかについて，担当者以外の第三者が確認する仕組みが必要である。

また，契約書，検収書，受領書等，取引の完了と売上計上金額および計上時期の妥当性を確認できる客観的なエビデンスを入手する必要がある。

なお，最近は，SaaS（Software as a Service）に代表されるように，ウェブ上でITサービスを提供する会社が増えているが，このような場合，必ずしも検収書，受領書等の紙ベースのエビデンスがなく，ITシステム上で取引が完結するケースも見受けられる。このように取引に関するエビデンスが会社の利

用するITシステムへ高度に依拠する状況においては，IT全般統制の有効性がきわめて重要となるため，適切なIT全般統制を構築する必要がある。

(5) 請求，回収のポイントを理解しているか

請求書の改ざん等による不正を防止する観点からは，請求担当部門は販売担当部門から独立している必要がある。また，情報システムの導入や，ダブルチェック体制の構築等により，請求誤り，請求漏れ，二重請求を防止する仕組みを構築する必要がある。

(6) 債権管理のポイントを理解しているか

債権管理にあたっては，滞留管理が適切に行われているかどうかが重要なポイントとなる。

滞留している売掛金等を正確かつ網羅的に把握するためには，顧客からの入金がどの売掛金に対するものかを正確に把握する仕組みを構築する必要がある。そのうえで，月次で売掛金の発生年月別の年齢調べ表を作成し，滞留状況の把握と債権保全の対応を行うこととなる。

長期にわたって入金がない場合は，会計上，貸倒引当金の計上要否の検討が必要となる。

3 購買管理

項　目	チェック
(1) 仕入先選定のポイントを理解しているか	□
(2) 発注のポイントを理解しているか	□
(3) 納品，仕入計上時のポイントを理解しているか	□
(4) 債務管理のポイントを理解しているか	□

購買管理の目的は，仕入先選定から債務の支払いまでの一連の購買活動を適切に管理することである。

購買管理プロセスは，会社の事業目的に大きく関わる勘定科目である棚卸資産に至る業務プロセスとして，原則として，内部統制報告制度（J-SOX）における評価対象プロセスとなる。

図表6－3　購買管理の一般的なフロー

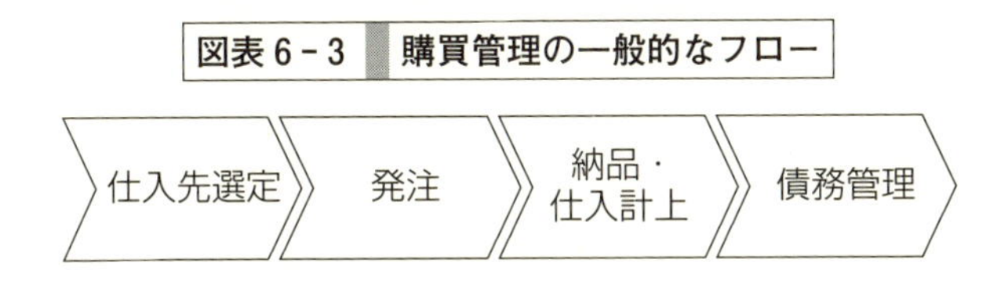

(1) 仕入先選定のポイントを理解しているか

仕入先選定にあたっては，安定的に物品やサービスの提供が可能であるか，また，提供された物品やサービスの品質が自社の基準を満たしているか等が重要な考慮要素となる。

また，販売管理と同様に，仕入先に反社会的勢力，反市場勢力とのつながりがないか，今後取引を行ううえで支障となりそうな会社の風評に懸念される情報がないか，会社の財務状況に問題がないかなどの観点からチェックすることも重要である。

(2) 発注のポイントを理解しているか

発注にあたっては，品違い，数量違い等の発注ミスを防止するために，発注書等の証憑に基づき行う必要がある。

また，発注にあたっては，価格決定に関する基準を設定したうえで，発注内容，価格，数量等が適切かどうかを購買担当部門の上席者が確認し，承認する必要がある。

購買担当部門は発注先に対して優位的な立場になることも多いため，仕入先と共謀してのキックバックや過剰な接待等の不正が比較的発生しやすい領域であるといえる。そのため，不正防止の観点からは，担当者の定期的なローテーションを行うことも有効である。

また，発注後は，発注管理表を作成したうえで，納期を過ぎてもサービスの提供や納品が完了していない案件が生じていないか等，適切な発注残高，納期管理を行う必要がある。

(3) 納品，仕入計上時のポイントを理解しているか

納品の際には，発注内容と照合し，納品物，納品数量，品質等が発注内容に沿ったものであるかを確認することにより，検収を行う。検収は，内部牽制の観点から，発注担当部門から独立した検収担当部門が実施する必要がある。

また，納品書，検収確認書など，取引の完了と仕入計上金額および計上時期の妥当性を確認できる客観的なエビデンスを入手する必要がある。

(4) 債務管理のポイントを理解しているか

債務管理においては，債務と支払予定額，支払条件を正確かつ網羅的に把握するための仕組みが必要である。また，仕入先からの請求書等と照合を行い，差異が生じている場合は，原因を分析する必要がある。

長期にわたって未払いになっている債務については，適時に把握し，原因分析と対応を行う必要がある。

4 在庫管理

項　目	チェック
(1) 継続記録による受払管理のポイントを理解しているか	□
(2) 実地棚卸のポイントを理解しているか	□
(3) 滞留管理のポイントを理解しているか	□

棚卸資産は，一般的に事業上重要な資産として位置づけられることが多いため，適切な在庫管理が求められる。特に，棚卸資産の保全と適切な評価を行うことが重要である。具体的には継続記録による受払管理，実地棚卸，滞留在庫の管理がポイントとなる。

在庫管理プロセスは，会社の事業目的に大きく関わる勘定科目である棚卸資産に係る業務プロセスとして，原則として，内部統制報告制度（J-SOX）における評価対象プロセスとなる。

(1) 継続記録による受払管理のポイントを理解しているか

入出庫数量と一定時点の在庫残高を正確かつ適時に把握するため，品目ごとに継続記録による受払管理を行う必要がある。その際，数量だけでなく，受払の単価も記録し，金額ベースでも受払金額と残高を把握する必要がある。

(2) 実地棚卸のポイントを理解しているか

実地棚卸とは，一定時点の在庫数量を実際に確認，カウントすることをいう。実地棚卸により，継続記録の正確性を確かめることができ，また，数量の確認だけではなく，品質劣化や破損の有無，適切な環境で保管されているか等についても併せて確認することができる。

実地棚卸の手続面では，カウントミスやカウント漏れを防止することが重要となるため，実施時期，作業手順，方法等をまとめた規程やマニュアルを作成し，担当者に周知する必要がある。

実地棚卸の実施後は，継続記録による在庫残高と，実地棚卸による実際の在庫残高を照合し，両者の間に差が生じている場合には，差異の発生原因を調査し，再発防止策を講じる必要がある。このように，継続記録による在庫管理と実地棚卸は，どちらか一方のみでは不十分であり，両者が揃って管理上の十分な効果を発揮するものといえる。原因不明の差異が重要な場合，上場審査上問題とされる可能性があるため留意が必要である。

(3) 滞留管理のポイントを理解しているか

継続記録による受払管理により，滞留在庫を特定することが可能となる。

滞留在庫については，在庫の年齢表（在庫を保有してからどの程度の期間が経過しているかを表す一覧表）を作成して管理し，それぞれの区分ごとに所定の評価方針に基づき，価値の低下を反映するために評価損を計上する必要がある。

また，棚卸資産については，棚卸資産会計基準により，いわゆる「低価法」による評価を行うことが要求されており，滞留の有無にかかわらず，正味売却価額が取得原価よりも下回っている場合は，正味売却価額まで評価損を計上しなければならない。そのため，期末における正味売却価額を把握し，網羅的かつ正確に評価損を計上するためのプロセスの構築も必要となる。

5 原価計算

項　　目	チェック
(1)　原価計算の目的を理解しているか	□
(2)　原価計算の形態を理解しているか	□
(3)　原価計算のプロセスを理解しているか	□
(4)　原価計算の導入時期を理解しているか	□

(1) 原価計算の目的を理解しているか

原価計算とは，顧客に提供する製品，サービス等の製造原価を計算することをいう。原価計算の手法は，販売目的の製品等の製造原価算定のためだけでなく，内製した自社利用ソフトウェア等の取得原価を計算するためや，研究開発費の金額を適切に算定するため等にも利用される。

上場前の会社においては，原価計算の対象が材料費のみ，直接費のみとなっているケースや，反対に広告宣伝費等の販売費も含まれているケース，原価計算を行わずすべて費用処理しているケース等，原価計算が必ずしも適切に行われていない場合もある。そのような場合には，上場に向けて，適切な原価計算となるように見直しを行う必要がある。

原価計算の目的は以下のとおりである。

① 適正な財務諸表を作成するため

上場会社は，決算期ごとに財務諸表を作成し，それを財務諸表の利用者に対して開示しなければならない。財務諸表の利用者に適正な財務情報を提供するためには，製品や仕掛品等の取得価額や販売した製品等に係る売上原価を適切に算定することが必要であり，そのために原価計算が必要となる。

適正な財務諸表を作成するためには，原価計算制度は財務会計と有機的に結びつき，常時継続的に行われていくものでなければならない。

② 製品やサービスの価格設定を適切に行うため

製品やサービスについて，適正な利益を得るためには，適切な価格設定を行わなければならない。原価計算は，製品やサービスの原価を適切に計算することにより，価格設定のために必要な原価資料を提供するものである。

③ 適切に原価管理を行うため

原価計算の結果得られた製品やサービスの原価について，予算との比較，前年や前月比較等を行い，原価の発生内容や効率性等を分析することにより，原価改善に活かすことができる。

④ 適切に予算管理を行うため

予算を適切に策定するためには，製造原価の予算を適切に策定する必要がある。また，予算統制の見地からも，実際の製造原価と製造原価の予算との比較分析を適切に行うためには，実際の製造原価を適切に計算する必要がある。

このように，予算の策定と予算統制の両面において，原価計算は必要な原価資料を提供するものといえる。

(2) 原価計算の形態を理解しているか

製品やサービスの生産形態などが異なれば，適用される原価計算の形態も異なってくる。原価計算には，大きく分けて以下の２つの形態がある。

① 個別原価計算

個別原価計算とは，バッチやロットで一定の製品の製造を指示する製造指図書や，特定のプロジェクト開始時に付番されたプロジェクトナンバー単位で製造原価を集計する方法である。

個別原価計算は，種類が異なる製品やサービスなどを個別に生産するような形態に適用される。具体的には，以下のようなケースで個別原価計算が適用される。

- 顧客から個別に特定の業務（システム開発やサービス等）を請け負う場合

- SaaS（Software as a Service）等により顧客に提供する目的の自社利用ソフトウェアを制作する場合
- 顧客に販売する目的のソフトウェアを開発する場合
- ロット単位で個別性の高い製品を単発で製造する場合
- 当期に発生した研究開発費を集計する場合

近年上場する会社では，特にITテクノロジー系の会社において個別原価計算の方法を採用しているケースが多い。

②　総合原価計算

総合原価計算は，同じ規格の製品を継続的に大量生産する生産形態に適用される。

総合原価計算は，一定期間に発生した総製造原価を集計し，それを同期間の製品の総生産量で除することにより，製品の1単位当たりの平均製造原価を求めるものであり，同種製品を大量生産する伝統的な製造業において多く採用されている。

(3)　原価計算のプロセスを理解しているか

原価計算は，通常，費目別計算，部門別計算，製品別（プロジェクト別）計算の3段階のステップにて行われる。

①　費目別計算

費目別計算とは，製造原価や制作費を費目別（発生形態別）に分類集計する手続をいう。

まず，発生した費用のうち，原価部門（製造部門，制作部門，システム開発部門等）で発生した費用を製造原価，制作費として集計する。管理部門や販売部門で発生した費用は，基本的には製造原価や制作費には含めないが，製造，制作活動と管理活動の双方にまたがる費用（本社ビルの賃料，減価償却費，水道光熱費等）については，合理的な基準（専有面積，人員数等）に基づき，製造原価，制作費と販売費及び一般管理費に区分する。

製造原価，制作費は，大きく材料費，労務費，経費に分類され，製造，制作に直接関連しているか否かにより，直接費，間接費に区分して集計を行う。

このように費目別計算は，原価計算の対象となる原価の範囲を決定する重要な手続といえる。

労務費について，特に人件費が製造原価の大部分を占めるITテクノロジー系の会社では，各エンジニアが日々どのプロジェクトの作業をどの程度行ったのかを，1時間単位で正確に集計する仕組みを構築することが適切な原価計算のための第一歩となる。上場後は，いわゆるどんぶり勘定は許されないため，適切な財務報告と損益管理のために原価計算を行い，どのプロジェクトにどの程度の原価が発生し，どの程度の利益（または損失）が発生しているのかを適切に把握する必要がある。

経費については，社内で発生した経費のうち，製造，制作に要した経費を漏れなく集計する必要がある。一方で，管理部門や販売部門で発生した経費（広告宣伝費等）が，製造原価，制作費に紛れ込まないよう留意が必要である。

② 部門別計算

部門別計算とは，費目別計算によって把握された原価要素を原価部門別に分類集計する手続をいう。原価部門は，製造部門（制作部門），補助部門からなり，費目別計算で把握された材料費，労務費，経費を製造部門費（制作部門費）と補助部門費に分類集計する。

上場準備会社においては，複数の原価部門がなく，単一の製造部門，制作部門により製造，制作活動が行われている場合も多いため，部門別計算が省略されるケースも多い。

③ 製品別（プロジェクト別）計算

製品別（プロジェクト別）計算は，原価要素を一定の製品単位やプロジェクト単位に集計し，単位製品ごと，プロジェクトごとの原価を集計することをいい，原価計算の第三次の計算段階である。

この段階で，会社の製造形態により，個別原価計算によるか，総合原価計算によるかが異なってくる。

原価を集計する原価単位は，製品の場合は通常は個数，プロジェクト等の場合は通常はプロジェクト着手時に付番されたプロジェクトナンバーとなることが多いが，それ以外にも時間数や度量衡単位等も原価単位になりえるため，事業の実態に応じて適切に原価単位を設定する必要がある。

(4)　原価計算の導入時期を理解しているか

上場にあたっては，直前々期（N−２期）と直前期（N−１期）の財務諸表等に，監査法人または公認会計士の監査証明が必要となるため，少なくとも直前々期（N−２期）の決算は適切な原価計算制度に基づき実施する必要がある。

また，原則として，直前期（N−１期）からは適切な月次決算の実施が求められるため，直前期（N−１期）の期首においては月次で原価計算を行うことができる体制が構築されていることが必要である。

6 固定資産管理

項　目	チェック
(1) 固定資産の取得，処分のポイントを理解しているか	□
(2) 固定資産台帳作成のポイントを理解しているか	□

固定資産は長期にわたり使用される資産であり，金額も重要になるケースが多い。固定資産管理の主要なテーマは資産の保全であり，具体的には，取得，処分の手続と固定資産台帳の作成がポイントとなる。

(1) 固定資産の取得，処分のポイントを理解しているか

固定資産は，1件当たりの金額が大きいため，取得，処分が会社の資金繰りや業績に与える影響が大きい。そのため，固定資産の取得，処分にあたっては，適切な承認プロセスを構築し，規程やルール等で明文化しておく必要がある。その際，あらかじめ策定された設備投資計画に基づいているかを確認する視点も必要である。

(2) 固定資産台帳作成のポイントを理解しているか

すべての固定資産を記帳した固定資産台帳を作成して管理することが必要である。

固定資産台帳は月次で総勘定元帳と照合して，固定資産台帳および総勘定元帳の正確性を確認することが必要である。

また，定期的に固定資産の実査を行い，固定資産台帳との差異の有無を確認し，差異があった場合には原因分析と再発防止策を策定することが必要となる。固定資産実査の際には，毀損・陳腐化している資産や遊休資産の有無等についても確認する。

7 資金管理

項　目	チェック
(1)　出納管理のポイントを理解しているか	□
(2)　資金繰り管理のポイントを理解しているか	□

(1)　出納管理のポイントを理解しているか

出納業務は着服等の不正が発生しやすい領域であることに加え，現預金を直接取り扱うことになることから，担当者の精神的な負担となっている場合も多い。そのため，出納業務のポイントは，複数人で適切に業務を分担する点にあるといえる。

内部牽制の観点から，原則として以下のような体制が必要と考えられる。

- 記帳担当者と現物（現金，小切手，有価証券等）の担当者を分離する
- ネットバンキングにおける銀行取引の出金の申請者と実行者を分離する
- 出納担当以外の者が，定期的に通帳等の原本と銀行残高を照合する
- 出納担当者以外の者が，定期的に現物（現金，小切手，有価証券等）の実査を行う

(2)　資金繰り管理のポイントを理解しているか

損益計算書上は利益が出ていたとしても，足元で債務の支払いに必要な資金が不足してしまう等すると，黒字倒産に陥ってしまう可能性もある。こうした資金ショートを起こさないためにも，利益計画と整合する資金繰り表を作成し，資金収支を管理することは重要である。

そのため，少なくとも月次で資金繰り表を作成し，日常の運転資金を賄えるだけの十分な手元流動性があるかを確認する必要がある。

8 人事，労務管理

項　目	チェック
(1) 人事戦略，人事制度構築のポイントを理解しているか	□
(2) 法令遵守のポイントを理解しているか	□
(3) 労務管理のポイントを理解しているか	□

(1) 人事戦略，人事制度構築のポイントを理解しているか

「組織は人である」といわれることもあるように，人材採用，育成，配置は，事業活動をしていくうえで重要なテーマの１つである。そのため，自社の経営戦略を踏まえ，人事戦略，方針を立案し，いつ，どのような人材を，何人採用するか等の計画を策定する必要がある。

また，そうした人事戦略を実現させるためには，人事戦略と整合する人事制度を構築する必要がある。一般的には，等級，評価，報酬等をまとめた体系的な制度を設計および運用していくこととなるが，自社が求める人材に長く活躍してもらえるよう，魅力ある制度の構築に取り組む必要がある。

(2) 法令遵守のポイントを理解しているか

人事，労務分野は，遵守すべき関係法令が多いことから，弁護士，社会保険労務士等の専門家にも相談しながら，法令違反が生じないように，適切な管理が求められる。また，次のとおり，所轄の労働基準監督署への届出が求められる事項もある。

① 就業規則

就業規則は，雇用主と労働者の間の雇用に関するルールを統一的に定めたものである。常時10名以上の労働者を使用している場合には，就業規則を所轄の労働基準監督署に届け出る必要がある。

②　36 協 定

会社は，法定労働時間を超える時間外労働および休日勤務等を命じる場合，労働基準法第36条により，労働組合等と書面による協定を結び，労働基準監督署に届け出ることが義務づけられている。この協定は「36（サブロク）協定」と呼ばれる。

法定労働時間を超える時間外労働および休日勤務が一切発生しない会社は稀であると考えられるため，36協定の届出が漏れていないか留意が必要である。

⑶　労務管理のポイントを理解しているか

労務管理は，業種を問わず，どの会社にも共通するテーマである。特に労働時間の管理（勤怠管理），残業代の未払い（サービス残業の発生の有無）は，上場審査において慎重に確認される項目である。

また，過年度に未払残業代が生じていたことが判明した場合，過年度の財務諸表等を遡及修正することが必要なケースも生じうるため留意が必要である。

なお，未払残業代等，上場準備会社でよく見受けられる法務上の論点については，第10章③⑵（311頁）で個別に考察を加えている。

①　労働時間の管理

労働時間の管理の前提として，勤怠時間の管理が重要となる。従業員の勤怠時刻は，タイムカードやシステムによる打刻等により記録し，勤怠管理システムを通じて客観的なデータを残して管理することが必要である。

②　時間外労働管理

時間外労働に対する残業代は，法令に従い適切に支払う必要があるが，その前提として，時間外の労働時間を正確に把握できる体制がなければ，そもそも支払うべき残業代の計算ができないこととなる。そのため，タイムカードやシステムによる打刻等により時間外の労働時間を適切に把握する仕組みが重要となる。

9 情報管理

項　目	チェック
(1)　情報管理のポイントを理解しているか	□

(1) 情報管理のポイントを理解しているか

会社が事業展開するうえでは，個人情報を含めてさまざまな情報を取り扱うが，情報管理が不十分である場合には，情報漏洩事故等を招くリスクが高まってしまう。特に，近年，情報漏洩問題に対する社会的な関心がますます高まっていることを踏まえると，情報漏洩を起こした場合には，重要な企業価値の毀損につながるおそれがある。

こうしたリスクに適切に対応するため，会社の情報管理，セキュリティ方針を明確に定めるとともに，適切な情報アクセス管理（必要な人にのみ閲覧権限を付与する等）や，社内への物理的な入室管理等を徹底する必要がある。また，情報管理の重要性について，社内研修や勉強会等を通して，継続して従業員へ周知徹底するといった取組みが重要である。

なお，情報管理体制の強化にあたっては，図表6－4に記載した外部機関の認証を取得することも有用である。

図表6－4　情報セキュリティに関する認証制度

プライバシーマーク（Pマーク）	個人情報の取扱いを適切に行う体制等を整備していることを評価し，その証としてPマークを付与する制度
情報セキュリティマネジメントシステム（ISMS）認証	情報セキュリティに関して必要最低限の定めるべき事項を定め，それに基づいて運用されているかを第三者の認証機関が審査し，基準を満たす組織に対し認証を与える制度

また，事故や災害等の有事の事態が発生した場合でも，事業継続に支障が生じないように，重要な情報等のバックアップ体制を構築する必要がある。

コラム18・内部通報制度の利用実績が「ゼロ」の会社は，いい会社？

上場準備の過程では，内部通報制度の構築が必要となります。また，上場審査では，内部通報制度の構築状況のほか，利用実績等の運用状況が確認されます。

ここで，内部通報制度を設置して以降，通報件数が「ゼロ」の会社は，会社内に問題が何もない会社といえるでしょうか。

内部通報制度を設置してから通報実績が「ゼロ」の場合には，その理由を慎重に確認する必要があります。コンプライアンスに係る問題がなく，会社内が健全な状況であるために，通報実績が「ゼロ」のケースもあるかもしれませんが，一方で，そもそも内部通報制度について十分に周知されていないために「ゼロ」となっている可能性もあります。あるいは，十分な通報者保護が図られず，通報すると人事上のペナルティ等，通報者に不利益なことが生じるのではないかといった心配や，通報しても形式的な対応に留まり，結局，問題の解決につながらないと思われている等，内部通報制度が信頼されていないために，通報実績が「ゼロ」となっている可能性も考えられます。

内部通報制度の主な目的は，不正行為等のコンプライアンス違反を早期に発見し，問題が大きくなる前に対処することです。この目的を達成するためには，内部通報制度を作って終わりではなく，制度が実効的なものとなっているか，いざという時に利用される制度となっているか，という観点が重要です。

内部通報制度が必要な時に適切に利用されるためには，社内イントラネットや執務室等での掲示に加えて，ミーティングや研修会での案内等，折に触れての周知徹底の取組みが欠かせません。また，通報者保護の取組みをしっかり行ったうえで，通報者保護が図られる制度になっていることを周知することで，利用者の安心感につなげることも重要です。

内部通報制度を設置して以降，通報件数が「ゼロ」となっている場合には，今一度，制度の「実効性」に問題がないか，検討してみてはいかがでしょうか。

10 ビジネス文書のデジタル化に係る内部統制

項　目	チェック
(1) 電子契約における内部統制上のポイントを理解しているか	□
(2) スキャナ保存制度における内部統制上のポイントを理解しているか	□

リモートワークの広がりや業務効率化のため，ビジネス文書のデジタル化（ペーパーレス化）に対する関心が高まっており，これらに対応した内部統制の構築は多くの企業にとって重要な課題となっている。

ビジネス文書のデジタル化には，主に，「電子契約」のように取引開始から完了まで電子文書上で行う電子化（電子取引）と，「スキャナ保存制度」のように既存の紙面文書をスキャンして電子文書に変換する電子化の2つがある。

(1) 電子契約における内部統制上のポイントを理解しているか

電子契約の導入においては，従来の紙から電子データへの変化によるリスクを意識した対応が求められ，次のような着眼点，留意点が考えられる。

① 本人性

本人性とは，電子契約を締結する相手方が契約元の会社にとって意図した相手であるかを意味する。電子契約においては，リモートで行うことから相手の顔が見えず，意図した相手ではないといった「なりすましリスク」がある。

この「なりすましリスク」に対応するために，たとえば，電子メールのドメインの正確性を確認することはもちろんのこと，当事者間において第三者機関から発行される電子証明書付きの電子署名を用いる（当事者型の採用）といった対応や，SMS認証を追加するといった多要素認証を用いることが考えられる。

② 権限性

権限性とは，電子契約のサイン者が，契約を締結する権限を有している者であるかを意味する。電子契約では電子契約書データ（PDF）の署名パネル等で，いつ誰が電子サインしたかが明確になるが，適切な権限者によるサインであることを明瞭化するため，たとえば，会社内部において，契約種類に応じて電子サインの権限者の明確化，ルール化をすることが考えられる。

③　非改ざん性

非改ざん性とは，電子契約締結後において，契約内容が変更されていないかを意味する。たとえば，使用しているクラウド型の電子契約システム自体が改ざんできない仕様となっていることを確認することが考えられる。

④　データ消失のリスク

電子契約の場合，電子データでの保管のため，予期せぬシステム障害等により文書を消失するリスクがある。そのため，電子契約のバックデータを取っておくといった対応が重要となる。

⑤　データ漏えいのリスク

電子契約の特徴として，複製により，短時間で広範囲にわたる情報漏えいが起こるリスクがある。多くの電子契約サービスはクラウド型である中，既存の社内の情報セキュリティ管理規程等の見直しの検討や，具体的なアクセス権限の設定，パスワード管理の検討が必要と考えられる。

(2)　スキャナ保存制度における内部統制上のポイントを理解しているか

スキャナ保存制度適用にあたり，電子帳簿保存法に定める適用要件を満たすことは当然必要だが，個々の会社の状況を踏まえ，次のような着眼点，留意点が考えられる。

①　非改ざん性

改ざんリスクは，紙面をスキャンする前とスキャン後の両局面にて存在する。まず，紙面をスキャンする前に，紙面自体が改ざんされるリスクがある。また，紙面のスキャン後に，PDF編集ソフトウェアを用いて内容が改ざんされるリスクがある。さらに，同じ領収書の使い回しによる経費の二重請求といったリスクもある。このようなリスクに対して，次のような内部統制の構築が考えられる。下記のほかにも税務が求めるシステム要件の充足も必要となる。

【内部統制の例示】

- スキャン時におけるダブルチェックの実施
- 事後的検証（原本とPDFの照合）の実施
- PDFにスキャン担当者等の電子サインを付与する
- タイムスタンプを付与する
- 改ざん防止機能のあるシステムを利用する
- 書面原本の作成・受領・管理担当者とスキャン実施担当者の職務を分離する
- スキャン後，所定のストレージにPDFが自動保存される
- 書面受取からPDF化作業そのものを適正な外部ベンダーに委託する
- PDFと書面原本，関連会計帳簿，エビデンスとの相互関連性（参照）を確保する
- PDFの保存および更新が，いつ，誰によって，どのように実施されたかを後日特定できるように，履歴情報を保存する
- 事後的に，同一日付，同一取引先，同一金額のデータを検索し該当データについて，領収書原本と照合することにより，使い回しの有無を確認する

②　監査法人対応

監査上，一般的に，電子媒体に変換された証憑は，紙面原始証憑に比べて証拠力が弱いとされている。スキャナ保存を行っていても，原本は原始証憑たる紙面であることに変わりはない。被監査会社は，原則，監査人の要求に応じてすべての証拠資料にアクセスできる環境を提供することが求められる。そのため，監査で必要な証憑類の保存期間について監査人と協議することが必要となる。

11 内部統制報告制度（J-SOX）

項　目	チェック
(1) 内部統制報告制度の概要を理解しているか	□
(2) 内部統制報告書に係る監査証明の免除を確認しているか	□
(3) 内部統制基準の改訂内容を理解しているか	□

(1) 内部統制報告制度の概要を理解しているか

金融商品取引法第24条の4の4第1項により，上場会社を対象に財務報告に係る内部統制の「評価」と「監査」が義務づけられている。これを一般に内部統制報告制度（J-SOX）という。

内部統制報告制度のもとでは，経営者は財務報告に係る内部統制を整備および運用する役割と責任を有しており，経営者自らが財務報告に係る内部統制の有効性を評価し，その結果を報告することが求められる。

また，経営者による財務報告に係る内部統制の有効性の評価は，公認会計士等の監査人が監査することにより担保する仕組みになっている。

内部統制報告制度は，原則として，上場後最初に到来する事業年度末（通常，申請期）から適用されることになる。

(2) 内部統制報告書に係る監査証明の免除を確認しているか

新規上場会社の場合，原則として，上場日以後3年を経過する日までの間に提出する内部統制報告書については，監査証明の免除が認められている。

ただし，図表6－5に該当する一定規模の会社の場合には，免除の対象から外れ，内部統制報告書に係る監査証明が必要となる。これは，新規上場会社であっても，その規模等に照らし，市場への影響や社会，経済的影響が大きい会社については，内部統制報告書に係る監査義務を免除することは適当ではないとの趣旨によるものである。

なお，内部統制報告書に係る監査証明の免除規定の適用は，会社の判断に委ねられているため，免除期間に会社が任意で監査を受けることは可能である。ただし，いったん監査証明を受けた場合，改めて免除規定の適用を受けることはできない。また，免除される対象は，外部監査人による監査証明についてのみであり，経営者による内部統制の評価と内部統制報告書の提出は免除されない。

図表 6－5　内部統制報告書に係る監査証明の免除が受けられない場合

以下の１または２に該当する会社	
1	上場日の属する事業年度の直前事業年度に係る連結貸借対照表もしくは貸借対照表に資本金として計上した額が100億円以上の会社
2	上場日の属する事業年度の直前事業年度に係る連結貸借対照表もしくは貸借対照表の負債の部に計上した額の合計額が1,000億円以上の会社

(3)　内部統制基準の改訂内容を理解しているか

内部統制報告制度は，2008年に開始され，実務に定着したことで，財務報告の信頼性の向上に一定の効果があったと考えられている。一方で，近年，経営者による内部統制の評価範囲の外から開示すべき重要な不備が出てきた結果，内部統制報告書等の訂正につながる事案が複数発生するなどの状況が見られ，内部統制報告制度の実効性に対する懸念の声が上がっていた。こうした背景から，内部統制報告制度の実効性をより一層高めるため，2023年４月に関連基準が改訂された。

主な改訂内容は，内部統制の基本的枠組みの見直し，経営者の評価範囲の決定方法，監査人による内部統制監査，内部統制報告書の訂正時の対応などである。

特に経営者の評価範囲の決定にあたっては，形式的な対応ではなく，リスクを踏まえた適切な対応・アプローチの徹底が求められる点が強調された。また，評価範囲外から開示すべき重要な不備が識別された場合には，当該開示すべき重要な不備が識別された時点を含む会計期間の評価範囲に含めることが適切であることが明確化されている。

改訂基準は，2024年４月１日以後開始する事業年度から適用されている。

第7章 押さえておきたい企業会計の基準

1 企業会計の概要

項　目	チェック
(1)　企業会計を適用しているか	□
(2)　会計方針を決定しているか	□

(1) 企業会計を適用しているか

上場準備を始めたばかりの会社は，その会計処理を「企業会計」，すなわち，一般に公正妥当と認められる企業会計の基準ではなく，「税務会計」によっていることが多い。

企業会計は企業内容を適切に報告するための会計であるのに対して，税務会計は公平な税金計算を行うための会計であり，両者の目的は異なる。未上場会社では，財務諸表の利用者が限定的であり，税務申告のための税務会計だけを適用していても許容される状況にあるが，上場準備会社においては，上場後，投資家の意思決定に有用な情報を提供できるように，企業会計を適用する必要がある。

(2) 会計方針を決定しているか

企業会計を適用するためには，まず一般に公正妥当と認められる会計基準に照らして，適正な財務諸表の作成のための会計処理の原則および手続，すなわち会計方針を決定しなければならない。そして，会計方針は，正当な理由により変更を行う場合を除いて，毎期継続して適用しなければならない。

会計方針の例としては，有価証券の評価基準及び評価方法，棚卸資産の評価基準及び評価方法，固定資産の減価償却の方法，外貨建資産及び負債の本邦通貨への換算基準，引当金の計上基準，収益及び費用の計上基準等がある。また，重要な会計方針は，財務諸表に注記することになる。

以下では，上場準備の過程で論点になりやすい会計処理について解説する。

2 収益認識

項　目	チェック
(1)「収益認識会計基準」を適用しているか	□
(2) 5ステップによる検討を行っているか	□
（ステップ1）顧客との契約を識別する	□
（ステップ2）契約に含まれる履行義務を識別する	□
（ステップ3）契約全体の取引価格を算定する	□
（ステップ4）履行義務に取引価格を配分する	□
（ステップ5）履行義務の充足により収益を認識する	□
(3) 企業が本人として行動しているのか，代理人として行動しているのかを判断しているか（収益の総額表示，純額表示）	□

(1)「収益認識会計基準」を適用しているか

日本の会計基準にはこれまで収益認識に関する包括的な会計基準はなかったが，国際的な会計基準の動向に合わせて収益認識会計基準および収益認識適用指針が原則適用されることとなった。

この会計基準の適用にあたって，上場準備会社は業務フローやシステムの変更が必要になることがあるため，上場準備の早い段階から適用に向けた準備を行う必要がある。

(2) 5ステップによる検討を行っているか

収益認識会計基準では，「約束した財又はサービスの顧客への移転」を，「当該財又はサービスと交換に企業が権利を得ると見込む対価の額」で「描写」するように，収益を認識することを基本原則としている。

そのために，①契約の識別，②履行義務の識別，③取引価格の算定，④履行義務への取引価格の配分，⑤履行義務の充足による収益の認識，の5つのステップにより収益を認識することになる。

事務用機器の販売とその後２年間の保守サービスを顧客へ提供する場合を例にとると，収益認識の検討ステップは図表７－１のとおりである。

図表７－１　収益認識の検討ステップ

（例）事務用機器の販売とその後２年間の保守サービスをワンセットとした内容で，対価120にて顧客と合意した契約

ステップ１ 契約の識別	ステップ２ 履行義務の識別	ステップ３ 取引価格の算定	ステップ４ 履行義務に取引価格を配分	ステップ５ 履行義務充足により収益を認識
要件を満たす顧客との契約を識別	事務用機器の販売と保守サービスの提供を別個の履行義務として識別	契約全体の対価を120と算定	契約全体の取引価格を各履行義務に配分する ▶事務用機器100 ▶保守サービス20	履行義務の性質により収益認識時点を決定 ▶事務用機器：一時点(引渡し時など) ▶保守サービス：一定期間(２年間)

上記の契約の場合，当期および翌期の収益認識はそれぞれ以下のとおりである。

▶事務用機器：一時点で100を認識
▶保守サービス：一定期間（２年間）にわたって20を認識

	当期	翌期
事務用機器	100	－
保守サービス	10	10

ステップ１　顧客との契約を識別する

まず，ステップ１として，顧客との「契約」を識別する。契約とは，法的な強制力のある権利および義務を生じさせる複数の当事者間における取決めであり，書面のみならず，口頭や取引慣行等による場合もあるとされている（収益認識会計基準５，19）。

ステップ2　契約に含まれる履行義務を識別する

ステップ2として，識別した契約について，「履行義務」を識別する。履行義務とは，顧客との契約において，図表7-2のいずれかを顧客に移転する約束である（収益認識会計基準7）。

この履行義務が収益認識の単位となり，履行義務ごとに収益認識の時期と金額を判断することになる。単一の契約の中に複数の履行義務が含まれている場合は，それぞれの履行義務を個別に識別することが必要になり，その判断が，それぞれの収益認識時期と金額に影響を与えることとなる。

図表7-2　履行義務の識別

- 別個の財またはサービス（あるいは別個の財またはサービスの束）
- 一連の別個の財またはサービス（特性が実質的に同じであり，顧客への移転のパターンが同じである複数の財またはサービス）

ステップ3　契約全体の取引価格を算定する

ステップ3では，収益の金額の基礎となる「取引価格」を算定する。取引価格とは，財またはサービスの顧客への移転と交換に権利を得ると見込む対価の額である（ただし，第三者のために回収する額を除く）とされている（収益認識会計基準8）。そのため，債権回収代行サービス等において，第三者のために回収する金額は取引価格には含まれない。

通常は契約金額が取引価格となる場合が多いと想定されるが，条件により取引価格に変動要素が含まれている場合（値引き，リベート等）や，契約中に金融要素が含まれるような場合には，別途配慮が必要となる。

ステップ4　履行義務に取引価格を配分する

ステップ4では，ステップ2で識別した履行義務に，ステップ3で算定した取引価格を配分する。

配分は，それぞれの履行義務の充足により顧客に提供される財またはサービスの「独立販売価格」の比率に基づいて行われる。独立販売価格とは，財またはサービスを独立して企業が顧客に販売する場合の価格をいう（収益認識会計基準９）。なお，独立販売価格を直接観察できない場合には，観察可能な入力数値を最大限利用して，独立販売価格を見積ることとされている（収益認識会計基準69）。

ステップ５　履行義務の充足により収益を認識する

ステップ５では，ステップ４で配分された取引価格に基づき収益を認識する。収益は，履行義務を充足した時または充足するにつれて認識されることになる。履行義務の充足により，企業が提供する財またはサービスの支配が顧客に移転するためである（収益認識会計基準35）。

その際，履行義務が，一定の期間にわたり充足されるものか，一時点で充足されるものかを検討し，図表７－３のいずれかに該当する場合には，一定の期間にわたって収益を認識する（収益認識会計基準38）。

図表７－３　一定の期間にわたり充足される履行義務

⑴　企業が顧客との契約における義務を履行するにつれて，顧客が便益を享受すること
⑵　企業が顧客との契約における義務を履行することにより，資産が生じる，又は資産の価値が増加し，当該資産が生じる，又は当該資産の価値が増加するにつれて，顧客が当該資産を支配すること
⑶　次の要件のいずれも満たすこと
　①　企業が顧客との契約における義務を履行することにより，別の用途に転用することができない資産が生じること
　②　企業が顧客との契約における義務の履行を完了した部分について，対価を収受する強制力のある権利を有していること

一方，図表７－３の要件をいずれも満たさない場合には，履行義務が一時点で充足されるため，資産に対する支配が顧客に移転した際に，一時点で収益を認識することになる（収益認識会計基準39）。

(3) 企業が本人として行動しているのか，代理人として行動しているのかを判断しているか（収益の総額表示，純額表示）

収益認識会計基準においては，企業が本人として行動するのか，または代理人として行動するのかによって，認識する収益の額が異なることになる。すなわち，企業が本人に該当する場合は収益を総額表示，企業が代理人に該当する場合は純額表示することになる。

具体的には，企業が顧客に提供する財またはサービスを識別し，それが顧客に提供される前に企業が支配しているかどうかを判断することになる。支配しているかどうかの判断が容易でない場合，この支配の有無を判断するため，図表７－４の指標が例示として示されている（収益認識適用指針47）。これらを考慮して財またはサービスを企業が支配し，「企業が自ら提供するもの」であると判断される場合には，「本人取引」として対価の総額を収益として認識することとなる（収益認識適用指針39）。

一方，財またはサービスを「他の当事者によって提供されるように企業が手配するもの」であると判断される場合には，「代理人取引」として，手配することと交換に権利を得ると見込む報酬または手数料の金額の純額を収益として認識することとなる（収益認識適用指針39）。

図表７－４　財またはサービスを企業が支配しているかどうかの指標

- 企業が財またはサービスを提供するという約束の履行に対して主たる責任を負っているか
- 企業が財またはサービスの在庫リスクを負っているか
- 企業が財またはサービスの価格の設定について裁量権を有しているか

3 固定資産

項　目	チェック
(1) 減損会計を適用しているか	□
(2) 資産除去債務の計上を検討しているか	□
(3) 固定資産の耐用年数の変更を検討しているか	□

(1) 減損会計を適用しているか

企業が事業用の固定資産を取得する際は，将来その事業から固定資産の取得価額を回収できるだけの十分なキャッシュ・フローが得られるという判断が前提となっている。しかし，事業環境が悪化する等により取得時の前提が崩れ，固定資産の収益性が低下することで，予想される将来キャッシュ・フローが固定資産の帳簿価額を下回ってしまう状態となることがある。

減損会計とは，そのような場合に，収益性の低下を反映するため，固定資産の帳簿価額を将来キャッシュ・フローで回収可能な価額まで切り下げるとともに，その切り下げた部分について減損損失を認識することをいう。

法人税法上，固定資産の減損損失は損金不算入とされているため，税務会計を適用している上場準備前の会社の多くは減損会計を適用していない。しかし，IPOに向けては，企業会計で求められている減損会計を適用する必要がある。

(2) 資産除去債務の計上を検討しているか

資産除去債務とは，有形固定資産の取得，建設，開発または通常の使用によって生じ，その有形固定資産の除去に関して法令または契約で要求される法律上の義務およびそれに準ずるものをいう（資産除去債務会計基準3）。

上場準備会社で多く見受けられる事例としては，オフィスの賃貸借契約に基づきオフィス退去時に負担する原状回復義務が挙げられる。原状回復工事に係る支出はオフィス退去時に発生するものであるが，それをオフィス退去時の一時点の費用，損失として認識するのではなく，オフィスに入居している期間にわたって費用として負担していくべきというのが資産除去債務の考え方である。

法人税法上，資産除去債務は損金算入することができないため，税務会計を適用している会社は資産除去債務を計上していないことが通常であるが，IPOに向けては，資産除去債務を適切に計上する必要がある。

図表７－５　法令または契約で要求される法律上の義務の具体例

分　類	法律上の義務
法令で要求される義務	• 建築物の解体時におけるアスベストの除去義務 • PCB廃棄物の適正な保管，処理義務
契約で要求される義務	• 建物等の賃貸借契約による原状回復義務 • 定期借地権契約による原状回復義務

(3)　固定資産の耐用年数の変更を検討しているか

固定資産は，外形的には破損や故障がなく物理的に利用可能な状態だったとしても，技術革新や顧客ニーズの変化等によって陳腐化，不適応化し，経済的に利用できなくなる場合がある。そのため，固定資産の耐用年数は，固定資産の単なる物理的な使用可能期間ではなく，経済的な使用可能期間に見合ったものでなければならない（減価償却取扱12）。しかし，多くの会社が法人税法に定められた耐用年数を用いているのが現状である。そのため，法人税法に規定する償却限度額を正規の減価償却費として処理する場合においては，会社の状況に照らして，その耐用年数が不合理と認められる事情のない限り，企業会計においても税法上の法定耐用年数を用いることが認められている。

ただし，たとえば技術革新等によりソフトウェアが陳腐化して使用できなくなる可能性が出てきた場合や，急成長するスタートアップが会社規模の拡大によりオフィスの移転等を決定した場合等は，税法上の法定耐用年数が合理的であるとはいえないため，実態に合わせて耐用年数の短縮を検討する必要がある。

具体的には，ソフトウェアについては使用の停止が見込まれる時期まで，また，転居後の新オフィスで使用が見込まれない資産についてはオフィスの移転時期まで，それぞれ耐用年数を短縮することを検討する必要がある。

4 税効果会計

項　目	チェック
(1) 税効果会計を適用しているか	□
(2) 繰延税金資産（負債）の計上漏れ，取崩し漏れがないか	□
(3) 繰延税金資産の回収可能性を検討しているか	□

(1) 税効果会計を適用しているか

税効果会計とは，企業会計と税務会計の違い（ズレ）を調整し，税金費用を適切に期間配分する手続をいう（税効果会計基準第一)。上場準備会社は，企業会計で求められる税効果会計を適切に適用しなければならない。

企業会計が会社の業績の把握が目的であるのに対して，税務会計は公平な課税が目的であり，両者は目的が異なる。そのため，企業会計の「収益」,「費用」,「税引前当期純利益」という用語に対し，税務会計では「益金」,「損金」,「課税所得」という用語が使用され，それぞれの範囲も異なったものになっている。したがって，通常は，企業会計上の当期純利益と税務会計上の課税所得は一致しない。

税効果会計とは，税務会計上の課税所得に基づき計算されている税金費用を，企業会計上の税引前当期純利益に対応した税金費用に調整するものといえ，税効果会計を適用することにより企業会計上の税金費用が適正に表示されることとなる。

企業会計と税務会計の違い（ズレ）のうち，将来解消されるものを一時差異といい，税効果会計の対象となる。一時差異には，将来ズレが解消した時に課税所得を減額する効果のある将来減算一時差異と，課税所得を増額する効果のある将来加算一時差異がある。一方，企業会計と税務会計の違い（ズレ）のうち，会計上は費用および収益となるが，税務上は永久に損金および益金とならないものは永久差異といい，税効果会計の対象とはならない。

税金費用を適切に期間配分するために，この一時差異に将来ズレが解消されると見込まれる期の法定実効税率を乗じた「繰延税金資産（負債）」を貸借対照表に計上するとともに，同額を「法人税等調整額」として，損益計算書の税引前当期純利益に加減算する。

図表7－6　企業会計と税務会計の違い（ズレ）と具体例

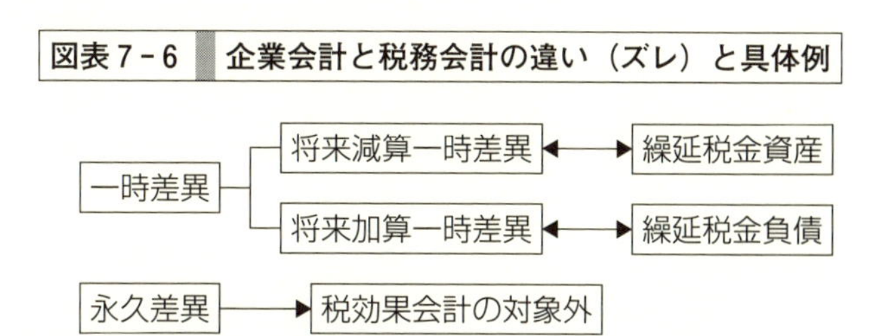

税効果会計における差異の種類		具 体 例
一時差異	将来減算一時差異	棚卸資産評価損の損金不算入額，退職給付引当金，貸倒引当金等の引当金の損金不算入額，減価償却費の損金不算入額，資産または負債の評価替えにより生じた評価差損等
	将来加算一時差異	圧縮積立金，特別償却準備金など利益処分により計上された租税特別措置法上の準備金，資産または負債の評価替えにより生じた評価差益等
永久差異		交際費等の損金不算入額，受取配当金の益金不算入額，損金不算入の罰科金等

図表７－７　税効果会計適用のイメージ

（前提条件）
- 税率40％
- 費用400には損金（税務会計上の費用）として認められない長期滞留在庫の評価損100が含まれている（損金として認められるのは300）
- 法人税等調整額（企業会計と税務会計のズレを調整する勘定科目）
- 長期滞留在庫の評価損100×税率40％＝40

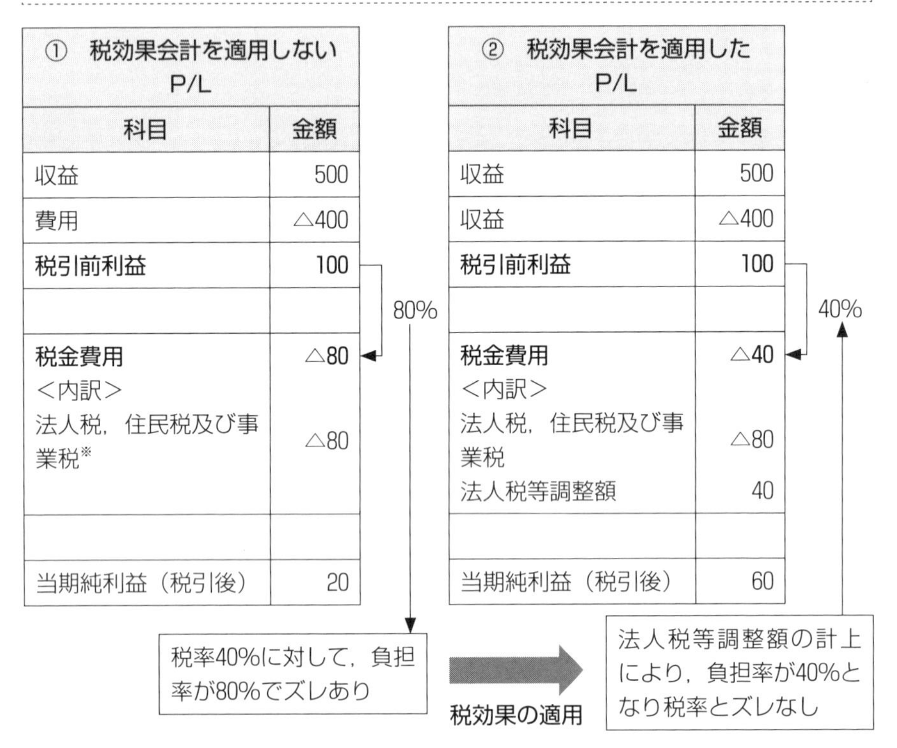

① 税効果会計を適用しない P/L

科目	金額
収益	500
費用	△400
税引前利益	**100**
税金費用	△80
＜内訳＞	
法人税，住民税及び事業税※	△80
当期純利益（税引後）	20

② 税効果会計を適用した P/L

科目	金額
収益	500
収益	△400
税引前利益	**100**
税金費用	△40
＜内訳＞	
法人税，住民税及び事業税	△80
法人税等調整額	40
当期純利益（税引後）	60

※　法人税，住民税及び事業税80の算定根拠は以下のとおり。
　　収益500－費用400＋損金不算入額（長期滞留在庫の評価損）100＝課税所得200
　　課税所得200×税率40％＝法人税，住民税及び事業税80

（出典）　EY新日本有限責任監査法人ホームページ「わかりやすい解説シリーズ『税効果』」より作成

(2) 繰延税金資産（負債）の計上漏れ，取崩し漏れがないか

適切に税効果会計を適用するためには，繰延税金資産（負債）の計上漏れや取崩し漏れを防ぐための体制を構築する必要がある。たとえば，一時差異/繰延税金資産（負債）の一覧表と法人税申告書の別表との照合，過年度の一時差異/繰延税金資産（負債）一覧表との比較分析，法定実効税率と損益計算書上の法人税等の負担率との差異分析等の手続を，決算手続の中に取り入れることなどが考えられる。その際，実施者以外の者によりチェック，確認を行うことが必要である。

また，特にイレギュラーな事象が発生した際に，繰延税金資産（負債）の取崩し漏れが発生することが多いため留意が必要である。

たとえば，上場準備会社では，人員の拡大等に伴いオフィスの移転を行うことがあるが，オフィスの設備等を減損していた場合，減価償却費の損金不算入額がある場合，資産除去債務を計上している場合等においては，オフィスの移転に伴い除却した固定資産について繰延税金資産（負債）の取崩し漏れが発生しないよう留意が必要である。

また，資産計上される自社利用のソフトウェアの制作費の範囲も会計上と税務上で異なる場合があるため，当該ソフトウェアを除却する際などにも，当該差異に係る繰延税金資産の取崩し漏れが発生しないよう注意が必要である。

図表7－8　自社利用ソフトウェアの制作費の取扱い

将来の収益獲得または費用削減	会計上の取扱い	税務上の取扱い
確実であると認められる場合	資産計上	
不明な場合	費用処理	資産計上
確実であると認められない場合	費用処理	

(3) 繰延税金資産の回収可能性を検討しているか

繰延税金資産は，将来の課税所得を減少させることにより，将来の税負担を軽減することが認められることを条件に資産計上が認められる資産である。そ

のため，将来の課税所得を減少させ，税負担を軽減すると認められる範囲での計上が要求されている。

具体的には，回収可能性適用指針に従って，過去の課税所得の発生状況や将来の業績予測等に基づき，自社を５つの企業分類の中のいずれかに区分したうえで，必要に応じてタックス・プランニングに基づき将来減算一時差異のスケジューリングを行う等して，慎重かつ十分な検討を行うこととなる（図表７－９および図表７－10）。なお，繰延税金資産は，その後の事業年度において回収不能であることが明らかになり，取崩しがなされることがある。

また，繰延税金資産に相当する金額は，会社法上，配当財源に含められることにも留意する必要がある。たとえば，後日，回収可能性に問題があるとして取り崩された繰延税金資産に相当する金額が，過去の配当の原資として使われていた場合には，繰延税金資産計上時点に遡って繰延税金資産計上の妥当性を問われることがあり，当時の配当決議が違法配当と判断される可能性があることに十分留意する必要がある。

図表7－9　企業分類

分類	要　　件
（分類1）	次の要件をいずれも満たす企業 ⑴　過去（3年）及び当期のすべての事業年度において，期末における将来減算一時差異を十分に上回る課税所得が生じていること。 ⑵　当期末において，近い将来に経営環境に著しい変化が見込まれないこと。
（分類2）	次の要件をいずれも満たす企業 ⑴　過去（3年）及び当期のすべての事業年度において，臨時的な原因により生じたものを除いた課税所得が，期末における将来減算一時差異を下回るものの，安定的に生じていること。 ⑵　当期末において，近い将来に経営環境に著しい変化が見込まれないこと。 ⑶　過去（3年）及び当期のいずれの事業年度においても重要な税務上の欠損金が生じていないこと。
（分類3）	次の要件をいずれも満たす企業（（分類4）の⑵または⑶の要件を満たす場合を除く） ⑴　過去（3年）及び当期において，臨時的な原因により生じたものを除いた課税所得が大きく増減していること。 ⑵　過去（3年）及び当期のいずれの事業年度においても重要な税務上の欠損金が生じていないこと。
（分類4）	次のいずれかの要件を満たし，かつ，翌期において一時差異等加減算前課税所得が生じることが見込まれる企業 ⑴　過去（3年）または当期において，重要な税務上の欠損金が生じていること。 ⑵　過去（3年）において，重要な税務上の欠損金の繰越期限切れとなった事実があること。 ⑶　当期末において，重要な税務上の欠損金の繰越期限切れが見込まれること。
（分類5）	次の要件をいずれも満たす企業 ⑴　過去（3年）及び当期のすべての事業年度において，重要な税務上の欠損金が生じていること。 ⑵　翌期においても重要な税務上の欠損金が生じることが見込まれること。

図表7-10 繰延税金資産の回収可能性

■：通常，回収可能性あり（回収可能性適用指針35(2)参照）

■：企業が合理的な根拠を持って説明する場合は，回収可能性あり

□：回収可能性なし

※1　例外あり（回収可能性適用指針67-4，95参照）。

※2　退職給付引当金や建物の減価償却超過額に係る将来減算一時差異のように，スケジューリングの結果，その解消見込年度が長期にわたる将来減算一時差異（回収可能性適用指針35）。

※3　（分類4）の要件を満たした場合であっても，将来課税所得が生じることを企業が合理的な根拠をもって説明する場合は，当該課税所得に応じて（分類2）または（分類3）に該当するものとして取り扱われる（回収可能性適用指針28，29）。

5 引当金

項　　目	チェック
(1) 引当金の計上を検討しているか	□

(1) 引当金の計上を検討しているか

法人税法上，引当金は原則として損金に算入することができないため，税務会計を適用している会社では引当金を計上していないケースが多い。しかし，企業会計を適用した場合は適切に引当金を計上する必要がある。

引当金は，将来において費用または損失が発生することが見込まれる場合，一定の要件を満たすものについて，当期に帰属する金額を当期の費用または損失として処理するとともに，貸借対照表の負債の部（または資産の部のマイナス）に対応する引当金を計上するものである。

引当金の計上要件としては，図表7-11の4つの要件がある（企業会計原則注解18)。

図表7-11　引当金の計上要件

① 将来の特定の費用または損失であること
② その費用または損失が当期以前の事象に起因して発生するものであること
③ 発生の可能性が高いこと
④ その金額を合理的に見積ることができること

引当金の具体例としては，賞与引当金，退職給付引当金，債務保証損失引当金，損害補償損失引当金，貸倒引当金等が挙げられる。

6 研究開発費とソフトウェア

項　目	チェック
(1)　研究開発費とソフトウェアの会計処理を把握しているか	□
(2)　市場販売目的のソフトウェアについて理解しているか	□
(3)　自社利用のソフトウェアについて理解しているか	□
(4)　受注制作のソフトウェアについて理解しているか	□
(5)　ソフトウェアの制作費を資産計上せずに費用処理する際の勘定科目は適切か	□

(1)　研究開発費とソフトウェアの会計処理を把握しているか

研究開発費とは，新しい知識の発見を目的とした調査や探究である「研究活動」と，研究の成果その他の知識を具体化する「開発活動」により発生した費用をいう（研究開発費等実務指針２）。研究開発費は，発生時には将来の収益を獲得できるか否かが不明であるため，資産計上せず，すべて発生時に費用処理することとされている（研究開発費等実務指針３）。

ソフトウェアとは，コンピュータを機能させるように指令を組み合わせて表現したプログラム等をいう（研究開発費等実務指針６）。ソフトウェアは，市場販売目的のソフトウェア，自社利用のソフトウェア，受注制作のソフトウェアに分類される。

(2)　市場販売目的のソフトウェアについて理解しているか

①　市場販売目的のソフトウェアとは

市場販売目的のソフトウェアとは，製品マスターを制作し，それを複製して不特定多数のユーザーに販売するソフトウェアをいう。

販売形態としては，ディスク等の物理的なメディアに複写して販売する方法のほか，販売プラットフォームからのダウンロード販売がある。クラウド・サービスにより継続的に提供されるソフトウェアでも，ソフトウェアの利用期間に制限がなく，サービス内容も実質的にダウンロード販売と同視できる場合は市場販売目的のソフトウェアに該当する場合がある。

②　資産計上の要件

市場販売目的のソフトウェアの開発には技術的なリスクが伴い，ソフトウェアが完成するか否かが不確実であるといえる。そのため，最初に製品化された製品マスターの完成前に発生した制作費は研究開発費として発生時に費用処理し，最初に製品化された製品マスターの完成後に発生した制作費を無形固定資産（ソフトウェア等）として資産計上することとなる（研究開発費等実務指針8，9）。

製品リリース後の機能維持やバージョン・アップ等のコストの取扱いについては，図表7-12のとおりである。

図表7-12　ソフトウェアの完成後の支出の処理

支出の内容	会計処理
機能維持	資産計上せずに期間費用処理
改良	資産性が認められるため資産計上
著しい改良	技術的なリスクを伴うため，研究開発費として期間費用処理

③　費用化の方法

市場販売目的のソフトウェアの減価償却については，見込販売数量（収益）に基づく減価償却額と残存有効期間（販売可能期間）に基づく均等配分額とを比較し，いずれか大きいほうを減価償却費として計上することとなる（研究開発費等実務指針18）。

その際，販売可能期間は，償却期間がいたずらに長期化することを防止するために，原則として3年以内の年数とされ，3年を超える場合は合理的な根拠に基づくことが必要とされている。

図表７-13　市場販売目的のソフトウェアの減価償却の方法

見込販売数量（収益）に基づく方法
各年度の減価償却額＝ソフトウェアの未償却残高×各年度の実績販売数量（収益）／各年度の期首（初年度は販売開始時）の見込販売数量（収益）
残存有効期間（販売可能期間）に基づく方法
各年度の減価償却額＝ソフトウェアの未償却残高／各年度における残存有効期間（販売可能期間）

④　期末における評価

市場販売目的のソフトウェアは，固定資産であるものの減損会計の適用対象外とされている。その代わりに減損に類似した会計処理が規定されており，販売期間の経過に伴い販売価格が下落する等，各年度末の未償却残高が翌期以降の見込販売収益の額を上回る場合には，当該超過額を一時の費用または損失として処理する必要がある。

⑶　自社利用のソフトウェアについて理解しているか

①　自社利用のソフトウェアとは

自社利用のソフトウェアには，自社の内部業務に使用されるものだけでなく，顧客等の外部にサービスを提供するために利用するソフトウェアも含まれる。

図表７-14　自社利用のソフトウェア

利用目的	例
社内業務を効率的に遂行する等の社内の内部管理目的のために自社で利用する	•経理システム •在庫管理システム •販売管理システム　等
顧客等の第三者へサービス提供を行い，その対価を得るために自社で利用する	•クラウド・サービスにおいて提供するソフトウェア •給与計算代行サービスを受託している場合の給与計算ソフトウェア　等

②　資産計上の要件

自社利用のソフトウェアについては，将来の収益獲得または費用削減が確実であると認められる場合に無形固定資産として資産計上し，将来の収益獲得または費用削減が確実であると認められない場合や確実であるかどうか不明な場合には費用処理することになる（研究開発費等実務指針11）。

SaaS（Software as a Service）ビジネス等を提供している上場準備会社では，上場時点ではソフトウェアを計上していないケースが多くなっている。これは，ソフトウェアの制作段階では，収益獲得が確実とはいえない等の理由で資産計上の要件を満たしていないとの判断がなされているものと考えられる。

③　費用化の方法

自社利用のソフトウェアについては，一般的には定額法による減価償却が合理的と考えられている。その際の耐用年数は，原則として５年以内とされ，５年を超える年数とするときは合理的な根拠が必要とされている（研究開発費等実務指針21）。

しかし，自社利用のソフトウェアでも，クラウド・サービスで利用するソフトウェア等，顧客へのサービス提供に用いるソフトウェアで，将来の獲得収益を見積ることができるものは，費用と収益の対応の観点から，見込販売収益に基づく減価償却を行うほうが合理的な場合もある。その際，当該ソフトウェアの性質に応じ，耐用年数も市場販売目的のソフトウェアと同等の３年以内にすることも検討する必要がある。

④　期末における評価

自社利用のソフトウェアについては，減損会計が適用されるため，他の固定資産と同様に減損要否の判定を行っていくこととなる。

(4)　受注制作のソフトウェアについて理解しているか

①　受注制作のソフトウェアとは

受注制作のソフトウェアとは，特定のユーザーから特定の仕様で，個別に受注して制作するソフトウェアをいう。

受注制作のソフトウェアにおいては，制作費の処理よりも，収益の認識方法が論点となる。

顧客仕様のソフトウェアを受注制作する場合は，企業が顧客との契約における義務を履行することにより，別の用途に転用することができない資産が生じており，また，企業が顧客との契約における義務の履行を完了した部分について，対価を収受する強制力のある権利を有していると考えられる（収益認識会計基準38(3)）。そのため，通常は，一定の期間にわたり履行義務を充足し収益を認識していくことになると考えられる。

ただし，受注制作のソフトウェアのうち，契約における取引開始日から完全に履行義務を充足すると見込まれる時点までの期間がごく短い場合には，重要性の観点から，一定の期間にわたり収益を認識せず，完全に履行義務を充足した時点で収益を認識することができるとされている（収益認識適用指針95）。

②　資産計上の要件

受注制作のソフトウェアは，通常，顧客との間の請負契約等により契約金額を合意しており，その範囲内で棚卸資産（仕掛品）として資産計上が行われる。そのため，将来の収益獲得（もしくは費用の削減）が不確実である市場販売目的のソフトウェアや自社利用ソフトウェアと比べ，当初の計上時に制作費の資産性が論点となる場面は限定されている。

③　費用化の方法

受注制作のソフトウェアの制作費については，一定の期間にわたり認識していく収益に対応する部分を費用化していくことになる。

例外的に，完全に履行義務を充足した時点で収益を認識している場合は，当該収益の計上時点において，収益に対応する制作費を一括して費用化することとなる。

④　期末における評価

市場販売目的のソフトウェアや自社利用のソフトウェアは固定資産として計上されるが，受注制作のソフトウェアの制作費は棚卸資産（仕掛品）として計上される。

受注制作のソフトウェアについて総制作費等（制作費総額のほか，販売直接経費がある場合にはその見積額を含めた額）が受注金額を超過する可能性が高く，かつ，その金額を合理的に見積ることができる場合には，その超過すると見込まれる額（受注損失）のうち，当該受注制作のソフトウェアに関してすでに計上された損益の額を控除した残額を，受注損失が見込まれた期の損失として処理し，受注損失引当金を計上する。

(5)　ソフトウェアの制作費を資産計上せずに費用処理する際の勘定科目は適切か

ソフトウェアの制作費を，資産性が認められないことを理由に費用処理する際，一律に「研究開発費」として処理している事例が見られることがあるが，これは正しい会計処理とはいえないため留意が必要である。

前述したように，「研究」，「開発」の定義は図表７-15のとおりであり，「研究開発費」は厳密にこれらの活動に起因して発生したものに限定される。

図表７-15　研究と開発の意義

研究	新しい知識の発見を目的とした計画的な調査および探究
開発	新しい製品・サービス・生産方法（製品等）についての計画もしくは設計として，または既存の製品等を著しく改良するための計画もしくは設計として，研究の成果その他の知識を具体化すること

したがって，たとえば，市場販売目的のソフトウェアに係る仕損品の手直し・再加工のための費用や，自社利用のソフトウェアに係る将来の収益獲得または費用削減が見込まれない制作費などは，通常は上記の「研究」，「開発」の定義には合致しないため，研究開発費ではなく，単に資産性の認められない費用であるといえる。

研究開発費は，年度の一般管理費および当期製造費用に含まれる総額について，財務諸表の注記情報として開示されることとなる。この注記情報にはさまざまな意味合いがあると考えられるが，重要な意味合いの１つとしては，将来のイノベーションや成長に対する会社の先行投資の規模や会社の姿勢等を意味し，会社の経営方針や将来の収益予測に関する重要な投資情報であるといえる。

このような研究開発費の開示の中に，研究，開発に起因しない単に資産性の認められない費用が混在した場合，会社の経営方針や将来の収益予測に対する財務諸表利用者の判断をミスリードしてしまうことに加え，企業間の研究開発費の規模の比較もできなくなってしまう。

したがって，研究開発費とそれ以外の単に資産性の認められない費用を峻別し，適切な会計処理と開示を行うための体制を構築することが重要である。そのためには，資産計上するソフトウェア，研究開発費，単に資産性の認められない制作費の区分を適切に行うための客観的な判断基準，ルールを定め，このルールを毎期継続的に適用していくことが必要といえる。

7 ストック・オプション

項　　目	チェック
(1)　本源的価値による計算を検討しているか	□
(2)　国税庁が公表した「ストックオプションに対する課税（Q&A)」の影響を検討しているか	□
(3)　本源的価値による計算を行う場合，開示（ストック・オプション注記）への影響を確認しているか	□

(1)　本源的価値による計算を検討しているか

ストック・オプションとは，新株予約権のうち，会社が役員，従業員等に報酬として付与するものをいう（ストック・オプション等会計基準２）。ストック・オプションを付与する場合に従業員等から取得するサービスは，その取得に応じて費用として計上し，対応する金額を貸借対照表の純資産の部に新株予約権として計上する（ストック・オプション等会計基準４）。各会計期間における費用計上額は，ストック・オプションの公正な評価額のうち，対象勤務期間を基礎とする方法その他合理的な方法に基づき当期に発生したと認められる額となる。

ただし，未公開企業においては，ストック・オプションの公正な評価額について，損益計算に反映させるに足りるだけの信頼性をもって見積ることが困難な場合が多いと考えられるため，公正な評価単価に代えて，単位当たりの本源的価値の見積りによることが認められている（ストック・オプション等会計基準13）。

ここでストック・オプションの本源的価値とは，算定時点においてストック・オプションが権利行使されると仮定した場合の価値であり，自社株式の評価額から行使価格を差し引いた額とされる。ストック・オプション交付時の株式の時価をもって行使価額とした場合は，自社株式の評価額と行使価額は同額となり，本源的価値はゼロとなるため，費用および新株予約権は計上されない。

⑵ 国税庁が公表した「ストックオプションに対する課税（Q&A)」の影響を検討しているか

国税庁が2023年５月に公表（７月改訂）した「ストックオプションに対する課税（Q&A)」により，ストック・オプションに関する税務上の取扱いが明確化された。これにより，従来，会社が税制適格ストック・オプションと理解していた信託型ストック・オプションが税制非適格ストック・オプションとして取り扱う場合があることが示されている（詳細は，第９章8⑷④（291頁）を参照)。

従来，税制適格ストック・オプションと理解していたものが，税制非適格ストック・オプションと認定されることにより，税務面だけでなく，会計処理面においても影響を受ける可能性があるため留意が必要である。

たとえば，税制非適格の信託型ストック・オプションについて，税制適格ストック・オプションとするために，関連する契約書等に変更を加える場合がある。その場合は，ストック・オプション等会計基準における「条件変更」に該当する可能性があるため注意が必要である。

具体的には，公正な評価単価を変動させる条件変更に当てはまる場合，条件変更日におけるストック・オプションの公正な評価単価（未公開企業の場合に許容される単位当たりの本源的価値の見積りも含む。以下同様）が，付与日における公正な評価単価を上回る場合には，条件変更前からの付与日におけるストック・オプションの公正な評価単価に基づく公正な評価額による費用計上を継続することに加えて，条件変更日におけるストック・オプションの公正な評価額の増加額につき，対象勤務期間を基礎とする方法等の合理的な方法に基づいて費用計上を行うことになる（ストック・オプション等会計基準10)。

また，同Q&Aにより，取引相場のない株式については，いわゆるセーフハーバールールが定められ，一定の条件の下，財産評価基本通達で例示されている純資産価額等を用いて自社株式の評価額を算定し，税制適格ストック・オプションの権利行使価額とすることが認められた（詳細は，第９章8⑷②（288頁）を参照)。

しかし，この財産評価基本通達により算定した権利行使価額が，必ずしも会計上の公正な評価額と同額になるとは限らない点には留意が必要である。そのため，ストック・オプション等会計基準に定める未公開企業における取扱いを用いて単位当たりの本源的価値の見積りによる会計処理を行う場合，会計上の自社株式の公正な評価額から財産評価基本通達により算定した権利行使価額を差し引いた額が本源的価値となるため，費用および新株予約権の計上が必要となる。

(3)　本源的価値による計算を行う場合，開示（ストック・オプション注記）への影響を確認しているか

未上場会社において，ストック・オプションを公正な評価額に代えて，本源的価値により評価した場合，その後の評価の見直しは行わないため，引き続き費用および新株予約権は計上しない。

しかし，図表７-16のとおり，会計期間末における本源的価値の合計額と各会計期間中に権利行使されたストック・オプションの権利行使日における本源的価値の合計額を注記する必要があることに留意する（ストック・オプション等会計基準16）。

ストック・オプションの付与当初は本源的価値がゼロであったとしても，付与した後に新たな資金調達を行う等して株価（自社株式の評価額）が変動した場合，本源的価値がゼロとはならない可能性がある。その場合には，注記を失念しないように留意が必要である。

図表７-16　ストック・オプション注記

- 会計期間末における本源的価値の合計額
- 各会計期間中に権利行使されたストック・オプションの権利行使日における本源的価値の合計額
- 自社の株式の評価方法

8 新株予約権付融資

項　目	チェック
(1) 新株予約権付融資の内容を理解しているか	□
(2) 新株予約権付融資は適切に会計処理されているか	□

(1) 新株予約権付融資の内容を理解しているか

新株予約権付融資は，金融機関が上場準備会社に対して無担保または相対的に低い水準の金利で貸付けを行うとともに，信用補完，総合的な採算等の見地から，上場準備会社が金融機関に無償で新株予約権を発行するものである。新株予約権の行使価格は，新株予約権付与時の株式の時価とされることが多い。

上場準備会社においては，担保提供資産となりうる不動産や機械設備等の有形固定資産を保有していない場合が多く，従来は金融機関から融資を受けることが困難な場合が多かったが，新株予約権付融資は，物的担保ではなく上場準備会社の将来の成長可能性に着目した融資であり活用が広がっている。

(2) 新株予約権付融資は適切に会計処理されているか

① 会計処理の概要

新株予約権付融資は，払込資本を増加させる可能性のある新株予約権と借入金から構成されているため，「複数種類の金融資産又は金融負債が組み合わされている」複合金融商品に該当し（金融商品会計基準52），複合金融商品適用指針に従って会計処理することになる（複合金融商品適用指針２）。

複合金融商品適用指針では，新株予約権付融資の会計処理について直接規定されてはいないが，新株予約権と負債が組み合わされているという点で新株予約権付社債の処理が参考になる。すなわち，新株予約権付融資は，借入金が返済されたとしても，新株予約権は継続して残りうるため，借入金と新株予約権は別個に存在するといえることから，同様の性質を持つ新株予約権付社債の処理に関する規定を準用して（複合金融商品適用指針21），区分法により，新株予約権の対価部分と借入金の対価部分を区分して会計処理することになると考えられる。

②　区分法による会計処理

新株予約権付融資が準用する新株予約権付社債の社債部分と新株予約権部分を区分する方法としては，以下の２つの方法がある（金融商品会計基準　注15)。

(i)　社債及び新株予約権の払込金額又はそれらの合理的な見積額の比率で配分する方法
(ii)　算定が容易な一方の対価を決定し，これを払込金額から差し引いて他方の対価を算定する方法

新株予約権付融資においても，この規定を準用して，借入金および新株予約権の払込金額またはそれらの合理的な見積額の比率，または，算定が容易な一方の対価を決定し，これを払込金額から差し引いて他方の対価を算定する方法のいずれかにより，借入金部分と新株予約権部分を区分して処理することとなると考えられる。

ただし，新株予約権付社債において，新株予約権と社債のそれぞれの払込金額が経済的に合理的な額と明らかに乖離するときには，上記(i)の払込金額の比率で配分する方法の適用は適当ではなく，新株予約権付社債を区分する他の方法を適用することになるため留意が必要である（複合金融商品適用指針43なお書き)。

すなわち，新株予約権付融資においては，新株予約権は無償で発行される場合が多いため，これが経済的に合理的な額と明らかに乖離しないかを検討する必要がある。たとえば，新株予約権の時価がゼロと明らかに乖離する場合や，また，新株予約権の付与により信用リスクが補完され明らかに低金利となっているような場合には，新株予約権の払込金額（この場合，無償）が経済的に合理的な額と明らかに乖離していると考えられることから，(i)の払込金額の比率で配分する方法の適用は適当ではなく，(i)の合理的な見積額の比率で配分する方法か，(ii)の方法を適用することとなる。(ii)の方法を適用する場合は，新株予約権の対価を決定し，これを払込金額から差し引いて借入金の対価を算定するか，借入金の対価を決定し，これを払込金額から差し引いて新株予約権の対価を算定するかのいずれかの方法に拠ることになると考えられる。

③ 区分処理後の借入金，新株予約権の会計処理

区分法により，借入金部分と新株予約権部分を区分して処理した場合，借入金の金額は新株予約権の価値評価額だけ契約金額（借入金返済額）よりも小さい金額で計上されることとなる。この借入金計上額と契約額（借入金返済額）との差額については，借入実行日から返済期日までにわたって，償却原価法に基づいて支払利息を計上するとともに，これに対応する金額を借入金に加算していく処理が必要となる（金融商品会計基準26）。

新株予約権については純資産の部に計上し，権利行使され新株が発行された場合は，払込金額と，新株予約権のうち権利行使に対応する部分の合計額を払込資本に振り替える。新株予約権が失効した場合は，失効部分に対応する新株予約権を特別利益に振り替える（複合金融商品適用指針５，６）。

④ ストック・オプション等会計基準第13項に基づき新株予約権部分を本源的価値で評価することができるか

ストック・オプション等会計基準では，未上場企業におけるストック・オプションの公正な評価額について，損益計算書に反映させるに足りるだけの信頼性をもって見積ることが困難な場合が多いと考えられるため，公正な評価単価に代えて，本源的価値の見積りによることが認められている（ストック・オプション等会計基準13）。

しかし，ストック・オプション等会計基準においては，企業が財貨またはサービスの取得において，対価として自社株式オプションを付与する取引であっても，他の会計基準の範囲に含まれる取引については，当該会計基準は適用されないとされている（ストック・オプション等会計基準３）。

この点，新株予約権付融資が準用する新株予約権付社債については金融商品会計基準において定めがあるため，ストック・オプション等会計基準の適用対象外となる。そのため，新株予約権付融資においても，ストック・オプション等会計基準で規定される未公開企業における本源的価値の見積り（ストック・

オプション等会計基準13）に基づく会計処理を行うことはできず，金融商品会計基準の定めに従って区分法により会計処理することになると考えられる。

9 ディープテック企業の収益認識における諸問題

項　目	チェック
(1) ディープテック企業の特徴を理解しているか	□
(2) ディープテック企業の収益認識にあたっての問題を理解しているか	□
(3) ディープテック企業における主な取引形態を理解しているか	□
(4) 共同研究開発契約の会計処理を理解しているか	□
(5) ライセンス契約の会計処理を理解しているか	□
(6) 公的機関からの補助金，助成金の会計処理を理解しているか	□
(7) マイルストンペイメントの会計処理を理解しているか	□
(8) １つの契約の中に複数のサービスが含まれる場合の考え方を理解しているか	□

(1) ディープテック企業の特徴を理解しているか

IPOを目指す企業の中には，従来にはなかったような先端的な新技術に基づき，新たな需要や新たなマーケットの創出を狙う研究開発型企業があり，こうした企業はディープテック企業と呼ばれる。ディープテック企業の例としては，創薬系のバイオベンチャー，宇宙関連ベンチャー，新素材，ヘルスケアなどが挙げられる。

ディープテック企業は，新技術の確立や製品化のために多額の研究開発費が必要となる一方で，ビジネスモデルが構築されていない場合も多く，収益化・黒字化するまでに相応の期間がかかるため，先行投資により創業から当面の間は赤字が継続するといった特徴がある。

(2) ディープテック企業の収益認識にあたっての問題を理解しているか

ディープテック企業においては，ビジネスモデルが確立していないことも多いため，事業運営や研究開発のための主な資金の獲得手段としては，大手企業等との共同研究開発契約やライセンス契約，公的機関からの補助金，助成金の交付等が挙げられる。

収益認識会計基準の公表により収益認識に関する考え方が精緻化されたため，ディープテック企業においては従来「売上」と考えられていたものが，収益認識会計基準に照らすと売上として処理すべきではなく，費用（研究開発費）のマイナスや営業外収益として処理すべきと判断されるものが出てきている。

取引先から受領する金額を売上高として計上するか，費用のマイナスとするか，もしくは営業外収益とするかにより，決算数値だけでなく，企業の将来の事業計画上の売上高や各段階利益が変わってしまう場合もある。

それが企業への投融資を検討している投資家や金融機関の意思決定プロセスに影響を与え，その結果，企業の将来の資金調達計画等にも影響を与える可能性があるため留意が必要である。

そのため，取引開始の早いタイミングから実態を踏まえた適切な会計処理の検討を行っていくことが重要である。

(3)　ディープテック企業における主な取引形態を理解しているか

ディープテック企業における主な取引形態は以下のとおりである。

①　共同研究開発契約

共同研究開発とは，新製品，新技術，新サービスを研究開発するにあたり，複数の当事者が協力関係を築いて，共同で研究開発を行うことをいう。

ディープテック企業は，特定分野における高い技術力はあるものの研究開発資金が不足していることが多い。そのため，主に必要な資金を確保する目的から，大手企業等との間で共同研究開発を行うことがある。この場合，相手先は共同研究開発により確立した技術を将来的に自社の事業に活用することなどを目的として，ディープテック企業に資金を拠出する。

共同研究開発は，本格的な事業提携前の実行可能性調査（フィージビリティスタディ）を目的として行われる場合も多い。

② ライセンス契約

ライセンス契約とは，知的財産権等の権利者（ライセンサー）であるディープテック企業が，利用者（ライセンシー）である大手企業等に対して，権利の使用を認める契約をいう。権利者は，利用者から権利の使用に対する対価を受け取る。

図表7-17 ライセンス契約の当事者

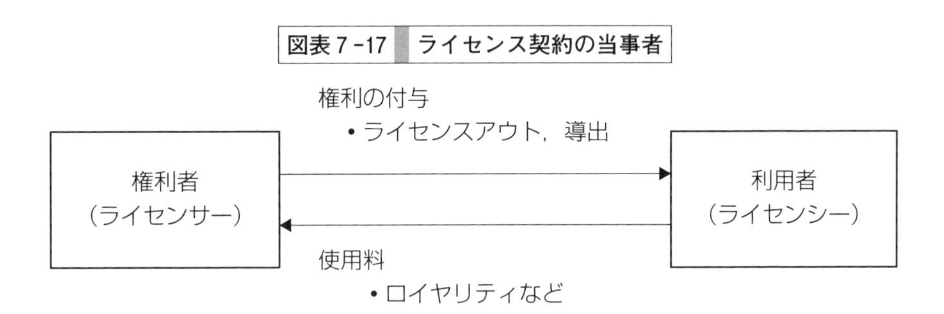

ディープテック企業のうち特に創薬ベンチャー企業では，ビジネス上，製薬会社等との間でライセンス契約を締結する事例が多い。具体的には，創薬ベンチャー企業が自社で開発中の新薬を研究開発する権利や製造・販売する権利の全部または一部を他の製薬会社等に供与する契約を締結することがあり，ライセンスアウト，導出などと呼ばれる。

③ 公的機関からの補助金，助成金

ディープテック企業において，研究開発のための資金を補う目的で，国またはその外郭団体などの公的機関からの補助金，助成金を活用することがある。

ディープテック企業にとって有用な補助金・助成金制度を設けている代表的な公的機関としては，国立研究開発法人新エネルギー・産業技術総合開発機構（NEDO），国立研究開発法人科学技術振興機構（JST），国立研究開発法人日本医療研究開発機構（AMED）などが挙げられる。

補助金・助成金制度にはさまざまなものがあるが，ディープテック企業が制度を運用する公的機関に対して補助金，助成金を申請し，公的機関で実施される審査を経て，支給されるケースが多い。また，支給にあたっては，公的機関

からの受託契約の形態をとることもある。

また，図表７-18のとおり，研究代表者である大学が公的機関と委託契約を締結し，その再委託先としてディープテック企業が位置づけられている場合がある。公的機関のルールにより公的機関との委託契約の相手先は研究代表者である大学のみとされ，それ以外の研究分担企業は研究代表の大学からの再委託の形式をとらざるを得ない場合である。

図表７-18　補助金・助成金制度の活用における再委託先のケース

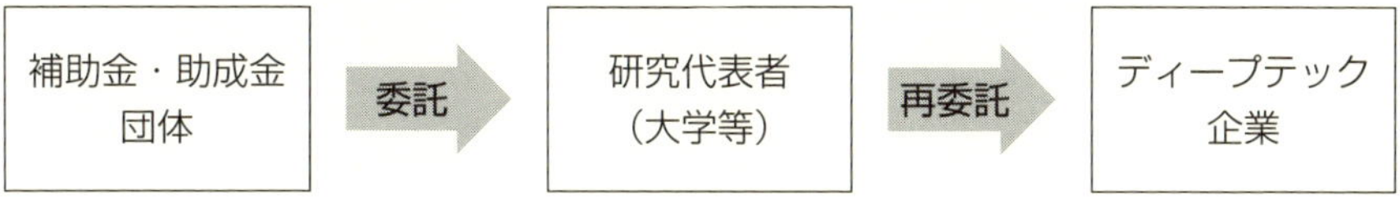

補助金・助成金団体 →（委託）→ 研究代表者（大学等） →（再委託）→ ディープテック企業

(4)　共同研究開発契約の会計処理を理解しているか

共同研究開発契約の相手方から受領した契約金額は，売上として処理すべき場合と，費用（研究開発費等）のマイナスとして処理すべき場合があると考えられる。

いずれの場合も，契約書の形式面だけではなく，取引実態を踏まえて会計処理する点に留意が必要である。

①　売上として計上すべき場合

(i)　売上計上の要件

共同研究開発契約の相手方が，収益認識会計基準でいう「顧客」に該当する場合は，当該取引には収益認識会計基準が適用され，相手先から受領した契約金額は売上として認識される。ここで「顧客」とは，対価と交換に企業の通常の営業活動により生じたアウトプットである財またはサービスを得るために当該企業と契約した当事者をいう（収益認識会計基準６）。

具体的には，共同研究開発が実質的には相手先からの研究受託に該当し，相手先に対して成果物の納品，役務の提供といった履行義務を負っており，履行義務の履行に伴って相手先から対価を受領するような場合が該当すると考えられる。このような契約の場合は，当該研究開発の成果は相手方に帰属するのが通常と考えられる。

(ii) 売上計上のタイミング

売上の会計処理にあたって，いつ売上を計上するかは重要な検討ポイントの１つである。具体的には，一定の期間にわたり売上を認識するか，一時点の売上として認識するかを検討する必要がある。

(a) 一定の期間にわたり売上を認識する場合

収益認識会計基準においては，以下の(1)から(3)のいずれかの要件を満たす場合は，一定の期間にわたり収益を認識することとされている（収益認識会計基準38）。

【収益認識会計基準38】

> 次の(1)から(3)の要件のいずれかを満たす場合，資産に対する支配を顧客に一定の期間にわたり移転することにより，一定の期間にわたり履行義務を充足し収益を認識する。
> (1) 企業が顧客との契約における義務を履行するにつれて，顧客が便益を享受すること
> (2) 企業が顧客との契約における義務を履行することにより，資産が生じる又は資産の価値が増加し，当該資産が生じる又は当該資産の価値が増加するにつれて，顧客が当該資産を支配すること
> (3) 次の要件のいずれも満たすこと
> ① 企業が顧客との契約における義務を履行することにより，別の用途に転用することができない資産が生じること
> ② 企業が顧客との契約における義務の履行を完了した部分について，対価を収受する強制力のある権利を有していること

受託研究を前提とすると，たとえば，相手先との契約が準委任契約等となっており，月額の報酬が定められているケースや，時間当たりの報酬単価が定められており，発生した時間に当該報酬単価を乗じた金額を相手先に請求するようなケースは，一定の期間にわたり収益を認識すると考えられる。

(b)　一時点の売上として認識する場合

一方，上記(a)の(1)から(3)のいずれも満たさない場合には，一時点で充足される履行義務として，資産に対する支配を顧客に移転することにより当該履行義務が充足される時に，収益を認識する（収益認識会計基準39）。

受託研究の場合，具体的には，ディープテック企業が相手先との間で業務を完成，完了させるような義務を負っており，成果物や実施した作業について相手先が検収した時点で一括して売上を計上するようなケースが考えられる。

②　費用（研究開発費等）のマイナスとして処理すべき場合

業務内容が，実質的に相手先との共同研究となっているような場合，収益認識会計基準においては，リスクと便益を契約当事者で共有する活動またはプロセス（提携契約に基づく共同研究開発等）に参加するために企業と契約を締結する当該契約の相手方は，「顧客」ではなく，収益認識会計基準は適用されないとされている（収益認識会計基準111）。そのため，相手先から受領する契約額は，売上としては計上されないこととなる。

この場合，相手先から受領する契約額は，通常，契約当事者（ディープテック企業と相手先）が共同で負担すべき研究開発費の相手先負担分であると考えられる。このため，ディープテック企業が一旦立て替えた相手先負担分の研究開発費のマイナスとして処理することとなると考えられる。

なお，このような契約の場合は，当該研究開発の成果はディープテック企業と相手方の両者に帰属するのが通常と考えられる。

③　共同研究開発契約締結にあたっての留意事項

(i)　契約上，ディープテック企業の履行義務が明確に定められているか

相手先が「顧客」に該当するか否かを適切に判断するため，またどのタイミングで会計処理すべきかを適切に判断するためには，契約上，ディープテック企業の相手先に対する履行義務が具体的，明確に定められている必要がある。

相手先から受領する契約額が，具体的にどのような履行義務に対応するものかが不明瞭だと，相手先が「顧客」なのか，リスクと便益を共有する共同研究開発のパートナーなのか判断することが難しくなってしまうためである。

この点，実務においても，契約書上，両者で共同研究を行うべき旨と，契約金額の入金時期程度しか定められていないケースが稀に見られる。このように，ディープテック企業の具体的な履行義務が不明確な場合，相手先が「顧客」であるか否かを判断できず，また具体的にどのような状態になれば履行義務を充足したことになるのかも判断できないため，どのタイミングで会計処理を行うべきかの判断も難しくなる。

実際にも，契約書上でディープテック企業の履行義務が不明瞭だったために，相手先からの入金額を売上処理することもできず，費用（研究開発費等）のマイナス処理とすることもできず，一時的に「預り金」として処理せざるを得なかったケースがあるため留意されたい。

(ii) 契約の形式面だけでなく，実態で判断しているか

相手先が「顧客」であるか否かは，契約の形式面だけでなく，実態に基づき判断する必要がある。

たとえば，契約上，形式的には受託研究とされており，相手先に対して成果物を納品する履行義務が定められていたとしても，当該成果物を相手先が受領する必要性（相手先にとって価値のあるものか），成果物の経済的価値（成果物の内容が契約金額に見合ったものか），ディープテック企業の業務内容が契約金額に見合ったものか等の実態を総合的に勘案した結果，相手先へ納品する成果物が形式的なものにすぎず経済合理性が認められないような場合も考えられる。そのような場合は，実態に基づいて，当該契約は，実質的には「リスクと便益を契約当事者で共有する活動またはプロセス（提携契約に基づく共同研究開発等）」（収益認識会計基準111）に該当し，相手先は「顧客」には当たらないため，売上ではなく，研究開発費のマイナスとして処理すべきとされる場合もあるため留意が必要である。

(5) ライセンス契約の会計処理を理解しているか

① 「アクセスする権利」と「使用する権利」

収益認識適用指針において，ライセンスの供与は，「ライセンス期間にわたり存在する企業の知的財産にアクセスする権利」と「ライセンスが供与される

時点で存在する企業の知的財産を使用する権利」に分類され，それぞれ図表７-19のとおり売上として計上する（収益認識適用指針62）。

図表７-19　アクセスする権利と使用する権利

分　類	収益認識
アクセスする権利	一定の期間にわたり充足される履行義務として，売上を計上
使用する権利	一時点で充足される履行義務として，顧客がライセンスを使用してライセンスからの便益を享受できるようになった時点で売上を計上

②　アクセスする権利

収益認識適用指針においては，以下の(1)～(3)のすべてを満たした場合には，顧客が権利を有している知的財産の形態，機能性または価値が継続的に変化しており，企業の知的財産にアクセスする権利を提供するものであるとしている（収益認識適用指針63）。

（収益認識適用指針63）
(1)　ライセンスにより顧客が権利を有している知的財産に著しく影響を与える活動を企業が行うことが，契約により定められている，または顧客により合理的に期待されていること
(2)　顧客が権利を有している知的財産に著しく影響を与える企業の活動により，顧客が直接的に影響を受けること
(3)　顧客が権利を有している知的財産に著しく影響を与える企業の活動の結果として，企業の活動が生じたとしても，財またはサービスが顧客に移転しないこと

どのようなライセンス契約が「アクセスする権利」に該当するかは，実態に基づき個別判断によることになる。

たとえば，ディープテック企業が顧客に対して商標権をライセンスする場合を考えてみると，一般的には，商標権の価値を維持するためにはディープテック企業の継続的な活動が必要であり，顧客もそのような活動を合理的に期待しているため（もしくは，そのような活動をすべきことが契約で定められている

ため），上記(1)の要件を満たす。また，それにより顧客が直接的に影響を受けることから(2)の要件も満たす。さらに，ディープテック企業の活動の結果として商標権自体は顧客に移転しないため，(3)の要件も満たしている。

そのため，商標権のライセンスは，「アクセスする権利」に該当し，ライセンス対価は，ライセンスの契約期間等の一定の期間にわたって売上として認識されることとなると考えられる。

③　使用する権利

一方，収益認識適用指針第63項(1)～(3)のいずれかに該当しないライセンスの供与は，知的財産権を「使用する権利」を提供するものとされる（収益認識適用指針64）。

「使用する権利」の場合は，一時点で充足される履行義務として，顧客がライセンスを使用してライセンスからの便益を享受できるようになった時点で売上を計上することとなる（収益認識適用指針62）。

どのようなライセンス契約が「使用する権利」に該当するかについても，「アクセスする権利」に該当するかの判断と同様に，実態に基づき個別判断によることになる。

たとえば，創薬ベンチャーが顧客に対してすでに確立した薬品の製法や販売権をライセンスとして供与するような場合，一般的には，それらの知的財産権は「独立した重要な機能性」（収益認識適用指針150）を有していると考えられるため，顧客は当該知的財産権から生み出されるほとんどすべての便益を享受でき，通常は，ディープテック企業の活動による影響は受けないと考えられる。

そのため，すでに確立した薬品の製法や販売権のライセンスは「使用する権利」に該当し，ライセンス対価は，顧客がライセンスを使用してライセンスからの便益を享受できるようになった一時点の売上として認識されることとなると考えられる。

(6) 公的機関からの補助金，助成金の会計処理を理解しているか

① 補助金，助成金の会計処理

(i) 会計処理の概要

公的機関から補助金，助成金を受領する場合，通常は，ディープテック企業の事業活動による社会還元を目的としており，活動の成果についてもディープテック企業が無償で利用できる場合が多いため，公的機関による資金補助的な取引と考えられる。そのため，公的機関からの補助金，助成金は，営業外収益（補助金収入等）で処理するのが一般的と考えられる。

(ii) 返還条項の有無による収益認識のタイミング

補助金，助成金交付の際，一定の条件が達成できない場合，あるいは補助対象事業が事業化に成功した場合に，補助金，助成金の全額または一部の返還が求められることがある。このような条件を一般的に「返還条項」という。

返還条項がない場合，通常は，公的機関がディープテック企業の実施報告の内容を検査，承認して補助対象事業への提供資金の額が確定する。そのため，公的機関からの入金は一旦前受金処理しておき，公的機関による提供資金額の確定通知等を入手した時点で営業外収益に計上することが考えられる。

返還条項が付されている場合，公的機関による検査等の結果を踏まえた確定通知等を入手した場合であっても，将来において補助金，助成金の返還が必要となる可能性があるため，前受金処理を継続し，返還が免除されることが合理的に認められた時点で営業外収益に計上することが考えられる。

② 売上として計上する場合

公的機関からの受託研究が，公的機関が経済合理的な判断により，自身に需要のある業務をディープテック企業に委託したものであり，実質的に当該業務の成果のすべてが公的機関に引き渡されるような場合には，公的機関はディープテック企業にとっての「顧客」と認められる可能性がある。

その場合，収益認識会計基準が適用されるため，公的機関からの入金は営業外収益ではなく，履行義務の内容により，一時点の売上もしくは一定期間にわ

たる売上として認識される。

(7) マイルストンペイメントの会計処理を理解しているか

ディープテック企業と顧客との間で，研究開発プロセスにおける一定の成果（マイルストン）の実現を条件として支払われるマイルストンペイメントが設定される場合がある。ディープテック企業が，実際にマイルストンペイメントを受け取ることができるかどうかは，将来の研究開発の進捗・成果の状況に依存しているため不確実なものとなっている。

このような対価は，会計上，「変動対価」（収益認識会計基準50～55）として取り扱われる。具体的には，原則として変動対価の金額を見積って売上を計上する必要があるが，売上として計上できる変動対価には一定の制限があり，見積られた変動対価の額に関する不確実性が事後的に解消される際に，解消されるまでに計上された収益の著しい減額が発生しない可能性が高い部分に限定されているため留意が必要である（収益認識会計基準54）。

この点，研究開発段階のマイルストンペイメントを実際に受領できるかどうかは，将来の研究開発の進捗・成果の状況に依存しており，一般的には，契約時点においては，「収益の著しい減額が発生しない可能性が高い」とはいえないため，その後の研究開発マイルストンの達成によって不確実性が解消した時点において，売上として計上することとなると考えられる（収益認識適用指針67）。

(8) 1つの契約の中に複数のサービスが含まれる場合の考え方を理解しているか

ディープテック企業が相手先企業と事業提携をする際には，ライセンスの付与とともに，研究開発サービスも併せて提供される等，1つの契約の中に複数のサービスが含まれる場合がある。

このような場合，ライセンスの付与と研究開発サービスは，一体のサービスなのか，または別個のサービスなのかを検討する必要がある（収益認識会計基準34）。

図表7-20　1つの契約に複数のサービスが含まれる場合

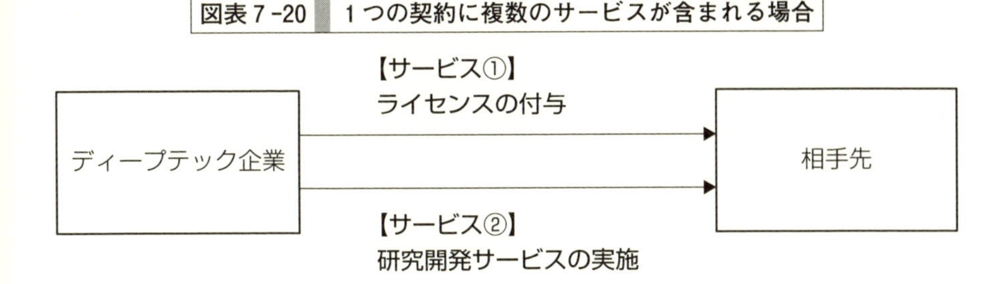

①　一体のサービスの場合

研究開発サービスが，ディープテック企業に固有の基盤技術に基づくものである等の理由で，当該ディープテック企業にしか提供できない性質のものであり，研究開発サービスがなければ相手先がライセンス供与の便益を得ることが難しくなるような場合は，ライセンス供与と研究開発サービスとの間の相互依存性，相互関連性が高いと考えられる。

そのような場合，ライセンスの供与と研究開発支援は，両者を一体化して単一の履行義務として識別される可能性が高い。そのため，両者を併せて単一の履行義務としたうえで，履行義務の充足に伴い，売上を計上することとなると考えられる。

②　別個のサービスの場合

一方，相手先が，当該ディープテック企業から研究開発サービスの提供を受けなくてもライセンスの便益を享受することができる場合，または，研究開発サービスが一般的な内容となっており，当該ディープテック企業ではない他社にも発注可能であるような場合，研究開発サービスとライセンスの供与の相互依存性，相互関連性は低いと考えられる。

そのような場合，両者は別個の履行義務として識別される可能性が高い。そのため，研究開発サービスについては，履行義務の充足に従って一時点の売上または一定期間にわたる売上として処理し，ライセンスの供与については，アクセスする権利か使用する権利かに応じて，それぞれ売上計上することになると考えられる。

なお，研究開発サービスとライセンス供与の対価の内訳が契約書上定められていない場合，または契約書上定められていても経済実態を反映していないと考えられる場合は，契約の取引金額全体を，それぞれの独立販売価格の比率に基づいて，ライセンスの履行義務と研究開発サービスの履行義務に配分する必要があるため留意が必要である。

コラム19・企業内容の開示は何のために行うのか

上場前は，年一回の税務申告目的の決算，もしくは会社法の単体の決算を行うだけでよかったものが，上場後は，投資家が適切な投資判断ができるように，金融商品取引法および証券取引所の規程に基づく詳細な開示や会社の自主的な開示も必要になり，開示に関する業務負担が大幅に増加することになります。

しかし，このような開示情報の拡大を単なる業務負担の増加とネガティブにとらえるのではなく，市場との建設的なコミュニケーションのためのチャネルが新しくできたととらえ，有価証券報告書や適時開示等の情報開示を，自社が市場から適正に理解，評価してもらうためのツールとして積極的に活用していくべきと考えます。

積極的に企業内容を開示していくことで会社に対する市場からの理解が深まり，会社の新たなサポーターを獲得することにつながるかもしれません。また，資金調達に際しても，会社の実態に即した十分な資金を市場から調達することが可能となります。

自社の企業理念，戦略，さまざまな企業行動，経営成績，財政状態等について，どのようにすれば自社の状況を適切に開示できるのかをしっかりと検討し，開示に反映させていくことが重要です。

その際，会社にとって都合の良い情報ばかり開示するのではなく，会社にとって一見不利な情報であっても投資家が会社を理解するために必要な情報を誠実に開示していくことが，結果としては市場からの信頼を得ることにつながります。そのため，たとえば，会社の成長性を示す情報だけでなく，リスク情報や万が一事故が発生した場合の情報等についても積極的に開示していくことの検討が必要です。

単にルールで求められている最低限の開示を行うだけでは，ルール違反になることは避けられても，そこに多くの時間を費やしてまで開示を行う価値を見出すことは難しいでしょう。市場からの信頼を得られるような積極的かつ十分な企業内容の開示を意識することが重要と考えます。

コラム20・決算スケジュール

非上場の会社であれば，税務申告期限や定時株主総会の開催日に基づいて決算スケジュールを組んでいることが多いと思います。

しかし，上場後は，証券取引所の規則に基づく開示，株主総会招集通知の準備，金融商品取引法に基づく開示，その他の任意の開示等，開示ボリュームが増加するだけでなく，その前提として短期間で正確に処理をし，資料を作成するスピードも求められます。さらに，上場後はインサイダー取引規制等の関係から上場前と比べてより厳格な情報の取扱いが求められ，また，さまざまな市場からのプレッシャーにも晒されることになります。このように，上場を目指す会社は，上場前後で決算や開示を取り巻く環境が大きく変わるため，上場後を見据えて，決算や開示に係る適切な社内体制を構築していくことが必要となります。

開示ボリュームが大幅に増加する中で，決算を早期かつ正確に確定させるためには，たとえば以下のような対応が考えられます。

- 帳簿組織と勘定体系を明確にし，業容に応じた会計システムを整備して，会計伝票や証憑書類を迅速に閲覧できるような体制を整備および運用する。
- 事前にできる作業は，決算が始まる前に極力終わらせておく。
- 経理処理の手戻りがないように，重要な会計上の論点は決算前に検討して，極力結論を出しておく。

さらに，上場後は，決算や開示の業務と並行して，監査法人による会計監査の対応もこなしていかなければなりません。上記のような対応をすることで，十分な監査対応の時間を確保し，円滑な監査対応をすることも可能になります。加えて，監査法人とのやり取りをスムーズにするための対応としては，たとえば，以下のようなものが考えられます。

- ポジションペーパー（会計処理に関する会社の見解や根拠をまとめた資料）を作成して，その内容を監査法人と決算前に合意しておく。
- 会社自ら財務分析を実施して監査法人へ決算数値を提出する前にエラーを潰しておく。
- 経理部内でのダブルチェックを徹底し，経理資料の網羅性と正確性を監査法人へ提出する前に確認しておく。
- 経理業務の属人化を排除し，極力業務を標準化し，一定の知識と経験のあるメンバーであれば容易に業務を再現できるようにしておく（監査法人からの質問対応の減少につながり，また，経理部員の業務のローテーションも容易になる）。
- 赤残や不明残等の異常残高を適時に発見できる体制を構築し，都度内容を調査したうえで，決算前に適切な対応をしておく。

決算や開示を正確に早くできる会社は，当期の決算における懸念事項を極力決算前に解決するよう努めています。上場に向けて現状の経理業務を今一度見直してみることをおすすめします。

第8章

気をつけたい関連当事者等取引と関係会社の論点

1 関連当事者等取引に関する留意事項

項　　目	チェック
(1)　関連当事者等との取引の特徴，審査上の考え方を理解しているか	□
(2)　関連当事者等の範囲を理解しているか	□
(3)　対象となる取引の範囲を理解しているか	□
(4)　関連当事者等との取引が発生した場合の検討フローを構築しているか	□
(5)　関連当事者等との取引を適切に把握し，牽制する仕組みを構築しているか	□
(6)　留意が必要な事例を把握しているか	□
(7)　経営者が関与する取引の留意点を理解しているか	□

(1)　関連当事者等との取引の特徴，審査上の考え方を理解しているか

東京証券取引所における実質審査基準の１つに企業経営の健全性がある（第１章5(3)（23頁）参照）。

この観点から，上場審査上は，「関連当事者その他の特定の者との間で，取

引行為その他の経営活動を通じて不当に利益を供与または享受していないこと」が確認される。なお，本章では，関連当事者とその他の特定の者をあわせて「関連当事者等」と表現している。

関連当事者等との取引は，上場準備会社の企業グループと特別な関係を有する相手との取引であり，本来不要な取引を強要されたり取引条件が歪められたりする懸念がある。

実際に上場準備の過程や上場後においても，経営者による不適切な取引等，新規上場に対する投資家の信頼を損ないかねない事例が生じ，問題となるケースが見受けられる。

関連当事者等との取引の整理は，東京証券取引所の審査でも慎重に確認される項目の１つであることから，重要なテーマといえる。

⑵　関連当事者等の範囲を理解しているか

関連当事者等との取引を整理するにあたっては，まず関連当事者とその他の特定の者の範囲を正しく理解する必要がある。

①　関連当事者

関連当事者とは，以下をいう（財規８⑰参照）。

１．上場準備会社の親会社
２．上場準備会社の子会社
３．上場準備会社と同一の親会社をもつ会社等
４．上場準備会社のその他の関係会社ならびに当該その他の関係会社の親会社および子会社
５．上場準備会社の関連会社および当該関連会社の子会社
６．上場準備会社の主要株主(※1)およびその近親者
７．上場準備会社の役員(※2)およびその近親者(※3)
８．上場準備会社の親会社の役員(※2)およびその近親者(※3)
９．上場準備会社の重要な子会社の役員(※2)およびその近親者(※3)
10．６から９に掲げる者が，議決権の過半数を自己の計算において所有している会社等および当該会社等の子会社
11．従業員のための企業年金

（※１）　主要株主とは，保有態様を勘案したうえで，自己または他人の名義をもって総株主の議決権の10％以上を保有している株主をいう（関連当事者会計基準５(6)）。

（※２）　役員とは，取締役，会計参与，監査役，執行役またはこれらに準ずる者をいう。また，これらに準ずる者は，たとえば，相談役，顧問，執行役員その他これらに類する者であって，その会社内における地位や職務等からみて実質的に会社の経営に強い影響を及ぼしていると認められる者をいう。なお，創業者等で役員を退任した者についても，役員の定義に該当するかどうかを実質的に判定することとなるため，留意が必要である。

（※３）　近親者とは，二親等以内の親族をいう。具体的には，配偶者，父母，兄弟，姉妹，祖父母，子，孫および配偶者の父母，兄弟，姉妹，祖父母ならびに兄弟，姉妹，子，孫の配偶者をいう（関連当事者会計基準５(8)）。これらを図に表すと，図表８－１のとおりである。

図表８－１　近親者（二親等以内の親族）の範囲

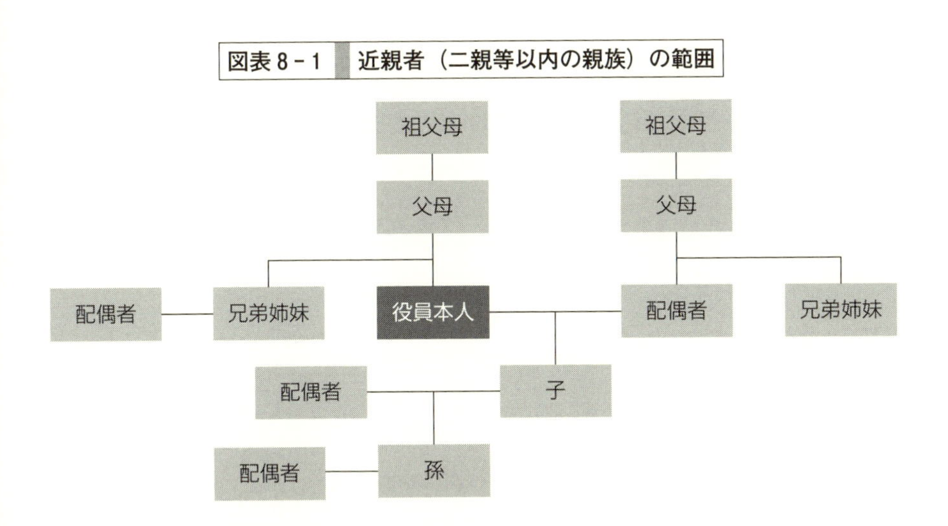

②　その他の特定の者

東京証券取引所の実質審査基準では，関連当事者だけでなく，形式的には関連当事者には該当しないものの，実質的には関連当事者と同じように取引内容が歪められる懸念があるものとして，「その他の特定の者」も対象範囲とし，注意を要する利害関係者の範囲を広く捉えている。

「その他の特定の者」とは，上場準備会社の企業グループと人的，資本的な関連を強く有すると考えられる者を指す。

(3) 対象となる取引の範囲を理解しているか

前述のとおり，上場審査上は，「関連当事者その他の特定の者との間で，取引行為その他の経営活動を通じて不当に利益を供与又は享受していないこと」が確認されることとなるが，この「取引行為」とは，営業取引，資金取引，不動産等の賃借取引，産業財産権の使用に関する取引等を指す。

なお，上場準備会社の企業グループが直接的に取引行為を行っていない場合であっても，上場準備会社が関連当事者等と取引するにあたり，形式的に第三者を挟んで取引を行う等，間接的に取引行為を行っているケースや，正当な対価がなく単に無償サービスとして業務を提供しているケース等も含む点に留意が必要となる。

(4) 関連当事者等との取引が発生した場合の検討フローを構築しているか

関連当事者等との取引が発生した場合，関連当事者等に対して不当な利益供与が行われていないか，という観点が重要となる。

具体的な検討フローは，図表８－２のとおりである。その際の検討ポイントとしては，①取引の合理性（事業上の必要性）があるか，②取引条件が妥当であるか，という２点が挙げられる。

図表８－２　関連当事者等との取引の検討フロー，検討ポイント

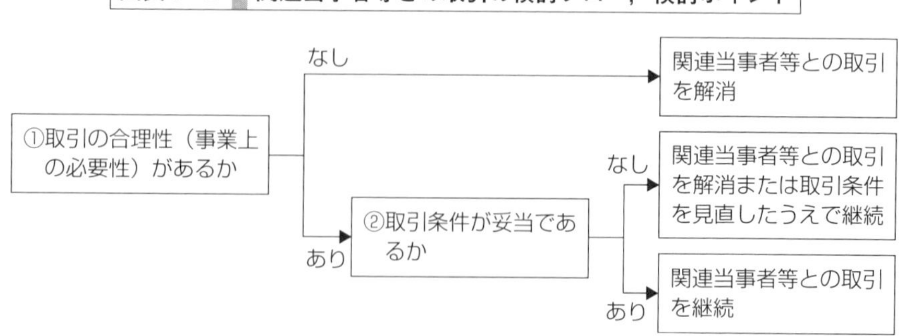

①　取引の合理性（事業上の必要性）があるか

関連当事者等との取引を行う場合，まず取引の合理性（事業上の必要性）があるかを検討する必要がある。

たとえば，上場準備会社が社長に対して資金を貸し付けている場合は，通常，その合理性を説明することが困難と考えられる。また，商品を仕入れる際に，仕入先と直接取引するのではなく，社長が支配する別会社を通じて間接的に仕入れている場合，その別会社にマージンを落とし，利益供与しているだけのおそれもあるため，取引の合理性（事業上の必要性）については慎重な検討が必要となる。

取引の合理性（事業上の必要性）の検討にあたっては，証券取引所，主幹事証券会社，監査法人等の外部の第三者に対して十分な説明ができるかどうか，という観点から慎重に検討する必要がある。安易な理由づけによって取引の合理性（事業上の必要性）があると判断し，取引を実行，継続する等，表面上の対応に留まるようであれば，審査において，関連当事者等との取引に対する会社の理解や対応姿勢が十分ではないとの心証を与えかねないため，留意が必要である。

検討の結果，取引の合理性（事業上の必要性）がないと判断された場合には，取引を解消する必要がある。

②　取引条件が妥当であるか

関連当事者等との取引を行う場合，取引条件が，第三者と取引を行う場合の取引条件との比較等の観点から，不当に歪められていないかについても十分な検証が必要となる。

たとえば，上場準備会社が関連当事者等へサービスを提供している場合，第三者に対するサービス提供の取引価格，条件と比べて，明らかに不利な価格，条件である場合には，取引条件の妥当性の説明が困難と考えられる。

取引条件の妥当性の説明にあたっては，客観性，透明性のある取引価格であることを示すため，たとえば，不動産取引においては不動産鑑定士からの鑑定評価書，株取引においては株式価値算定評価書等，外部の専門家からの評価書等を入手することも検討する必要がある。

③ その他の留意点

関連当事者等との取引が，たとえ上場準備会社の企業グループにとって有利な条件であったとしても，上場準備会社がその利益を享受することによって，上場準備会社に対する当該関連当事者等の影響力が著しく高まるような場合には，不当な利益享受であるとみなされる点に留意が必要である。

また，関連当事者等との取引条件が，第三者との取引条件と比較したうえで妥当と判断される場合であっても，取引の合理性（事業上の必要性）がない場合には，利益供与とみなされることとなる。

(5) 関連当事者等との取引を適切に把握し，牽制する仕組みを構築しているか

企業経営の健全性の観点から，関連当事者等との取引に注意を払うためには，関連当事者等との取引の存在を適時適切に把握，牽制する会社体制の構築が必要となる。

具体的な把握，牽制の方法としては，以下が考えられる。

① 関連当事者等に該当する法人，個人を把握

関連当事者等との取引が生じているかを確認するにあたって，まず関連当事者等に該当する法人，個人を把握することからスタートする。その際，(2)に記載した関連当事者等の範囲を正確に理解したうえで，漏れがないように確認手続を行う必要がある。具体的には，次に記載した方法により確認することが考えられる。

(i) 資本関係一覧表の作成

上場準備会社グループとの資本関係がある法人，個人を記載した一覧表を作成する（図表8－3参照）。

図表8－3　資本関係一覧表（例）

1．資本上位会社（資本上位会社の子会社等を含む）

	区分	会社名	所在地	資本金	主要な事業の内容	発行済株式総数	所有株数	議決権割合（被所有）	取引の有無	取引内容	…
1	親会社	●社	東京都千代田区	10,000	××の製造・販売	1,000,000	－	(70.00%)	あり	資金の借入	…
2	同一の親会社を持つ会社	●社	東京都中央区	1,000	××の製造・販売	1,000	－	－	なし	－	…
3	その他の関係会社	●社	東京都港区	1,000	××の製造・販売	1,000	－	(20.00%)	なし	－	…
4	その他の関係会社の子会社	●社	東京都港区	1,000	××の製造・販売	1,000	－	－	あり	製品の販売	…
5	その他の関係会社の親会社	●社	東京都品川区	1,000	××の製造・販売	1,000	－	－	なし	－	…
6	主要株主（法人）	●社	東京都品川区	1,000	××の製造・販売	1,000	－	(10.00%)	なし	－	…
7	…	…	…	…	…	…	…	…	…	…	…

2．資本下位会社

	区分	会社名	所在地	資本金	主要な事業の内容	発行済株式総数	所有株数	議決権割合	取引の有無	取引内容	…
1	子会社	●社	東京都千代田区	1,000	××の製造・販売	1,000	1,000	直接100.00%	あり	製品の仕入	…
2	子会社の子会社	●社	東京都中央区	1,000	××の製造・販売	1,000	1,000	間接100.00%	なし	－	…
3	関連会社	●社	東京都品川区	1,000	××の製造・販売	1,000	250	直接25.00%	なし	－	…
4	…	…	…	…	…	…	…	…	…	…	…

3．役員・主要株主（個人の場合）

	区分	氏名	職業	議決権の過半数を自己の計算において所有している会社の有無					取引の有無	取引内容	…
					会社名	所在地	事業内容	議決権割合			
1	役員	A	当社代表取締役	あり	㈱●●	東京都品川区	●●製造販売	100.00%	あり	製品の仕入	…
2	親会社の役員	B	㈱●取締役	なし	－	－	－	－	なし	－	…
3	子会社の役員	××	㈱●取締役	なし	－	－	－	－	－	－	…
4	主要株主	××	会社員	なし	－	－	－	－	－	－	…
5	…	…	…	…	…	…	…	…	…	…	…

4．役員・主要株主（個人の場合）の近親者

	区分	氏名	職業	議決権の過半数を自己の計算において所有している会社の有無					取引の有無	取引内容	…
					会社名	所在地	事業内容	議決権割合			
1	Aの配偶者	××	主婦	なし	－	－	－	－	－	－	…
2	Aの子	××	小学生	なし	－	－	－	－	－	－	…
3	Bの配偶者	××	会社員	なし	－	－	－	－	－	－	…
4	…	…	…	…	…	…	…	…	…	…	…

(ii) 役員に対するアンケート調査

上場準備会社グループの役員に対して，関連当事者等の有無に関するアンケート調査を実施する。

役員に対するアンケート調査については，少なくとも年に一度等の定期的な実施が必要となる。また，役員が交代する場合には，関連当事者等を適時に把握する観点から，就任前にアンケート調査を実施することが望ましい。

なお，役員が前事業年度限りで退任する場合でも，当事業年度開始日から退任の決議が行われる株主総会の開催日までの間は関連当事者に該当するため，その期間についてのアンケートを取ることを失念しないよう留意が必要である。

② 関連当事者等との取引の有無，取引内容，取引条件の確認

次に，把握した関連当事者等との間の取引の有無を確認する。たとえば，会計システムに登録された取引相手に関連当事者等が含まれているかを確認する方法が考えられる。具体的には，会計システム上で関連当事者等に該当するかどうかのフラグ設定を行い，そのフラグに基づいて取引金額をスムーズに集計できる体制を構築することが考えられる。

なお，たとえば，経営者が上場準備会社の借入金に対して債務保証を行っている場合等，会計帳簿に記録されない取引については，通常，会計記録からの抽出では確認できないため，漏れが生じないように留意が必要となる。

関連当事者等との取引がある場合は，取引の合理性（事業上の必要性），取引条件の妥当性について整理できているかを検討する必要がある。

また，継続案件についても，取引を無条件に継続するのではなく，毎期，その時点の市場環境，相場等を踏まえて，取引の合理性（事業上の必要性），取引条件の妥当性を再検討，見直しをする必要がある。

③ 適切な社内承認プロセス

関連当事者等との取引が発生した場合に備えて，適切な承認プロセスを構築する必要があり，次のような観点から整理することが考えられる。

(i) 承認の範囲，頻度

関連当事者等との取引の特徴を踏まえると，原則として，包括的承認ではなく，個々の取引ごとに承認することが必要である。

一方で，営業関係の取引等，継続的な取引が発生する場合には，すべての取引に対して個別に承認することが現実的ではないことも想定される。その場合には，取締役会において具体的な取引ごとの年間予算を設定したうえで，包括的な承認を行うとともに，当初想定していない取引が生じた場合には，そのつど，個々の取引ごとに取締役会等の承認を受けるといった対応も考えられる。

(ii) 利害関係を有する取締役の決議への不参加

取締役会で関連当事者等との取引を承認する際に，取締役が会社法上の特別の利害関係を有する場合には，決議に加わることができない（会社法369②)。利害関係を有する取締役がこの決議から外れた場合には，その事実を取締役会議事録に反映し，証跡として保管するといった対応が必要である。また，この承認プロセスに，独立社外取締役も関与させる等，できる限り外部の目線を入れることで透明性のあるプロセスの確立に努めることが望ましい。

④ 開　　示

関連当事者との取引は，関連当事者会計基準等の関連基準に基づいて，重要性があるものについては，開示が求められている。

なお，上場申請書類として東京証券取引所へ提出する「新規上場申請のための有価証券報告書（Ⅱの部)」（プライム市場，スタンダード市場）や「各種説明資料」（グロース市場）においても，関連当事者等との取引の記載が求められている。具体的な記載内容は図表8－4，8－5のとおりである。

これらは，東京証券取引所における審査資料としての位置づけであり外部へ開示されない資料であるが，開示資料（「新規上場申請のための有価証券報告書（Ⅰの部)」，有価証券届出書，有価証券報告書等）と異なり重要性の概念はないため，取引金額が僅少なものも含めて，すべての関連当事者等との取引を網羅的に記載する必要がある。

図表８－４　関連当事者の概要について

種類	会社等の名称又は氏名	所在地又は氏名	資本金又は出資金（百万円）	事業の内容又は職業	議決権等の所有（被所有）割合	関連当事者との関係
役員及びその近親者が議決権の過半数を所有している会社等	●社	東京都千代田区	1,000	●●製造販売	－	当社製品の販売 役員の兼任
役員	●●　●●	－	－	当社代表取締役	（被所有） 直接45.0%	債務被保証

図表８－５　取引内容について

種類	会社等の名称又は氏名	取引の内容	取引金額			科目	期末残高			具体的な取引条件及びその決定方法	備考
			１期	２期	３期1Q		１期	２期	３期1Q		
役員及びその近親者が議決権の過半数を所有している会社等	●社	●●製造販売	100	50	－	売掛金	10	5	－	市場価格等を勘案して個別に協議の上，一般取引と同様に決定しています。	当社代表取締役である●●●●が発行済株式総数の100.0%を保有しております。
役員	●●　●●	当社借入に係る債務被保証	50	50	－	短期借入金	50	50	－	当社は，銀行借入に対して，当社代表取締役●●　●●より債務保証を受けております。取引金額については，当該債務保証の期末残高を記載しております。なお，保証料の支払はありません。	

(6)　留意が必要な事例を把握しているか

①　オーナー経営者との取引

上場準備の過程でよく問題となる関連当事者等との取引としては，オーナー経営者との取引が挙げられる。

オーナー経営者のもとで，長い間，プライベートカンパニーとして事業を営んでいた会社では，オーナー経営者の公私の区分が曖昧になっているケースも少なくない。このため，上場準備の開始時には，オーナー経営者との取引関係の整理が課題として挙げられることが多い。

具体的には，会社所有の不動産や車両をオーナー経営者が私的利用していないかが問題となることがある。不動産，車両等を会社が所有する合理性がないと判断される場合には，不動産，車両等を売却，処分することが必要となる。その際，経営者（経営者の資産管理会社を含む）が会社から資産を買い取る場合には，市場価格や第三者への売却価格をもとに決定する等，オーナー経営者が不当な利得を得ているのではないかといった疑念を抱かれないよう，十分に注意する。

②　役員間の資金貸借

社長から社外取締役に対する資金の貸付等，役員間の資金貸借取引について留意を払う必要がある。

この役員間の資金貸借取引は，会社からは離れた個人同士の取引であるともいえる。しかし，役員同士は互いの職務執行を牽制する関係性にもあるところ，こうした資金貸借は，一方が他方に強い影響力を行使しうる状況であり，会社のコーポレート・ガバナンスに歪みを生じさせる懸念があるものである。したがって，役員間の資金貸借は行うべきではないと考えられる。

(7)　経営者が関与する取引の留意点を理解しているか

関連当事者等との取引のほか，上場審査においては，企業経営の健全性の観点から，「経営者が関与する取引」の有無，牽制体制についても慎重に確認される。

「経営者が関与する取引」とは，たとえば，経営者自らが営業して獲得，企画した案件や，通常の社内決裁フローの枠外で，例外的に経営者自らが決裁を行っている案件等，いわゆる「経営者案件」と呼ばれる取引をいう。こうした「経営者が関与する取引」については，一般的に社内からの牽制が効きにくく，不適切な条件による取引や不正取引等につながる懸念がある。

実際，過去に上場会社において，本来，取締役会に付議すべき重要な案件を，経営者が取締役会の決議を経ずに独断で実行し，十分な牽制が効かなかった結果，不正な取引が行われてしまったという事例があった。

こうした観点を踏まえて，「経営者が関与する取引」に対しては，組織的なモニタリングが行われ，適切な牽制体制が整備されているかどうか，また実際に行われた取引が不適切なものでないかどうかについて十分な注意を払う必要がある。

適切な牽制体制の整備の観点からは，経営者が関与する取引を行うかどうかについて，①業務分掌規程等に沿って，経営者が関与しない取引と同様に，所管部署から起案し検討すること（経営者が関与する取引だけ例外的な対応としないこと），また，②案件の決裁状況について，監査役や社外取締役等がモニタリングできる体制を構築する等の方法が考えられる。

コラム21・オーナー経営者の葛藤

オーナー経営者の会社では，車両等の会社資産を時に私用で利用するような場面も見受けられます。

しかし，上場を目指す過程では，このような会社資産は，公私の区分を明確にするために，売却や管理方法を強化する等，一定の整理をしていく必要があります。オーナー経営者からすれば，パブリックカンパニーになるためには公私の区分が重要であるということを理解したつもりでも，実際にこうした対応を進めていくと，少し不自由さを感じる場面が出てくるかもしれません。

一方で，上場することにより，未上場のままでは得られなかった多くのメリットを得ることができます。長年の苦労の末に上場を果たしたある経営者によれば，上場後に人材を募集したところ，応募者数が上場する前の何倍にも増えた，という話も聞きます。今まで自社への応募がなかったような，大手有名企業の優秀なITエンジニアが自社の求人に応募してきた，ということもあったそうです。また，上場することで，より従業員が誇りを持って仕事をするようになった，従業員の家族も上場会社で働いていることを喜んでくれる，といったこともあるようです。

上場して会社がパブリックカンパニーになっていく過程では，上場前と比べて，制約や負担を感じる場面が出てくるかもしれません。しかし，上場することによって，会社がさらに成長し，企業価値を高め，社会に貢献することができれば，それ以上の喜びや達成感が得られるのではないでしょうか。

2 関係会社の整理

項　目	チェック
(1) 関係会社の範囲を理解しているか	□
(2) 関係会社の整理が必要となる理由を理解しているか	□
(3) 関係会社の整理のポイントを確認しているか	□
(4) 関係会社の管理体制を構築しているか	□

(1) 関係会社の範囲を理解しているか

① 関係会社の範囲

関係会社とは，親会社，子会社，関連会社，その他の関係会社をいう（財規8⑧）。これらを表すと，図表8-6のとおりであり，上場準備会社から見た場合，資本上位会社と資本下位会社に分類される。

図表8-6 関係会社の範囲

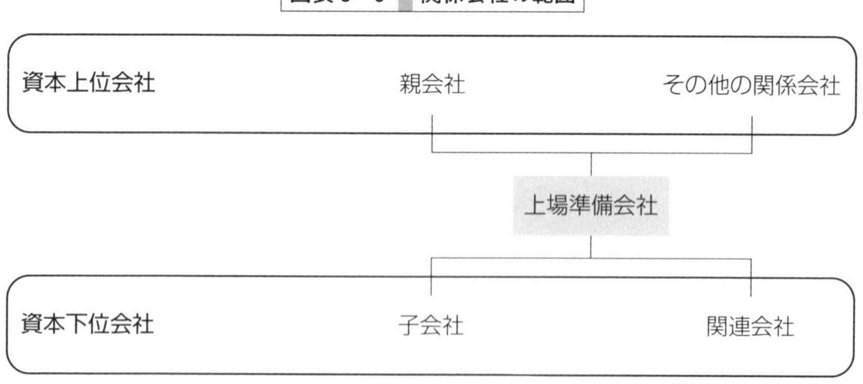

② 親会社，子会社の判定

関係会社のうち，親会社および子会社の定義は，図表8-7のとおりである（連結会計基準6）。

図表8－7　親会社と子会社の定義

親会社	•「他の企業」の財務および営業または事業の方針を決定する機関(※)を支配している企業 (※)　株主総会その他これに準ずる機関をいう。以下「意思決定機関」という。
子会社	• 上記親会社の定義に記載されている，当該「他の企業」 • 親会社および子会社または子会社が，「他の企業」の意思決定機関を支配している場合における当該他の企業（いわゆる「孫会社（子会社の子会社)」）も，親会社の子会社とみなされる）

このように，親会社と子会社は，「支配する側」と「支配される側」という関係性がある。

③　関連会社，その他の関係会社の判定

関係会社のうち関連会社，その他の関係会社の定義は，図表8－8のとおりである。

図表8－8　関連会社とその他の関係会社の定義

関連会社	会社等および当該会社等の子会社が，出資，人事，資金，技術，取引等の関係を通じて，子会社以外の他の会社等の財務および営業または事業の方針の決定に対して「重要な影響を与えることができる」場合における当該子会社以外の他の会社等（財規8⑤）
その他の関係会社	財務諸表提出会社が「他の会社等」の関連会社である場合における当該「他の会社等」（財規8⑧）

関連会社とその他の関係会社は，重要な影響を「与える側」と「与えられる側」という関係性がある。

(2)　関係会社の整理が必要となる理由を理解しているか

関係会社は，関連当事者の範囲に含まれる概念であるが，上場準備会社や関連当事者の決算操作や役員等の不正な利得行為に利用される可能性がある。関係会社の整理が適切に行われていない場合，たとえば，管理が行き届いていな

い関係会社に対して，役員が個人的に支配する会社が，本来不要な商品を売りつけ，不当な利得を得る等した場合には，上場準備会社の利益が損なわれ，それにより上場後の株主が損失を被るリスクがある。こうしたリスクは，切り口は違うものの，関連当事者等との取引の整理が必要な理由と共通するものといえる。

このため，上場準備にあたっては，企業経営の健全性の観点から，関係会社の整理が必要となる。

(3) 関係会社の整理のポイントを確認しているか

関係会社の整理にあたっては，個々の状況に応じた対応が必要となる。なお，ここでは，関係会社のうち資本下位会社（子会社，関連会社）のケースを想定している。

① 子会社，関連会社の存在に合理性があるか

上場にあたって，その存在に合理性がない子会社，関連会社が存在する場合，企業経営の健全性の観点から問題視されるケースがあるため，存在の合理性についての検討が必要となる。

たとえば，検討が必要な事例としては，以下のケースが考えられる。

(i) 休眠会社となっているケース

過去，新規事業のために子会社を立ち上げたものの，新規事業が軌道に乗らず，現在は休眠会社となっている場合，その会社を存続させる合理性があるかについて検討する必要がある。その休眠会社をすぐに活用する予定がなければ，上場準備にあたっては清算を検討することが一般的である。

(ii) グループ内で同一の事業を営む会社が複数社あるケース

グループ内で同一の事業を営む会社が複数社ある場合，別々の会社として事業運営する必要性について検討する必要がある。別々の会社として事業運営することで管理コストが多く発生し，一体運営よりもデメリットが多いと判断された場合には，合併等により１社にまとめて事業展開することも考えられる。

過去の会社の成り立ちから複数の会社での運営が慣習的に続いている場合には，上場準備にあたって，同一事業は一体運営すべきか，別々の会社として運営すべきかについて，自社グループの事業戦略等も踏まえて，見直しの要否を検討する必要がある。

②　子会社，関連会社への出資比率に合理性はあるか

上場審査上，子会社，関連会社への出資に関して，出資に至った経緯，理由，出資金額，出資比率等の説明が求められる。

このうち子会社への出資比率が100％ではない場合（子会社に少数株主がいる場合）は，子会社で生み出した利益の一部が，配当等により（上場準備会社ではなく）子会社の少数株主に流出してしまう。そのため，子会社に少数株主が存在する場合は，合理的な理由があるかについて慎重な検討が必要となる。

たとえば，検討が必要な事例としては，以下のケースが考えられる。

(i)　旧オーナー経営者が株主として残っているケース

他社を買収して子会社化した際に，株式の全部を買い取らず，一部株式を元の株主（買収対象会社の旧オーナー経営者等）に残したままとなっている場合には留意が必要となる。旧オーナー経営者等の子会社の少数株主が，現在は，子会社の経営からは退いており，事業上の関係性がなくなっているのであれば，子会社の少数株主として存在している理由が合理的とはいえない可能性がある。

(ii)　上場準備会社の役員（役員個人または役員が支配する会社を含む）が一部出資しているケース

子会社，関連会社に対して，上場準備会社の役員（役員個人または役員が支配する会社を含む）が一部出資しているケースでは，通常合理性は認められないため，役員による子会社，関連会社への出資を解消する必要がある。

(iii)　海外子会社，関連会社のケース

事業を海外展開する場合，国によっては，自国産業の保護，安全保障等の目的で外資規制（外国企業による国内企業への投資の規制）が設けられ，日本か

らの出資が制限されるケースがある。たとえば，東南アジア諸国の中には，法令により，特定の業種（ネガティブリストと呼ばれる）を営む現地法人について，外国資本の出資比率が一定割合以下に制限されている国がある。

そのような場合には，100%子会社を設立することは法制度上できず，外部の株主を入れざるを得ないため，子会社，関連会社に，（少数株主を含めて）他の株主が存在することの合理性があると判断されるケースもあると考えられる。

以上の検討の結果，少数株主が存在する合理的な理由がないと判断される場合には，1．上場準備会社が子会社の少数株主から残りの株式を合理的な価格で買い取る，2．上場準備会社の本業との事業上のシナジーが乏しい場合には子会社を売却する，といった対応が必要と考えられる。

なお，これらの取引の相手先が関連当事者等に該当する場合には，取引条件の妥当性に十分留意する必要がある。

③　子会社，関連会社の経営成績および財政状態に問題はないか

上場審査では，子会社，関連会社も含めた上場準備会社グループ全体の業績が確認対象となるが，特に，子会社，関連会社が赤字や債務超過に陥っている場合には，上場準備会社グループの業績へのマイナス影響が想定されることから留意が必要となる。

子会社，関連会社が赤字や債務超過に陥っている場合，子会社，関連会社の事業内容，上場準備会社グループの事業戦略における位置づけ，赤字，債務超過に至った理由，今後の業績改善の見通しやその時期等を慎重に検討する必要がある。その際，「本業とのシナジーが乏しい」，「右肩上がりの事業計画の根拠が不十分等で合理的な再建計画がなく，業績の改善が見込めない」等の状況にあれば，当該子会社，関連会社自体の清算や他社への売却といった選択肢も検討する必要がある。

また，関係会社の管理体制構築が十分ではない場合，表面上は黒字，資産超過に見えるが，実際は多額の不良債権，不良在庫が存在しており，実質的には赤字，債務超過になっていることを適時に把握できず，後に不測の損害が発生

するといったリスクが想定される。上場準備が進んだ段階でこうした状況が判明すると，上場スケジュールに影響を及ぼす可能性があるため留意が必要となる。

④　子会社，関連会社との取引の合理性，取引条件の妥当性は問題ないか

子会社，関連会社は，関連当事者等に該当する。したがって，子会社，関連会社との取引については，取引の合理性，取引条件の妥当性に問題がないか，留意が必要となる。具体的な観点については，本章[1](4)（242頁）を参照。

⑤　子会社，関連会社の兼任役員に対する役員報酬の取扱い

上場準備会社の役員が，子会社，関連会社の役員を兼任している場合，役員報酬の取扱いに留意が必要となる。

上場準備会社の役員に対する役員報酬は，上場準備会社の株主総会による決議が求められるが，子会社，関連会社の役員報酬については，子会社，関連会社の株主総会で決議可能であり，上場準備会社が支配または重要な影響を及ぼすことが可能であるため，いわゆるお手盛りのリスクがあり，ガバナンス上，問題視される可能性がある。

したがって，上場準備会社の役員が子会社，関連会社の役員を兼任している場合，子会社，関連会社からの役員報酬は無報酬とし，上場準備会社からの役員報酬に一本化することが一般的である。

(4)　関係会社の管理体制を構築しているか

関係会社の管理が十分ではない場合，子会社，関連会社において不測の損失が生じることにより，上場準備会社グループの業績にマイナスの影響を与えてしまうおそれがある。

したがって，上場準備会社として，子会社，関連会社を適切に管理することが重要となる。具体的な管理方法としては，以下のとおりである。

①　関係会社の管理責任部署を設置する

関係会社の管理にあたって，管理責任部署を明確にする必要がある。管理部署の設定にあたっては，以下のような方法が考えられる。

- 特定部署で一元管理する方法（経営企画室等）
- 機能別に分けて管理する方法（例：事業関連は事業部，業績数値関連は財務経理部等）

「特定部署で一元管理する方法」はより責任の明確化が図られるというメリットがあり，「機能別に分けて管理する方法」ではそれぞれの部署の専門性を生かした管理が可能であるというメリットがある。

なお，「特定部署で一元管理する方法」を採用する場合，関係会社管理部署を独立した部署として設置するか，経営企画部や経理部等の既存の部署の所管とするかは，上場準備会社グループにおける関係会社の重要性を踏まえて判断することが考えられる。

たとえば，関係会社の数が多い，関係会社の重要性が高い，関係会社管理業務が相応の業務量になるといった場合には，関係会社管理部等の独立した部署を設けることが考えられる。

②　管理方針，内容，方法を明確にする

上場準備会社における関係会社の全般的な管理方針や，子会社，関連会社における重要な意思決定に関して，上場準備会社（親会社）の承認を必要とするか，報告を必要とするか，定例的に報告すべき事項，報告様式，頻度はどうするか等について明確にする必要がある。

定例的に報告すべき事項としては，たとえば，子会社，関連会社における月次決算実績（予実対比，増減要因を含む）等が考えられる。

③　関係会社管理規程を定める

関係会社管理にあたって，関係会社管理規程等の社内管理規程やルールを作成し，継続的な管理，モニタリング体制を構築することが必要となる。

この規程には，①，②で記載した内容（管理責任部署，承認事項，報告事項等）を含め，関係会社の管理体制を明確化する必要がある。

④　留 意 点

(i)　子会社，関連会社が海外にあるケース

上場準備会社からの目が届きにくい子会社，関連会社は，上場準備会社において適時適切に問題，課題を把握できないリスクが高まる。特に子会社，関連会社が海外にある場合には，地理的に離れている，文化が異なる，言語が異なる等の要因で，国内の子会社，関連会社と比べて，日本からの管理，モニタリングが行き届きにくい傾向がある。また，会社の運営に特定の者が長く関与している場合，一部の者に権限や情報が集中してしまう結果，十分な牽制機能が働かず，不正の温床となるケースもある。そのほか，海外の会社を立ち上げたばかりで管理体制を構築する途上にある場合，管理体制の不備，弱点を意図的に利用して，不正を行うといったケースもある。

上場会社においても，これまで海外子会社，関連会社における不正が問題となった事例が多く見受けられる。このため，海外拠点に対する管理，モニタリング方法，体制が十分かどうかについては留意が必要となる。

(ii)　監査役監査，内部監査

関係会社管理は，一義的には管理責任部署が行うが，その部署による管理が規程に沿って適切に行われているかという観点から，関係会社管理の重要性を踏まえて，監査役監査，内部監査の対象とするかについて検討することが必要となる。

3 親会社等との関係

項　目	チェック
(1) 親会社等が存在する場合の留意点を理解しているか	□
(2) 親会社等との関係における整理のポイントを押さえているか	□
(3) 親会社等に関する情報開示を理解しているか	□

(1) 親会社等が存在する場合の留意点を理解しているか

親会社等とは，親会社，その他の関係会社，その他の関係会社の親会社をいう。上場準備会社が親会社等を有している場合，親会社等は議決権行使，役員の派遣等を通じて上場準備会社に大きな影響を与えることができる。場合によっては，親会社等に有利な取引（上場準備会社に不利な取引）を強いることで，上場準備会社に想定しない損失が生じ，結果として上場準備会社の少数株主が損失を被るリスクがある。こうした状況は親会社等と上場準備会社の少数株主との間に，潜在的な利益相反関係があることを意味する。

このため，いわゆる「子会社上場」の審査にあたっては，上場準備会社の少数株主の権利や利益が損なわれないことが求められる等の理由から，親会社等からの独立性確保の状況，すなわち上場準備会社が親会社等から独立した事業運営ができる状況にあるか否かについて慎重な確認が行われることとなる。

(2) 親会社等との関係における整理のポイントを押さえているか

上場準備会社が，親会社等からの独立性を確保できているかどうかは，たとえば，以下のような観点から確認される。

① 上場準備会社の事業が親会社等の一事業部門と認められる状況にないか

上場準備会社の事業が親会社等の一事業部門と認められる場合，上場準備会社としての独立性が損なわれ，親会社等の裁量により，本来，上場準備会社の株主に還元されるべき利益が不当に侵害される可能性がある。このような会社は，独立した投資対象物件として投資家に提供するには望ましくないと判断されるおそれがある。

そのため，上場審査においては，上場準備会社の事業が親会社等の「一事業部門」ではないかが確認される。具体的な観点としては，たとえば，以下の点が挙げられる。

(i)　上場準備会社の役員構成（親会社等の役職員との兼任状況，独立社外取締役）

親会社等からの派遣役員が多い場合，上場準備会社の取締役会が親会社等からの支配または過度な影響を受け，上場準備会社自らの意思決定を阻害し，上場準備会社の独立性が損なわれる懸念がある。

このため，上場準備の過程では，親会社等の役職員が，上場準備会社の役員を兼任している場合には，兼任の解消が必要となるケースが多い。

また，あわせて独立社外取締役の関与状況も重要となる。2021年６月に改訂されたコーポレートガバナンス・コードでは，支配株主を有する上場会社において独立社外取締役の割合，人数に関する高い基準（プライム市場は過半数，スタンダード市場は３分の１以上）が示されている。したがって，役員構成の検討にあたって，こうした点も踏まえて決定することが必要となる。

(ii)　親会社等による事前承認事項の有無

上場後においても，親会社等の事前承認が必要となると，上場準備会社の独自の事業運営が制約されることになりかねない。

このため，上場までに親会社等と協議のうえ，親会社等による事前承認事項の定めを解消する必要がある。

(iii)　上場準備会社の事業活動の状況

会社の事業活動に関して，仮に上場準備会社が親会社の人員，リソースに全般的に依存している場合には，上場準備会社独自での事業運営能力に疑念が抱かれ，親会社等の「一事業部門」である懸念が高まることとなるため，依存状況の解消を検討する必要がある。

ⅳ 親会社等からの借入金や債務保証の有無

独立性の観点からは，上場準備会社が親会社等から独立した資金調達能力があるかどうかが問われる。たとえば，申請直前事業年度の初日以降に，親会社等から直接新規の借入れを行っている場合，外部からの借入金に対して，新たに親会社から債務保証を受けているような場合であって，かつ，その借入金または債務保証が残っている場合には，上場準備会社が独自の資金調達能力を有していないと判断されるおそれがあるため，留意が必要となる。

以上の検討の結果，上場準備会社が親会社等の一事業部門である懸念があり，かつ，親会社等の上場準備会社に対する出資比率も高い場合（連結子会社である場合等）は，親会社等からの独立性に強い疑念が抱かれかねない状況といえる。

このような場合には，前述のような独立性に疑念を抱かせる状況を解消する取組みに加えて，上場時の新株発行や親会社等の上場準備会社株式の売出し等を行い，親会社等の出資比率を引き下げることも併せて検討する必要がある。

② 親会社等との取引条件に合理性はあるか

前述のとおり，関連当事者等との取引は，取引の合理性，取引条件の妥当性が問題となる。特に，親会社等は，上場準備会社を支配する，または重要な影響を及ぼすことができる立場にあることから，上場準備会社グループの不利益となる取引行為を強制する懸念があるため，取引の合理性，取引条件の妥当性の判断については慎重に検討する必要がある。

③ 上場準備会社グループが親会社等からの受入出向者に過度に依存していないか

親会社からの独立性の観点から，上場準備会社グループが，親会社等の企業グループから独立して事業活動を行ううえで必要となる人員を，上場準備会社自身で確保できるかが重要となる。

仮に，上場準備会社グループに，親会社等からの受入出向者が多数存在する場合には，たとえば以下のようなリスクが想定される。

- 上場準備会社グループの役職者に，親会社等グループの役員または従業員が就任することで，上場準備会社グループの重要な意思決定に影響を及ぼし，上場準備会社の独立した事業運営を阻害するリスク
- 親会社側の事情により出向契約の解消に至って，上場準備会社グループの事業運営に多大な支障が生じてしまうリスク　等

こうしたリスクに対応するため，上場準備の過程で，以下のような追加的な対応を検討する必要がある。

【親会社等からの受入出向者が多数存在する場合の対応例】

- 役員，部長等の重要な役職者については，出向形態を解消し，転籍してもらう，または内部昇格や外部登用により新たに選任する
- 受入出向者の人数自体について，過度な依存は望ましくないことから，仮に出向契約が解消された場合でも，上場準備会社の事業運営に支障が生じない水準まで引き下げる，または代替要員を確保する

(3)　親会社等に関する情報開示を理解しているか

親会社等が存在する場合，上場準備会社は，上場後も親会社等との取引関係を通じてさまざまな影響を受けることが想定される。上場準備会社に投資する投資家が投資判断を行ううえで，上場準備会社の情報は当然重要であるが，それに限らず，上場準備会社の親会社等の情報についても有用な判断材料となりえる。

こうした考え方から，上場後も上場準備会社に親会社等が存在する場合，上場規則により，その親会社等の情報開示が求められている。具体的には，以下の事項を開示する必要がある。

①　支配株主等に関する事項の開示

親会社，支配株主またはその他の関係会社（以下「支配株主等」という）を

有する上場会社は，事業年度経過後３か月以内に，支配株主等に関する事項を開示することが義務づけられている（上場規程411①）。

なお，開示義務の対象は，支配株主等を有しているすべての上場会社である（非上場の親会社またはその他の関係会社を有している上場会社に限られない）。

主な開示事項は，以下のとおりである（上場規程施行規則412）。

a．親会社，支配株主（親会社を除く），その他の関係会社またはその他の関係会社の親会社の商号等
b．親会社等が複数ある場合は，そのうち上場会社に与える影響が最も大きいと認められる会社等の商号または名称およびその理由
c．非上場の親会社等に係る決算情報の適時開示が免除されている場合，その理由
d．親会社等の企業グループにおける位置づけその他の親会社等との関係
e．支配株主等との取引に関する事項
f．支配株主を有する場合は，支配株主との取引等を行う際における少数株主の保護の方策の履行状況
g．その他投資者が会社情報を適切に理解，判断するために必要な事項

②　非上場の親会社等の決算情報

(i)　開示対象

上場会社は，非上場の親会社，その他の関係会社，その他の関係会社の親会社（以下「親会社等」という）の年度，中間等に係る決算の内容が定まった場合は，直ちにその内容を開示することが義務づけられている（上場規程411②）。

ただし，その対象を会社のみに限定しており，組合等は，開示対象の範囲から除くこととされている。また，開示対象は，非上場の親会社等に限定されている。

(ii)　主な開示事項

主な開示事項は，以下のとおりである。

a．親会社等の概要
b．親会社等の財務諸表

c．親会社等の株式の所有者別状況，大株主の状況，役員の状況
d．その他投資者が会社情報を適切に理解，判断するために必要な事項

ⅲ　留 意 点

上記のルールに基づいて，非上場の親会社等に関する決算情報を開示しなければならない場合には，開示対象となる親会社等の決算情報を適切に把握できるように，その親会社等との連絡体制を整備する等，適切な開示体制を構築する必要がある。

具体的には，会社内に親会社等との連絡責任部署，責任者の配置や，親会社等側の責任者，連絡窓口，必要な情報のリストアップ，入手頻度タイミングの確認等の対応を行う必要がある。

IPOにおける税務

1 法人税等(※1)および消費税等(※2)の確定申告とその申告期限

(※1) 法人税，住民税および事業税（以下「法人税等」という）
(※2) 消費税および地方消費税（以下「消費税等」という）

項　目	チェック
(1) 法人税等および消費税等の確定申告について，自社で適切な対応をしているか	□
(2) 法人税等および消費税等の確定申告書を申告期限までに提出しているか	□
(3) 法人税等の申告期限について，延長の特例の申請をしているか	□
(4) 消費税等の申告期限について，延長の特例の申請をしているか	□
(5) 税金の納付を期限内に行っているか	□
(6) 法人税等および消費税等の見込納付をしているか	□

(1) 法人税等および消費税等の確定申告について，自社で適切な対応をしているか

上場準備会社では，確定申告書の作成を顧問税理士や税理士法人に依頼しているケースが少なくない。しかし，株式上場に向けては，会社が自身で税金計

算および確定申告を行うことが必要となる。顧問税理士等に依頼する場合でも任せきりにするのではなく，その申告書の内容および計算結果の妥当性について会社がレビューできる体制を構築する必要がある。

(2) 法人税等および消費税等の確定申告書を申告期限までに提出しているか

法人税等，消費税等については，原則として事業年度終了の日の翌日から２か月以内に税務署に確定申告書を提出し，税金を納付しなければならない。提出が遅れた場合には青色申告の取消し，納付が遅れた場合には延滞税等のペナルティーが科されるため，留意が必要である。

(3) 法人税等の申告期限について，延長の特例の申請をしているか

以下のいずれかに該当する場合には，法人税の申告期限の延長が認められている。

【法人税の申告期限の延長が認められるケース】

① 定款等または特別の事情により，各事業年度終了の日の翌日から２月以内に定時総会が招集されない場合
② 会計監査人を置いている場合で，かつ，定款等により，各事業年度終了の日の翌日から３月以内（連結事業年度にあっては４月以内）に定時総会が招集されない場合
③ 特別の事情により今後，各事業年度終了の日の翌日から３月以内（連結事業年度にあっては４月以内）に定時総会が招集されない場合等
④ 連結子法人が多いこと等により，各連結事業年度終了の日の翌日から２月以内に法人税の連結確定申告書を提出できない場合
⑤ その他特別の事情がある場合

ただし，申告期限からの延長期間に関して，①では１か月（連結事業年度にあっては２か月）以内，②では４か月以内，④では２か月以内に延長が制限されている。

延長の適用を受ける際には，事業年度終了の日（または連結事業年度終了の日の翌日から45日以内）までに「申告期限の延長の特例の申請書」を税務署に

提出しなければならない。住民税および事業税の申告期限の延長についても，適用を受けようとする事業年度終了日までに各都道府県税事務所が定める書類を各都道府県税事務所に提出しなければならない。

IPOを目指す会社においては，主に①に基づく申告期限の延長が該当することになるが，延長の特例の申請が失念されているケースがあるため留意が必要である。

(4) 消費税等の申告期限について，延長の特例の申請をしているか

従来は消費税等の申告期限の延長は認められていなかったが，2020年に法人税同様に申告期限の延長を認める税制改正が行われた。現行では，法人税の確定申告書の申告期限の延長を受ける法人が，「消費税申告期限延長届出書」を提出した場合には，提出期限が１月延長できることとなった。

法人税の申告期限延長の適用を受けている会社でも，別途消費税等の延長届出書の提出が必要となるので留意する必要がある。

図表９－１　法人税，消費税等の申告期限

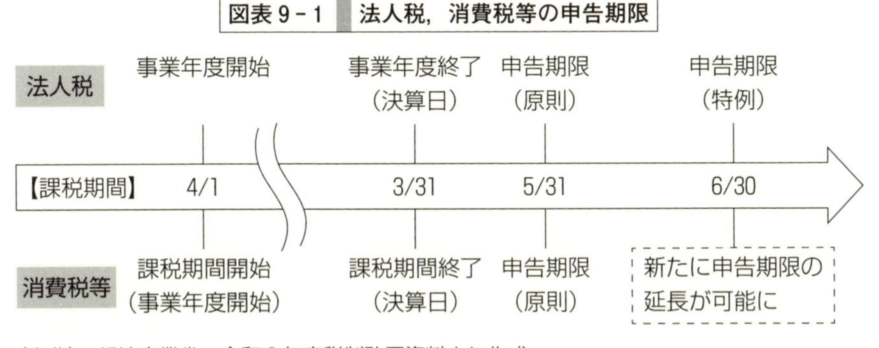

（出典）　経済産業省　令和２年度税制改正資料より作成

(5) 税金の納付を期限内に行っているか

会社が納付すべき税金には，法人税，住民税，事業税，事業所税，固定資産税，償却資産税，消費税等，さまざまな種類がある。それぞれに納付期限が定められており，納付期限後の納付は，延滞税，加算税等のペナルティが科され

るので留意する。

図表9－2　主な税金の納付期限

法人税，法人住民税，法人事業税
• 確定申告分：事業年度終了日の翌日から2月以内 • 中間申告分：事業年度開始の日以後6月を経過した日から2月以内
源泉所得税および復興特別所得税
• 原則として，源泉徴収の対象となる所得を支払った月の翌月10日
消費税および地方消費税
• 確定申告分：課税期間終了日の翌日から2月以内 • 直前の課税期間の確定消費税額に応じて中間納付も必要となる
固定資産税・都市計画税
• 4月，7月，12月および2月中の4期に分けた分割納付または一括納付 • 納付期限は各都道府県または市町村の条例により異なる。

※　上記納付期限が土曜日，日曜日，国民の祝日・休日の場合は，その翌日が納付期限となる。

税金の納付については，確実性，安全性の観点から「振替納税」（預金口座引落しによる納付）または「電子納税」（インターネットバンキング等による納付）によることが望ましい。また，貸借対照表に見積計上する未払法人税等は，実際の納付額と大きな乖離が生じないように留意する。

(6)　法人税等および消費税等の見込納付をしているか

法人税等，消費税等ともに申告期限の延長の特例の適用を受けた法人であっても，納付期限を延長することはできないことに留意する。利子税の発生を避けるために，2か月以内に税金計算を終わらせて納付まで行う，いわゆる見込納付を行うことが必要となる。

2 法人税，住民税に関する留意事項

項　　目	チェック
(1)　役員給与は損金計上が可能な報酬に該当することを確認しているか	□
(2)　過大な役員報酬はないか	□
(3)　認定賞与となるような経済的利益を役員が受けていないか	□

(1) 役員給与は損金計上が可能な報酬に該当することを確認しているか

役員給与には役員報酬および役員賞与が含まれるが，役員報酬については定期同額給与，役員賞与については事前確定届出給与または利益連動給与に該当する場合のみ損金算入することができるので留意する。ここでいう役員とは取締役，執行役，会計参与，監査役等を指す。

① 定期同額給与

毎月定額で支払われる給与。役員賞与や期中で増額された役員賞与は原則として損金算入されない。ただし，期首から３か月以内の株主総会等で支給額が変更された場合は，その変更額の損金算入が認められる。

② 事前確定届出給与

事前に確定した金額が一定期間内に支払われる給与。確定した株主総会等から１か月以内に税務署に届け出る必要がある。

③ 利益連動給与

一定の条件の下で利益に連動して支払われる給与。算定方法は有価証券報告書等に開示される「利益に関する指標」を基礎とする。

⑵ 過大な役員報酬はないか

定期同額給与，事前確定届出給与，利益連動給与に該当する場合でも過大報酬と認められたものについては損金算入が認められない。

⑶ 認定賞与となるような経済的利益を役員が受けていないか

役員が何らかの経済的利益を受けた場合には，認定賞与とされ，役員の所得税の課税対象となるだけでなく，法人税法においては損金不算入となる可能性がある。具体的には，業務と関係のない役員の個人的な交際費を法人の費用とした場合の当該費用や法人から役員に対する無利息（低利息）貸付けによる経済的利益などが認定賞与とされることがある。したがって，役員への報酬，賞与以外の利益供与に該当しないかどうかの確認が必要である。

認定賞与は，税務上だけでなく，上場審査においても問題とされるケースが多いと考えられるため留意する。

3 事業税に関する留意事項

項　目	チェック
(1)　事業税の種類を理解しているか	□
(2)　現金主義ではなく，発生主義に基づいて会計処理をしているか	□
(3)　事業税の損益計算書の表示区分に注意しているか	□

(1)　事業税の種類を理解しているか

事業税には，図表９－３のとおり所得割，付加価値割および資本割がある。付加価値割と資本割は，所得に基づく課税ではないため外形標準課税と呼ばれ，原則として資本金が１億円超の法人に対して課税される。

図表９－３　事業税の種類

種類	事業税の計算
所得割	各事業年度の所得金額に応じて課税
付加価値割	各事業年度の収益分配額と単年度の損益を合算した付加価値額に応じて課税
資本割	各事業年度の資本金に応じて課税

法人税の計算上は，事業税は申告書を提出した事業年度の損金の額に算入される。

(2)　現金主義ではなく，発生主義に基づいて会計処理をしているか

事業税は，会計上，現金主義ではなく，発生主義に基づき計上する必要がある。つまり，申告書を提出し，事業税を納付した事業年度ではなく，計算期間となった事業年度に計上しなければならない。

(3) 事業税の損益計算書の表示区分に注意しているか

事業税について，損益計算書の表示区分は，所得割と付加価値割および資本割（外形標準課税）とで図表9－4のとおり異なる。

図表9－4 損益計算書の表示区分

<table>
<tr><th colspan="2">種　類</th><th>表示区分</th></tr>
<tr><td colspan="2">所得割</td><td>法人税，住民税及び事業税</td></tr>
<tr><td>付加価値割</td><td rowspan="2">外形標準課税</td><td rowspan="2">販売費及び一般管理費</td></tr>
<tr><td>資本割</td></tr>
</table>

また，貸借対照表上，未払事業税は未払法人税等に含めて表示する。実際の納付額と大きな乖離が生じないよう留意が必要である。

4 消費税等のインボイス制度

項　目	チェック
(1) 適格請求書発行事業者の登録がされているか	□
(2) 仕入先が適格請求書発行事業者であり，適格請求書（インボイス）を発行しているか	□

(1) 適格請求書発行事業者の登録がされているか

2023年10月1日から，消費税額の仕入税額控除の方式としてインボイス制度が開始されている。インボイス制度のもとでは，当該制度導入までの経過措置であった軽減税率の適用対象となる商品の仕入れかそれ以外の仕入れかの区分をする区分記載請求書に代えて「適格請求書（インボイス)」と帳簿の保存が仕入税額控除の要件となる。適格請求書（インボイス）とは，売り手が，買い手に対し正確な適用税率や消費税額等を伝えるための手段であり，一定の事項が記載された請求書や納品書その他これらに類する書類をいう。

上場準備会社は適格請求書発行事業者となるべきであり，税務署長に「適格請求書発行事業者の登録申請書」を提出し，登録を受ける必要がある。また，登録を受けた場合には，課税事業者として消費税等の申告が必要となる。

(2) 仕入先が適格請求書発行事業者であり，適格請求書（インボイス）を発行しているか

消費税等の計算においても，仕入税額控除の適用のために，原則として売り手から交付を受けた適格請求書（インボイス）を保存する必要がある。

適格請求書（インボイス）には，下記の6つの事項を記載しなければならない。

① 交付先の相手方（売上先）の氏名または名称

② 取引年月日

③ 税率ごとに区分して合計した対価の額および適用税率

④　売り手（当社）の氏名または名称および登録番号
⑤　取引内容（軽減税率の対象品目である旨）
⑥　税率ごとに区分した消費税額

5 法人税等の修正申告と更正

項　　目	チェック
(1) 法人税等の修正申告と更正の取扱いを理解しているか	□
(2) 更正決定または修正申告が行われている場合，過年度遡及修正の要否を検討しているか	□
(3) 延滞税および加算税を理解しているか	□
(4) 重加算税の上場審査上の取扱いを理解しているか	□

(1) 法人税等の修正申告と更正の取扱いを理解しているか

法人税の申告の修正手続には，納税者が自ら行う修正申告と税務署が行う更正がある。

修正申告は，申告した税額が過少となっていた場合等に行う手続である。更正は，期限内申告が行われている場合に税額を修正する手続である。

なお，法人税の修正申告を行った場合，住民税および事業税も修正申告を行うことになる。また，法人税の更正の場合も同様に住民税および事業税の更正を行うことになる。

(2) 更正決定または修正申告が行われている場合，過年度遡及修正の要否を検討しているか

上場準備会社においては，修正申告，更正が行われている場合，その理由を把握することが必要となる。

修正申告，更正の理由には，国税当局との見解の相違，会計処理の単純なミス，租税回避等が考えられるが，会計処理上は過年度遡及会計基準に従って過去に遡って修正再表示が必要な場合がある。

(3) 延滞税および加算税を理解しているか

修正申告の場合は，追加で納付する税金について延滞税が課される。延滞税

の税率は，原則として納付期限の翌日から２か月以内は年7.3%，２か月を過ぎると14.3%となる。

ただし，上記7.3%の税率については，2021年１月１日以後の期間は，「7.3%」と「延滞税特例基準割合(※)＋１%」のいずれか低い割合，上記14.3%の税率については，2021年１月１日以後の期間は，「14.6%」と「延滞税特例基準割合(※)＋7.3%」のいずれか低い割合となる。

（※） 延滞税特例基準割合とは，各年の前々年の９月から前年の８月までの各月における銀行の新規の短期貸出約定平均金利の合計を12で除して得た割合として各年の前年の11月30日までに財務大臣が告示する割合に，年１%の割合を加算した割合をいう。

税務署からの増額更正を受けた後に修正申告書を提出した場合には，延滞税だけではなく過少申告加算税，または無申告加算税も課される。税率はその修正事由により追加納付する本税の５%～20%となる。

過少申告加算税，無申告加算税が課される場合に，仮装，隠ぺいが認められる場合には，さらに重加算税が課される。重加算税は，過少申告の場合は追加納付する本税の原則35%，無申告の場合は追加納付する本税の原則40%となる。

(4) 重加算税の上場審査上の取扱いを理解しているか

上場審査の際には，過去における重加算税の課税の有無が確認事項となる。重加算税が課されている場合は，その理由と重加算税の重要性によっては，審査上問題となるおそれがある。

6 優遇税制に関する留意事項

項　目	チェック
(1)　経済産業省等の優遇税制で適用可能な制度を把握しているか	□
(2)　優遇税制の内容を把握しているか	□

(1)　経済産業省等の優遇税制で適用可能な制度を把握しているか

経済産業省等の中小企業等の成長を促進する施策として，さまざまな優遇税制がある。その税務メリットは少なくないが，適用については要件が詳細に定められているため，要件に適うかどうか厳格な確認が必要である。

また，これらの優遇税制は時限措置であり，適用期間は限定的であるので期限の確認にも留意しなければならない。

(2)　優遇税制の内容を把握しているか

主な優遇税制として以下の制度がある。

①　オープンイノベーション促進税制

オープンイノベーションに向け，国内の事業会社がスタートアップの発行株式を一定額以上取得した場合(※)には，その株式の取得価額の25％が所得控除される。ただし，特別勘定として経理した金額を限度とし，５年以内にその株式を譲渡した場合等の一定の場合にはその特別勘定の相当額が益金に算入される。

（※）　一定のM&A等の発行株式の取得も対象。

図表９－５　適用対象法人と出資の要件

対象法人	• スタートアップとのオープンイノベーションを目指す青色申告法人（対象法人が主体となるコーポレート・ベンチャーキャピタルを含む） • 出資を受ける企業：設立10年（一定の要件を満たす場合は15年）未満の未上場スタートアップ　等

出資の要件	3年（2022年3月31日以前の出資は5年）以上の株式保有を予定する1件当たり1億円以上の大規模出資(※) （※） 中小企業の出資の場合は1件当たり1,000万円以上。海外スタートアップへの出資の場合には5億円以上。
適用期間	2020年4月1日～2025年3月31日の間に行った出資が対象

② 5G投資促進税制

青色申告法人である全国，ローカル5G事業者が一定の特定高度情報通信用認定等設備を取得した場合には，その資産の取得価額の30％の特別償却，または，一定割合(※)の法人税額の税額控除が適用される。

（※） 2022年4月1日～2023年3月31日が事業供用日：15％（全国5G導入事業者のうち条件不利地域以外は9％）
2023年4月1日～2024年3月31日が事業供用日：9％（全国5G導入事業者のうち条件不利地域以外は3％）
2024年4月1日～2025年3月31日が事業供用日：3％

③ 研究開発税制

第四次産業革命の社会実装に向けての積極的な研究開発投資を促すために，一定の試験研究を行った場合には，図表9－6のとおり，法人税額の税額控除が適用される。

図表9－6 研究開発税制の税額控除額

① 総額型 税額控除額：試験研究費総額×控除率 控除上限：原則として法人税額の25%(※)
② 中小企業技術基盤強化税制 税額控除額：試験研究費総額×控除率 控除上限：原則として法人税額の25%(※)
③ オープンイノベーション型 税額控除額：共同・委託試験研究費総額×税額控除率 控除上限：法人税額の10%

（※） 控除率の詳細は，経済産業省ホームページを参照。

7 グループ法人税制

項　　目	チェック
(1)　グループ法人税制の概要を理解しているか	□
(2)　グループ法人税制の対象となるグループ会社を把握しているか	□
(3)　完全支配関係のあるグループ会社については，グループ法人単体課税制度を適用しているか	□
(4)　完全支配関係のあるグループ会社については，グループ通算制度の適用を検討しているか	□

(1)　グループ法人税制の概要を理解しているか

上場準備会社が子会社を有する等して企業グループを構成している場合には，税務上はグループ法人税制の適用の検討が必要となる。

グループ法人税制は，グループ法人単体課税制度とグループ通算制度がある。グループ法人単体課税制度は強制適用である一方，グループ通算制度は任意適用となっている。

(2)　グループ法人税制の対象となるグループ会社を把握しているか

グループ法人税制の対象は，完全支配関係のあるグループ会社である。具体的には，一の者（法人または個人）が直接的または間接的に100％の株式を保有する関係をいい，その点では連結財務諸表における連結子会社とは一致しな

図表９－７　完全支配関係

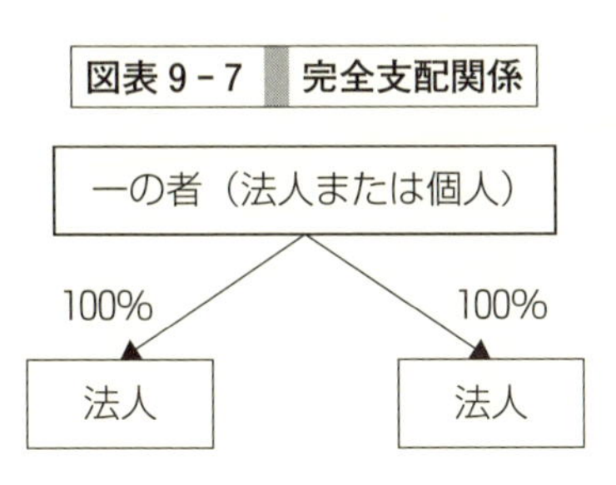

い場合がある。

また，その会社が①従業員持株会制度を導入，または，②一定のストック・オプションを発行している場合には，①と②の持株比率の合計数が５％未満である場合は，上記の100％の株式保有の判定はそれらの株式を除いて判定する。

(3) 完全支配関係のあるグループ会社については，グループ法人単体課税制度を適用しているか

グループ法人単体課税制度とは，完全支配関係のあるグループ会社の恣意的な利益操作による節税を排除するため，グループ法人内の一定の取引について適用される制度である。原則として，グループ通算制度を適用しないグループ法人においてはグループ法人単体課税制度が適用され，一定の資産の移動，寄附金，株式配当，現物分配，グループ法人間での自己株式の取得等が生じた場合，損金または益金を計上しない。

(4) 完全支配関係のあるグループ会社については，グループ通算制度の適用を検討しているか

① 連結納税制度からグループ通算制度への移行

グループ通算制度は，グループ内の各法人を納税単位として個別に計算および申告を行いつつ，グループ全体で損益通算等の調整を行う制度である。具体的には，赤字会社の欠損金額の合計額を黒字会社の課税所得の金額の比で按分し，その按分した金額をそれぞれの黒字法人で損金算入する。

従来，グループ法人ではグループ法人全体を１つの納税単位とする連結納税制度の適用が可能であったが，2020年度の税制改正によりグループ通算制度に移行している。

② グループ通算制度の適用要件

グループ通算制度は，親会社とその親会社が直接的または間接的に100％の株式を保有するすべての国内子会社を対象とし，青色申告制度の適用が前提となる。この制度の適用は任意であるものの，適用する場合はすべての子会社を対象にする必要があり，任意に適用対象子会社を選択することはできない。

図表9－8　グループ通算制度を適用できる完全支配関係

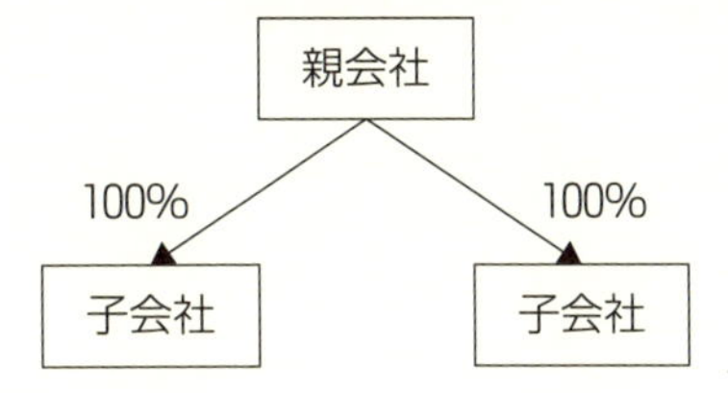

8 資本政策を実施する際の留意事項

項　目	チェック
(1) 個人間の株式移動の際には，その売買と贈与において税金を申告，納付しているか	□
(2) 第三者割当増資において，その発行価額が適正価額になっているか	□
(3) 未上場株式の評価を理解しているか	□
(4) ストック・オプションの税務上の取扱いを理解しているか	□
(5) 自己株式取得において，売却株主，取得法人が正しく申告手続をしているか	□
(6) 適格組織再編を行っている場合，その適用要件を満たしているか	□

資本政策ではさまざまな手法が利用されるが，その手法ごとに税務上の取扱いが異なり複雑なものとなっているため，留意が必要である。

(1) 個人間の株式移動の際には，その売買と贈与において税金を申告，納付しているか

IPOを目指す会社の資本政策上は，事業承継や安定株主対策として，オーナーから後継者へ株式を移動する場合や，各株主からオーナーへ株式を移動する場合がある。その個人間の株式移動には売買による方法と贈与による方法がある。

税務上は原則として，売買の場合は譲渡した者に所得税，住民税が課税され，贈与の場合は贈与された者に贈与税が課税される。上場準備においては，退職した者，旧経営者等からオーナーグループが株式を買い取る場合や，上場前にオーナーからオーナー一族へ贈与によって株式が移動する場合等，さまざまなケースが考えられるため，課税上の問題が生じないよう適正な算定方式による公正な株価（時価）で移動する必要がある。

図表９－９　株式を移動する場合の税金計算

【売買】　譲渡者に対し申告分離課税制度により所得税等が課税
（譲渡価額－取得価額）×株式数×20%（※）
（※）　復興特別所得税を除く。

【贈与】　受贈者に対し贈与税が課税
（贈与価額×株式数－基礎控除1,100,000円）×贈与税率－控除額

（※）　贈与税率と控除額

一般の贈与

贈与額	2,000千円以下	2,000千円超 3,000千円以下	3,000千円超 4,000千円以下	4,000千円超 6,000千円以下	6,000千円超 10,000千円以下	10,000千円超 15,000千円以下	15,000千円超 30,000千円以下	30,000千円超
税　率	10%	15%	20%	30%	40%	45%	50%	55%
控除額	－	100千円	250千円	650千円	1,250千円	1,750千円	2,500千円	4,000千円

直系尊属からの贈与

贈与額	2,000千円以下	2,000千円超 4,000千円以下	4,000千円超 6,000千円以下	6,000千円超 10,000千円以下	10,000千円超 15,000千円以下	15,000千円超 30,000千円以下	30,000千円超 45,000千円以下	40,000千円超
税　率	10%	15%	20%	30%	40%	45%	50%	55%
控除額	－	100千円	300千円	900千円	1,900千円	2,650千円	4,150千円	6,400千円

（出典）　EY新日本有限責任監査法人「新規上場を目指す経営者のためのIPOガイドブック」より作成

(2)　第三者割当増資において，その発行価額が適正価額になっているか

上場準備会社は多額の資金調達が必要となり，第三者割当増資を行う場合がほとんどである。ただし，その発行価格については，時価で発行しなければ株主間の不平等を招き，また課税の問題が発生する。

たとえば，有利な価格で発行をした場合には，発行会社は資本取引のため税務上の問題は発生しないが，割当を受けた個人株主は所得（給与所得，一時所得等），法人株主は受贈益として課税される。

そのため，株式の発行価額が適正な時価となっているかどうかが問題となる。

株式の時価については，上場会社は株式市場の客観的時価が存在するのに対し，未上場会社はこうした客観的な時価がないため，財務状況，成長性，株主

構成，経営参加の関係，株式の取引実態等によって適切に評価することが必要である。

具体的には，第三者割当増資の割当先がベンチャー・キャピタルや取引先といった上場準備会社から独立した第三者である場合には，利害の対立する者同士が交渉の結果決定した実際の引受価格が時価となる。その価格決定の際の参考として，DCF法（ディスカウント・キャッシュ・フロー法），類似会社比準法等により算定された株価がよく用いられる。

一方で，その会社の同族株主等に割り当てるような場合には，恣意的に低い価格により株式を取得させる等の操作が可能となってしまうため，時価は税法上の規定に基づき算定されることになる。その際，原則として直近で取引事例がある場合にはその価額を最優先し時価とし，取引事例がない場合は，次に述べるような未上場株式評価方法に基づいて評価することになる。

(3) 未上場株式の評価を理解しているか

主な未上場株式の評価方法に以下のものがある。

① DCF法（ディスカウント・キャッシュ・フロー法）

企業が将来獲得すると考えられるキャッシュ・フローを資本還元率によって還元する評価方法である。利益計画や資本還元率などの根拠とする数値が変動的であるため，株価がかなり広い範囲で変動する。上場準備会社の株式評価の際によく使われる。

② 類似会社比準法

類似会社比準法は，評価対象会社と，上場会社のうち業種，規模等が類似する会社（類似会社）の平均の株価と比較して，評価対象会社の株価を算出する評価方法である。

③ 類似業種比準法

類似業種比準法は，評価対象会社と事業内容が類似する業種の株価と比較して，評価対象会社の株価を算出する評価方法である。財産評価基本通達上の類似業種比準価額は，類似業種を選定し，「配当」，「利益」，「純資産」の3要素ごとに類似業種に対する評価対象会社の割合を計算し，その割合の加重平均を類似業種の株価に乗じたものをその評価対象会社の株価とする。

④　純資産法

純資産法は，企業のストックとしての純資産に着目して，株価を算定する評価方法である。財産評価基本通達上の純資産価額は，保有する土地や株式の含み益のうち法人税相当額37%を純資産額から控除することができる。

⑤　配当還元法

配当還元法とは，企業のフローとしての配当に着目し，配当を資本に還元して株価を算定する評価方法である。財産評価基本通達上の配当還元価額は，1株当たりの配当金額を資本還元率10%で割り返すことによって算定する。

(4)　ストック・オプションの税務上の取扱いを理解しているか

上場準備会社においては，役員や従業員のインセンティブとして，ストック・オプションを付与する場合が多い。形態により税務上の扱いが異なるので，留意が必要である。

①　無償ストック・オプション

無償で付与したストック・オプションの権利者が権利を行使して権利行使時の株価（時価）より安い価格で新株を取得した場合には，その経済的利益（すなわち権利行使時の時価と行使価額の差）については給与所得等とされ，累進税率による所得税等が課税される。また，株式売却時には譲渡益は譲渡所得とされ，税率20%（復興特別所得税を除く）の申告分離課税制度により所得税等が課税される。

一方，法人税の課税関係であるが，行使時点において，権利行使時の時価と行使価額との差である経済的利益を役員報酬または給与手当として計上することになる。

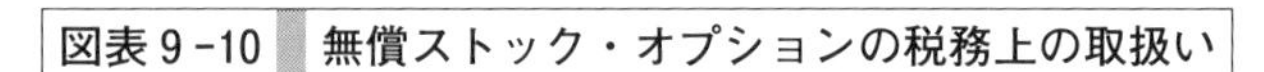

図表 9-10　無償ストック・オプションの税務上の取扱い

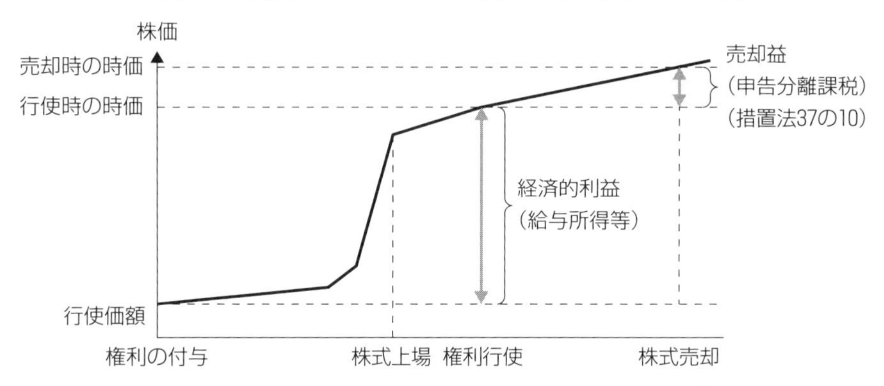

（出典）　EY新日本有限責任監査法人「新規上場を目指す経営者のためのIPOガイドブック」より作成

②　税制適格ストック・オプション

一定の基準を満たすストック・オプションについては，権利行使時点では所得税を課税せず，その株式を売却した時点で株式譲渡益として課税し，所得税の申告分離課税を適用するという税務上の優遇措置がある。このようなストック・オプションを税制適格ストック・オプションという。

図表 9-11　税制適格ストック・オプションの税務上の取扱い

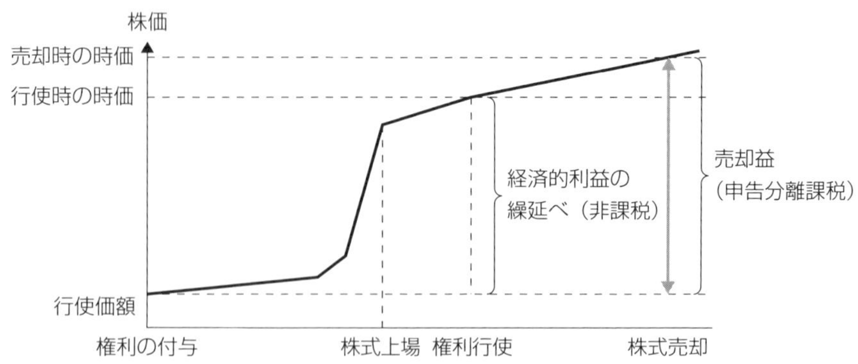

（出典）　EY新日本有限責任監査法人「新規上場を目指す経営者のためのIPOガイドブック」より作成

この税制適格ストック・オプションにより課税時期が繰り延べられる結果，納税資金捻出のために権利行使と同時に株式を売らなければならないといった心配はなくなる。

税制適格ストック・オプションの適用要件は下記のとおりである。

(i)　ストック・オプションは，発行会社の取締役等(※1)に無償で付与されたものであること
(ii)　ストック・オプションの行使は，その契約の基となった付与決議の日(※2)後2年を経過した日からその付与決議の日後10年（発行会社が設立の日以後の期間が5年未満の株式会社で，金融商品取引所に上場されている株式等の発行者である会社以外の会社であることその他の要件を満たす会社である場合には15年）を経過する日までの間に行わなければならないこと
(iii)　ストック・オプションの行使の際の権利行使価額(※3)の年間の合計額が1,200万円を超えないこと
(iv)　ストック・オプションの行使に係る1株当たりの権利行使価額は，当該ストック・オプションの付与に係る契約を締結した株式会社の当該契約の締結時における1株当たりの価額相当額以上であること(※4)
(v)　取締役等において，ストック・オプションの譲渡が禁止されていること
(vi)　ストック・オプションの行使に係る株式の交付が，会社法第238条第1項に定める事項に反しないで行われるものであること
(vii)　発行会社と金融商品取引業者等との間であらかじめ締結された取決めに従い，金融商品取引業者等において，当該ストック・オプションの行使により取得した株式の保管の委託がされること(※5)

(※1)　会社およびその子会社の取締役，執行役および使用人，一定の要件を満たす社外高度人材（令和6年度税制改正により範囲拡充）。ただし，大口株主およびその特別関係者（配偶者等）を除く。
(※2)　付与決議の日とは，ストック・オプションの割当てに関する決議の日をいう。
(※3)　「権利行使価額」とは，新株予約権の行使をすることにより，その年における当該行使に際し払い込むべき額をいう。令和6年度税制改正において，一定の場合に年間の権利行使価額の上限を引き上げて，税制適格ストック・オプションの利便性を高めるため，以下のような会社については，実際の権利行使価額ではなく，下記のように計算した金額を権利行使価額とし，当該金額の年間の合計額が1,200万円を超えないことが必要とされた。
- 付与決議日において設立の日以後の期間が5年未満の場合は，権利行使価額を2で除して計算した金額，すなわち年間の権利行使価額の上限は2,400万円
- 付与決議日において設立の日以後の期間が5年以上20年未満で，非上場会社または上場の日以後の期間が5年未満の上場会社の場合は，権利行使価額を3で除して計算した金額，すなわち年間の権利行使価額の上限は3,600万円

（※4）「当該契約の締結時」については，ストック・オプションの付与に係る契約の締結の日が，ストック・オプションの付与決議の日やストック・オプションの募集事項の決定の決議の日から6月を経過していない場合には，これらの決議の日として差し支えない。

（※5） 譲渡制限株式については，株式会社により管理がされることでも満たす（令和6年度税制改正）。

上場準備会社では，(ix)の「新株予約権の付与に関する調書」の税務署への提出が失念されているケースが多いため，留意する必要がある。

また，法人税の課税関係であるが，税制適格ストック・オプションでは，権利行使時点では所得税は課税されず，それに見合った役員報酬または給与手当も計上することはない。そのため，税制適格ストック・オプションの権利行使時点では源泉徴収も不要である。

令和5年度の租税特別措置法通達の改正により，あらかじめ定められた一定のルールに従って株価を算定する限り，税法で認められる範囲内であるとするいわゆる「セーフハーバールール」が定められた。

この改正により税制適格ストック・オプションの付与契約時の権利行使価額の株価算定ルールとして，財産評価基本通達に定める「1株当たりの純資産価額（相続税評価額によって計算した金額)」の適用が認められることになった。具体的には，取引相場のない株式について，一定の条件の下，財産評価基本通達の例（純資産価額等を用いて算定した価額等）により自社株式の評価額を算定し，税制適格ストック・オプションの権利行使価額とすることが認められた。

この「セーフハーバールール」に従って株価を算定することによって，従前よりも低い権利行使価額とすることができる場合が増えることが期待される。

令和6年度の税制改正によると，ストック・オプションの税務上の取扱いについて，年間の権利行使価額の上限を現行の1,200万円から，設立後5年未満の株式会社から付与されたものは2,400万円，5年以上20年未満の株式会社のうち非上場である株式会社または上場後5年未満である株式会社から付与されたものは3,600万円へ引き上げることとされた。また，保管委託要件について，スタートアップ自身による管理の方法が新設された。

③　有償ストック・オプション

役員や従業員等に時価発行により有償ストック・オプションを付与する場合には，税制適格ストック・オプションの取扱い同様，原則として権利付与時にも権利行使時にも役員や従業員は課税されず，その株式を売却した時点で株式譲渡益として課税し，所得税の申告分離課税を適用する。

時価発行の有償ストック・オプションについては，そのオプション料が公正な価額と認められない場合，税務上の課税問題が生じる。また，上場準備においては監査法人の監査の際，その評価額の妥当性を確認するため，十分な留意が必要である。

図表9－12　有償ストック・オプションの税務上の取扱い

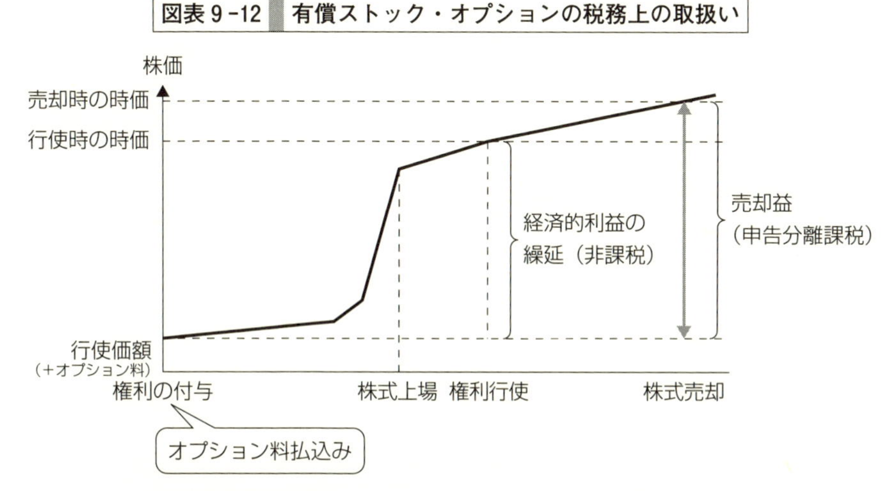

（出典）　EY新日本有限責任監査法人「新規上場を目指す経営者のためのIPOガイドブック」より作成

④　信託型ストック・オプション

国税庁は2023年5月に公表した「ストックオプションに対する課税（Q&A）」において，従前，企業側で信託型ストック・オプションを税制適格ストック・オプションと理解していたものでも，実質的には，発行会社が役職員にストック・オプションを付与していること，役職員に金銭等の負担がないことなどの理由から，税制非適格ストック・オプションとして取り扱う場合があることが示された。その場合はストック・オプションを行使した日の属する年分の給与所得として所得税の課税対象とすることとされているので留意が必要である。

信託型ストック・オプションに係る税制適格ストック・オプションの適用要件は下記のとおりとされている。

(i) 信託型ストック・オプションに係る信託契約において，原則として，信託の受託者が自身の判断で，そのストック・オプションの行使または第三者への譲渡をすることができないとされていること
(ii) 信託型ストック・オプションは，発行会社の取締役等(※1)に無償で付与されること
(iii) 信託型ストック・オプションの行使は，信託型ストック・オプションに係る受益者を指定する日（以下「受益者指定日」という）の後2年を経過した日から受益者指定日後10年（発行会社が設立の日以後の期間が5年未満の株式会社で，金融商品取引所に上場されている株式等の発行者である会社以外の会社であることその他の要件を満たす会社である場合には15年）を経過する日までの間に行わなければならないこと
(iv) 信託型ストック・オプションの行使の際の権利行使価額(※2)の年間の合計額が1,200万円を超えないこと
(v) 信託型ストック・オプションの行使に係る1株当たりの権利行使価額は，信託受益権の付与に係る契約の締結時(※3)における1株当たりの価額相当額以上であること
(vi) 取締役等において，信託型ストック・オプションおよびその信託受益権の譲渡が禁止されていること
(vii) 信託型ストック・オプションの行使に係る株式の交付が，会社法第238条第1項に定める事項に反しないで行われるものであること
(viii) 発行会社と金融商品取引業者等との間であらかじめ締結された取決めに従い，金融商品取引業者等において，信託型ストック・オプションの行使により取得した株式の保管の委託がされること(※4)

（※1） 会社およびその子会社の取締役，執行役および使用人，一定の要件を満たす社外高度人材（令和6年度税制改正により範囲拡充)。ただし，大口株主およびその特別関係者（配偶者等）を除く。
（※2）「権利行使価額」とは，新株予約権の行使をすることにより，その年における当該行使に際し払い込むべき額をいう。令和6年度税制改正において，一定の場合に年間の権利行使価額の上限を引き上げて，税制適格ストック・オプションの利便性を高めるため，以下のような会社については，実際の権利行使価額ではなく，下記のように

計算した金額を権利行使価額とし，当該金額の年間の合計額が1,200万円を超えないことが必要とされた。
- 受益者指定日において設立の日以後の期間が５年未満の場合は，権利行使価額を２で除して計算した金額，すなわち年間の権利行使価額の上限は2,400万円
- 受益者指定日において設立の日以後の期間が５年以上20年未満で，非上場会社または上場の日以後の期間が５年未満の上場会社の場合は，権利行使価額を３で除して計算した金額，すなわち年間の権利行使価額の上限は3,600万円

（※３）「信託受益権の付与に係る契約の締結時」については，信託受益権の付与に係る契約の締結の日が，受益者指定日から６月を経過していない場合には，受益者指定日として差し支えない。

（※４） 譲渡制限株式については，株式会社により管理がされることでも満たす（令和６年度税制改正）。

(5) 自己株式取得において，売却株主，取得法人が正しく申告手続をしているか

上場準備会社においては，株主からの株式の買取請求や安定株主対策としての株式買取のために，会社が自己株式を取得するケースがある。自己株式取得についてその課税方法に留意する必要がある。

① 売却株主

売却株主は売買時にその売却方法（市場買付，公開買付，相対取引）によってみなし配当または譲渡所得が課税される。

図表９-13　売却株主の課税関係

取得方法	対象株式	課税方法
市場買付	公開株式	譲渡益課税（みなし配当課税なし）
公開買付（TOB）		みなし配当＋譲渡益課税
相対取引	公開株式/非公開株式	みなし配当＋譲渡益課税

	内　容	課税対象
みなし配当	１株当たりの交付金銭等の額が１株当たりの取得資本金等の金額を超える場合	その超える部分の金額

譲渡損益	1株当たりの取得資本金等の金額が帳簿価額を超える場合	譲渡益
	1株当たりの取得資本金等の金額が帳簿価額に満たない場合	譲渡損

(出典) EY新日本有限責任監査法人「新規上場を目指す経営者のためのIPOガイドブック」より作成

② 取得法人

自己株式の消却時，処分時には原則として課税関係は生じず，購入時，譲渡時に税務処理を行う。

図表9-14 取得法人の課税関係

		借方		貸方	
購入時	みなし配当課税あり	資本金等 利益積立金	××× ×××	現金預金 (源泉預り金)	××× ×××
	みなし配当課税なし	資本金等	×××	現金預金	×××
消却時		－仕訳不要－			
譲渡時		現金預金	×××	資本金等	×××

(出典) EY新日本有限責任監査法人「新規上場を目指す経営者のためのIPOガイドブック」より作成

(6) 適格組織再編を行っている場合，その適用要件を満たしているか

効果的なグループ経営のため，そして，上場準備会社においては関係会社整備のために，組織再編を実施するケースが多い。

組織再編行為には合併，会社分割，株式交換，株式移転等があるが，これらの税務上の取扱いは適格組織再編と非適格組織再編に分類される。

図表9-15　適格組織再編の適格要件

企業グループ内の組織再編成	共同事業を行うための組織再編成
■100%関係の法人間で行う組織再編 ・100%関係の継続 ■50%超関係の法人間で行う組織再編 ①　50%超関係の継続 ②　主要な資産・負債の移転 ③　移転事業従業者の概ね80%が移転先事業に従事（株式交換等・株式移転の場合は完全子法人の従業者の継続従事） ④　移転事業の継続（株式交換等・株式移転の場合は完全子法人の事業の継続）	①　事業の関連性があること ②　（イ）事業規模（売上，従業員，資本金等）が概ね5倍以内または（ロ）特定役員への就任（株式交換・株式移転の場合は完全子法人の特定役員の継続） ③　左記の②～④ ④　支配株主（分社型分割・現物出資の場合は分割法人・現物出資法人）による対価株式の継続保有 ⑤　関係の継続（株式交換・株式移転のみ）

（出典）財務省ホームページより作成

①　合併，会社分割の税務上の取扱い

合併とは，2つ以上の会社が契約を締結して1つの会社に統合されることをいう。合併には，解散会社のあらゆる権利，義務が合併法人に承継される吸収合併と，新設法人に承継される新設合併がある。

一方，会社分割とは，会社がその事業の全部または一部を他の会社に承継させることをいう。会社分割は分社型と分割型の2つに分類され，分社型の会社分割とは，会社分割をした際に分割の対価としての株式の割当先が，分割会社である場合の会社分割をいう。一方，分割型の会社分割とは，分割の対価としての株式の割当先が分割会社の株主である場合の会社分割をいう。

企業グループ内の合併，会社分割が行われた場合，資産の引継ぎについては，原則として時価による移転として譲渡損益を認識すること（時価移転）となる。ただし，適格組織再編の適格要件に該当する合併，分割については，移転資産が帳簿価格で引き継がれ，譲渡損益が繰り延べられる。

また，被合併会社または分割法人の株主に対するみなし配当（交付株式等の額の合計額が，その法人の資本等の金額のうち交付株式に対応する部分の金額

を超える部分），および株式譲渡課税の取扱いについては，図表９－16のとおりとなる。

図表９－16　株主における課税関係

	みなし配当		株式等の譲渡損益（金銭等の交付がある場合のみ）
	適格	非適格	
合併	課税なし	課税	課税
分割型分割	課税なし	課税なし	課税なし

（出典）EY新日本有限責任監査法人「新規上場を目指す経営者のためのIPOガイドブック」より作成

②　株式交換，株式移転の税務上の取扱い

株式交換とは，子会社になる会社の株主が，その保有する株式を親会社になる会社に拠出し，その拠出した株式に見合う親会社株式を取得することをいう。

一方，株式移転とは，会社の株主が，完全親会社を設立するために，その保有する株式を拠出して，新設完全親会社の株式の割当を受けることをいう。

株式交換，株式移転は，税務上では，原則的に「株式の譲渡」ととらえ，交換，移転時点で含み損益が実現したものとして課税されるが，適格組織再編の適格要件に該当する場合は，交換，移転時点では課税損益を認識せず，交換，移転により取得した株式を売却するまで課税が繰り延べられる。

第10章 IPOにおける法務

1 法務における一般的な留意事項

項　目	チェック
(1) 事業に必要な許認可等を適切に取得しているか	□
(2) 事業活動において遵守すべき法規制を把握し，これらを遵守しているか	□
(3) 事業の継続性に重大な影響を与える契約，違法性を有する契約等がないかを確認しているか	□
(4) 関連法令や業界指針等において，コンプライアンス，ガバナンス，内部管理体制の構築および運用を求めるものがないかを把握し，それらを遵守しているか	□
(5) 係争中または係争可能性のある法的紛争の有無とその影響等を把握しているか	□

本節では，上場準備において法務担当部門が留意すべき一般的事項について説明する。なお，これらの留意事項はショート・レビューにおいてしばしば問題となることが多い。

(1) 事業に必要な許認可等を適切に取得しているか

上場準備においては，自社の事業に必要な許認可を適切に取得しているか，必要な事前の登録，届出を行っているかが，法務の観点からの重要な検討ポイントとなる。

特に開始したばかりの新規事業，準備中の事業，直近に法改正があった分野の事業については，許認可取得の必要性を綿密に検討する必要がある。また，事業活動を海外展開している場合は，海外現地法人の許認可も，適切に把握し，対応することが求められる。

たとえば，近年，我が国における話題性の高い分野としては，資金決済法が求める決済業者等の資金移動業，電子マネー等の前払支払式手段，仮想通貨の暗号資産交換業に係る許認可等が挙げられる。

許認可の取得等が必要な事業は多く，他にも以下のようなものが例として挙げられる。

- 電気通信事業法：電気通信事業
- 医薬品，医療機器等の品質，有効性及び安全性の確保等に関する法律（薬機法）：医薬品の製造業，販売貸与業，医療機器の修理業等
- 建設業法：特定，一般建設業
- 宅地建物取引業法：宅地建物取引業
- 金融商品取引法（金商法）：第一種，二種金融商品取引業，投資助言業等

許認可の検討においては，許認可が必要な自社の事業を把握して，必要な許認可を特定することがファーストステップになる。そのためには，法律や対象とする事業の専門家への相談等のほか，同業他社のホームページにある会社概要等の公開情報から取得している許認可等を確認し，比較検討を行うことも有効である。

また，しばしば存在するグレーな分野や新しく法改正がなされた分野については，ノーアクション・レター制度という法令適用事前確認手続を利用して規制当局と事前に確認したり，関連業界団体へ問合せを実施したりすることも有用となる。

(2) 事業活動において遵守すべき法規制を把握し，これらを遵守しているか

事業活動に関連する法規制への遵守も上場準備における重要なポイントとな

る。事業活動において遵守すべき法規制には，事業者が消費者との取引で各種公告等を行う際に適用される「不当景品類及び不当表示防止法」（景表法）や，事業者が下請事業者と取引をするにあたり適用される「下請代金支払遅延等防止法」（下請法），飲食物を扱う食品等事業者に適用される「食品衛生法」等がある。他にも，「消防法」や「建設業法」等の非常に多くのものが存在する。

新規事業分野や法改正のあった分野の事業等については特に注意が必要である点や，海外現地法人の業務についても検討が必要な点は許認可の場合と同様である。事業活動に関連する法規制への遵守状況の検討においては，事業部門や管理部門と十分に意思疎通を図り，業務内容を把握する必要がある。そのうえで重要性に応じて，顧問弁護士と相談しながら，過去の違反の有無や行政指導等の内容の検討等を含めて，対応を進めることが求められる。

なお，グローバルなデジタル経済の発展が進む近年では，個人情報保護やデータセキュリティ分野，デジタル分野の法規制が各国で整備，強化され，その遵守の要求が高まっている点にも留意が必要である。まず，個人情報保護やデータセキュリティの分野では，日本の「個人情報の保護に関する法律」（個人情報保護法），欧州の「GDPR（General Data Protection Regulation）」，中国の「サイバーセキュリティ法」，「データセキュリティ法」，「個人情報保護法」等，各国で法規制の整備が進んでいる。企業活動を行うにあたり，個人情報やデータセキュリティ分野の法規制を遵守することは避けることができない義務である一方で，これらの分野は法改正が比較的頻繁になされることに注意が必要である。また，実際の違反，制裁事例も増加してきている。その中でも，GDPRは巨額の制裁金を設けており，2019年にGoogleがGDPR違反として5,000万ユーロの制裁金を科されている。

中国においても，2017年６月に「中国サイバーセキュリティ法」，2021年９月に「中国データセキュリティ法」，同年11月に「個人情報保護法」が施行され，法規制が強化されているが，その具体的な運用指針は未公表の部分もあり，動向を注視していく必要がある。

そして，近年，グローバルベースでの急速なデジタル化が進み，日本においてもデジタル化への対応が会社，ひいては社会の課題となっており，さまざまなデジタル分野の法規制の整備が進んでいる。たとえば，日本におけるデジタル分野では，「民間事業者等が行う書面の保存等における情報通信の技術の利用に関する法律」（E文書法），「電子計算機を使用して作成する国税関係帳簿書類の保存方法等の特例に関する法律」（電帳法），「電子署名及び認証業務に関する法律」（電子署名法）等により，電子契約や電子署名等に関する法規制が整備されており，それらについても遵守する必要がある。

また，海外においても，EUの「eIDAS規則（EU規則No. 910/2014）」，米国の「ESIGN法」，中国の「電子署名法」等により電子契約や電子署名等の法規制が整備されているので，これらの規制の内容を適切に把握し，遵守することが求められる。

(3) 事業の継続性に重大な影響を与える契約，違法性を有する契約等がないかを確認しているか

上場準備では，上場後の事業の継続性の確保や，上場に向けた経営の健全性の確保等の観点から，契約関係についても，以下のような対応をすることが求められる。

- ビジネスの根幹となる取引先，仕入先との契約関係の確保
- 競業禁止規定等の事業に重大な影響を与える条項の把握と対応
- 反社会的勢力との取引の断絶と契約雛形における反社条項の整備
- 法令に違反する契約条項の把握と対応
- 経済的合理性を欠く関連会社，役員等との契約関係の整理
- 株主間契約，投資契約と上場条件等の整合性の確認
- 重要な借入契約の継続性の確保
- 不当な債務保証や担保提供の把握と対応

また，上場後に契約関係を効率的，効果的に管理できるような体制を適切に構築することも検討に値する。たとえば，法務部門の特定の個人に依存することによる契約のリスクや関連コストを低減するための標準的契約条件の導入，契約リスクの網羅的管理を可能とする契約ライフサイクルに従った管理プロセ

スの導入，契約管理プロセスの自動化のためのリーガルテックの導入等が挙げられる。

(4) 関連法令や業界指針等において，コンプライアンス，ガバナンス，内部管理体制の構築および運用を求めるものがないかを把握し，それらを遵守しているか

上場準備においては，会社のコンプライアンス，ガバナンスおよび内部管理体制（以下「管理体制」という）を構築することが必要であり，法務の側面からは，このような管理体制について，関連法規が定める要件を充足することがポイントになる。

まず，すでに説明した許認可との関連において，特定の法令では許認可の要件として管理体制の整備および運用や人的要件の確保等を厳格に定めている。たとえば，「薬機法」では一定の医療機器の製造販売業につき，製造，品質管理体制の構築や統括製造販売責任者の設置等を要件としている。

また，事業活動で準拠すべき法規制についても，帳簿の作成（建設業法の帳簿，古物法の古物台帳等）やその他の資料の作成，保存（下請法の製造委託関連書類，宅建法の建物売買関係書類等）等の要件を定めるものがある。

他にも，以下のような監督省庁，関連行政機関，証券取引所や業界団体が定める指針等が求める管理体制があり，これらについても遵守する必要がある。

- 監督省庁が定める管理体制（金商法に基づき金融庁が公表する金融商品取引業者向けの総合的な監督指針等）
- 関連行政機関が定める管理体制（個人情報保護法に基づき個人情報保護委員会が定める管理体制等）
- 証券取引所が上場会社に要求する管理体制（コーポレートガバナンス・コードが求める管理体制等）
- 業界団体が定める管理体制（日本製薬工業協会等が定める管理体制等）

上記の管理体制の構築にあたっては，自社に適用される関連法規の中で管理体制の整備を求められるものを確認し，その内容を適切に把握して，対応する必要がある。そして，それらの要求を充足する形で，金融商品取引法が求める

財務報告に係る内部統制報告制度（J-SOX）に組み込んで，整備および運用していくことが重要である。

なお，会社法が定める会社組織，機関設計や各種手続および労働関連法規の定める内部管理体制についても留意する必要がある。

(5) 係争中または係争可能性のある法的紛争の有無とその影響等を把握しているか

係争中または係争可能性のある法的紛争の有無の把握とその影響の評価も，上場準備においては重要なポイントとなる。そのため，顧問弁護士，弁理士等と相談しながら，自社において係争中または係争可能性のある法的紛争を適切に把握して，その影響や想定される結果について検討，評価し，その結果を文書化したうえで，可能な対策は事前に講ずることが重要である。

主幹事証券会社の審査においては，重要な法的紛争について，弁護士，弁理士の意見書を取得することが通常であるので，そのような観点からも，事前の準備，対策が有用となる。また，法的紛争は，上場にあたって，その可能性や影響度に応じて開示が求められる点にも留意が必要である。

2 知的財産に関する留意事項

項　目	チェック
(1) 知的財産権の保有状況を把握しているか	□
(2) 知的財産権に関する紛争状況を把握しているか	□
(3) 従業員の職務発明に対する相当の利益が支払われているかを確認しているか	□

(1) 知的財産権の保有状況を把握しているか

知的財産権の保有形態として，会社が知的財産を直接保有する場合と，契約に基づいてライセンスが設定されている場合が考えられる。各々の保有形態に応じて，上場審査に向けた会社の対応が異なるため，知的財産権の保有形態を整理，把握する必要がある。

知的財産権の保有形態に応じた具体的な対応方法は，以下のとおりである。

① 会社が知的財産権を直接保有する場合

(i) 知的財産権の保護期間の確認

知的財産権の保有状況を確認する前提として，会社がどのような知的財産権を保有しているのか，または保有すべきなのかを洗い出す必要がある。

登録されている知的財産権があれば，保護期間の満了が近づいているかを把握するために，その知的財産権の残存期間を確認する。

たとえば，特許権の場合は出願の日から20年，実用新案権の場合は出願の日から10年，意匠権の場合は設定登録日から20年間にわたりその知的財産権を保有することができる。

商標権の保護期間は，商標登録の日から10年間であるが，存続期間満了の前に更新登録料を支払えばさらに5年または10年間延長することができる。商標権については，更新を継続すれば，半永久的に権利を存続させることが可能であるため，保護期限の満了が近い商標権を適切に把握できる体制を構築する必要がある。

著作権の保護期間は，原則として著作者の生存年間およびその死後70年間である。

ⅱ 知的財産権の登録手続

権利設定や権利移転のために登録が必要であるにもかかわらず，登録がなされていない知的財産権があれば，速やかに登録手続を行うことが必要である。特に，特許権，実用新案権，意匠権，商標権は，権利設定および譲渡による権利移転について，登録原簿に登録を行わなければ効力が発生しないため速やかな登録手続が不可欠となる。知的財産権の譲渡元が共有で権利を保有していた場合は，共有者から譲渡についての同意が得られていたかも確認する必要がある。

一方，著作権は，著作者が著作物を作成した時点で自動的に発生するため，届出や登録等の手続は権利設定や権利移転との関係では不可欠ではない。ただし，著作権に関わる事実関係の証明を容易にして将来の紛争の可能性を防止するためにも登録をすることが望まれる。

また，特許権については，取得・登録前に当該技術が公に知られることになった場合，発明の新規性が失われ，取得できなくなる場合があるため留意が必要である。たとえば，特許権の取得・登録前に，事業計画等で自社の新規技術を公表してしまう場合等が考えられる。

ⅲ 維持費（年金）の支払い

特許権，実用新案権，意匠権を継続して保有するためには，特許庁に対して，維持費（年金）を支払わなければならない。維持費（年金）が未払いの特許権，実用新案権，意匠権は存続期間の満了を待たずに消滅するため，維持費（年金）の支払いが継続的に行われているかを確認するための体制構築が必要である。

ⅳ 使用期限や担保権の確認

知的財産権を有効に保有していても，他社に使用権限や担保権が設定されている場合があるため，これらの権利の有無および内容を確認する必要がある。

他社に使用権限が設定されている場合として，通常実施権や専用実施権の設定が考えられる。通常実施権および専用実施権のいずれも特許発明等の実施をすることができる権利であるという点で共通しているが，専用実施権が特許発明等を実施する権利を独占的排他的に専有できる（特許発明等の権利保有者自身の実施も制限される）のに対して，通常実施権では，契約において特別に規定する場合を除いて，原則としてこのような専有が認められない。

特許権，実用新案権，意匠権，商標権に対する専用実施権の設定については，登録が効力要件とされているため，その知的財産権の登録によって専用実施権の有無を確認することができる。一方，通常実施権や担保権の設定については，ライセンス契約や担保権設定契約の契約書を確認する必要がある。これらの契約書を確認したうえで，会社にとって不合理な条項が設定されていないかを個別に検討することとなる。たとえば，ライセンス契約において，会社自身の特許発明等を認めない規定が設定されていないか，担保権設定契約において，担保権解除事由が著しく不合理に設定されていないか等について確認する。

②　契約に基づいてライセンスが設定されている場合

会社自身が知的財産権を直接保有せずに，ライセンスを受けている場合がある。この場合，事業遂行に必要な知的財産権がすべてライセンスの対象として網羅されているかを確認する必要がある。

(i)　ライセンス登録の確認

特許権，実用新案権，意匠権については，ライセンスを登録しなくとも，ライセンスが有効に成立し，対抗要件も得られるが，商標権については，ライセンスを第三者に対抗するためには登録が必要となるため，登録の有無まで確認する必要がある。なお，著作権は，出版権を除き，ライセンスに関する登録制度は存在しない。

(ii)　独占禁止法違反等の不合理な条項の確認

契約に基づいてライセンスを受けている知的財産権については，その契約に独占禁止法違反等の不合理な条項が設定されていないかを検討する。独占禁止法に違反しうる不合理な条項として，販売価格，再販売価格の制限や製造，販売数量の上限等の規定が考えられ，これらの規定が，公正な競争を阻害する場合には，独占禁止法に違反する可能性がある。

(iii) 契約満了前の検討事項

契約の有効期限の満了が近い契約については，契約更新の有無や新契約締結の障害となる事由の有無やその程度，交渉の必要性等を検討する。東京証券取引所が発刊した「新規上場ガイドブック（グロース市場編）」の上場審査Q&AのQ52において，「他者が保有する特定の知的財産権を契約により独占的に利用して主要な事業が行われている会社については，当該知的財産権にかかる契約が解除された場合には事業の継続が困難になる等の理由から，上場に際しては，原則として，当該知的財産権を保有先から譲り受け，自社で保有することが望まれます。」と記載されているように，事業継続に不可欠な知的財産権であれば，会社自身が直接保有することが望まれる。

(iv) 企業グループ内の会社が上場する場合の留意点

企業グループ内の会社が上場する場合，ライセンスの設定状況に応じた対応が必要となるケースがある。たとえば，親会社がグループ会社の知的財産を一括して保有し，各々の会社にその知的財産権をライセンスしている場合，親会社から上場を目指す会社へ知的財産権を譲渡する，または引き続きライセンスするのかを検討する必要がある。

その他に，親会社がライセンスを受ける際に，ライセンシーの範囲を親会社のみならず，グループ会社も含まれるように設定することがある。このような場合はライセンサーと親会社間で締結されているライセンス契約を，ライセンサーと上場申請会社の直接契約に変更することを検討する必要がある。

③ 第三者が知的財産権を登録している場合

事業遂行に必要な知的財産権を他社が先に登録している場合，その知的財産権の買い取り，ライセンスの設定，または相手の知的財産権の無効を主張する訴訟提起等の方法をとることが考えられる。ただし，上場が見えた段階では，その知的財産権がないと事業遂行上の重大な支障となることが相手方にもわかるため，高額な条件を提示されるおそれがある。また，訴訟を提起する場合には，弁護士の代理人費用や時間がかかってしまうというデメリットもある。そのような状況に陥らないためにも，可能な限り，知的財産権を早めに登録することが重要である。

(2)　知的財産権に関する紛争状況を把握しているか

知的財産権に関して，係争リスクの有無も重要なポイントである。東京証券取引所が発刊した「新規上場ガイドブック（グロース市場編）」のグロース市場事前チェックリストの6(9)aには，「最近3年間及び申請期において，解決済み及び未解決の事件について，事件発生の経緯及び事件の内容等を説明してください。特に，特許，実用新案関係等のビジネスモデルに影響を与えると考えられる係争事件については，弁護士や弁理士の見解を踏まえたうえで説明してください。」との記載がされており，特許関係の係争事件について，チェック項目として明示されている。これは，知的財産権を保有していたつもりでも，特許権の無効審判によって，一度登録された特許権が後からなかったことにされるおそれがあるためである。実際に無効とされる例も多く，また多額の損害賠償が認められる場合がある等，知的財産権に関する紛争は，他の紛争と比較しても大きなリスクを内包しているといえる。また，会社の事業が1つの知的財産権に依存している会社に対して，その知的財産権に対する差止訴訟が提起されるということは，事業の継続が不可能となることを意味しかねない。

このように多大なリスクを内包している知的財産権の効力を争う紛争が係属していないか，係属していないとしても争われた際に反論する材料は揃っているのか等について検討しておく必要がある。たとえば，紛争相手になりうる競合会社に対して自己の知的財産権を対抗できるような特許権等を複数準備できていれば，交渉段階でお互いが保有している知的財産権のクロスライセンスを持ちかけることにより解決する可能性がある。

以上のように，上場を目指す会社にとって，知的財産権の保有と保全は重要な論点となるため，弁護士等と相談しながら対応していくことが必要である。

(3) 従業員の職務発明に対する相当の利益が支払われているかを確認しているか

特許権が事業運営上不可欠となる場合が多いベンチャー企業においては，自社の従業員が行った発明について権利の帰属が問題となる場合が多い。

職務発明とは，会社の業務に関連して従業員が行った発明を指し，原則として，職務発明の特許権は発明者である従業員に帰属することになる。この場合は，会社は権利者である従業員から通常実施権を受けて，特許に関する発明を使用することができる。ただし，通常実施権を有していても，従業員がその特許を第三者に譲渡することや，実施許諾することを禁止できず，その特許権を独占できないため，ビジネス上重大な問題となる。

このような事態を回避し，職務発明による特許権を会社に帰属させるためには，社内規程や雇用契約に職務発明による特許権は会社に帰属する旨を明記する必要がある。ただし，その場合は，開発者である従業員の利益に配慮し，従業員に相当の利益を付与しなければならない。

職務発明に関して，この相当の利益の支払いが適切に行われたかが，しばしば問題となる。職務発明が注目された有名な裁判例として，青色発光ダイオード（青色LED）訴訟がある。日亜化学工業に当時在籍していた青色LEDの発明者が，職務発明の報酬を請求して，一審で200億円もの報酬額が認められた（のち約８億円で和解）。

以上のように重要な特許権の権利処理ができていない状態では，特許をめぐる紛争リスクがあるものとして上場が難しくなる。また，上場審査において巨額な偶発債務の有無が審査されることになる。そのため，巨額な損害賠償が生じる可能性のある，職務発明に対する相当の利益に係る請求権の有無や内容については，事前に把握，整理しておく必要がある。

適切な内容の職務発明規程を制定し，運用しておけば，従業員に付与する職務発明に対する相当の利益を合理的な範囲内に限定することも可能となり，従業員との紛争による巨額の対価の支払いを回避することができる。

過去の従業員の職務発明に対して相当の利益が付与されていない場合は，規定した基準に基づいて相当の対価を支払う等の手段をとって可能な限りリスクを減らしていくことが必要となる。

なお，従業員が職務上作成する職務著作は，会社が著作者となり，著作権および著作者人格権を取得することとされているため，職務発明と比べて会社の損害になるリスクは低いといえる。

3 労働法に関する留意事項

項　　目	チェック
(1) 自社に適用される労働関係法規の内容と最近の改正を把握し，適切に対応しているか	□
(2) 未払賃金の有無を確認しているか	□
(3) 労働基準法上の管理監督者に該当しない，いわゆる「名ばかり管理職」への残業代の未払いがないことを確認しているか	□
(4) 差別やハラスメントへの対策状況を把握しているか	□
(5) 社会保険料の未払いの有無を確認しているか	□
(6) 労働災害の予防，救済の状況を把握しているか	□
(7) 「雇用契約」以外の契約形式の従業員について，労働関係法規が適用される「労働者」に該当しないことを確認しているか	□
(8) 派遣労働者について，いわゆる「偽装請負」の問題がないことを確認しているか	□
(9) 労働関係法規等の定める人事，労務管理体制が適切に整備および運用されているか	□
(10) 人事労務に関する係争中の紛争や潜在的紛争の有無とその影響等を把握しているか	□

(1) 自社に適用される労働関係法規の内容と最近の改正を把握し，適切に対応しているか

IPOに関連する労働関係法規として，主に以下のものが挙げられる。

- 労働契約分野：労働契約法
- 労働基準分野：労働基準法，労働契約法，最低賃金法，労働災害補償保険法，男女雇用機会均等法，労働安全衛生法，労働時間等の設定の改善に関する特別措置法
- 労働市場分野：労働者派遣法，労働施策の総合的な推進並びに労働者の雇用の安定及び職業生活の充実等に関する法律（以下「労働施策総合

推進法」)
- 労働紛争分野：労働審判法

各法律には，その政令（施行令）や省令（施行規則）があり，その詳細内容を補足している。人事，労務分野の法令を所管する中央省庁は厚生労働省であり，厚生労働省の指揮監督を受ける労働基準監督署や都道府県労働局等が各地域に存在する。なお，労働組合法等の集団的労使関係分野を規律する法規については，IPOにおいて労働組合の組成は義務づけられていないことから，ここではその記載を省略している。

労働者の権利は，憲法第27条「勤労の権利」，憲法第14条第１項「法の下の平等」等に起因する重要な人権である一方，使用者（会社）と従業員（個人）との間の力の差が大きく，人権侵害が起きやすい分野でもある。そのため，人権を保障するために違反に対して刑罰を科す規定や，当事者が合意をしても適用を排除できない強行法規性を有する規定が設けられている点が特徴といえる。また，労働関係法規の分野は，社会情勢に合わせて，比較的頻繁かつ広範に改正がなされるため，常に改正等の内容に注視して，対応が必要な分野でもある。

(2)　未払賃金の有無を確認しているか

IPOの人事，労務分野での最も大きな法的課題は，未払賃金の問題である。たとえば，以下が挙げられる。

【未払賃金の問題事例】

- 過去における不適切な勤怠管理（たとえば，適切に労働時間を記録，管理していなかったこと等により，時間外労働を遡及的に認めて賃金を支払わざるを得なかったケース等）
- 弾力的な労働時間制度の導入要件の不充足（たとえば，就業規則等への明記がない変形労働時間制の導入，適法に選定されていない労働者代表者との労使協定による専門業務型裁量労働制の導入等，法定の要件を充足せずに導入し，割増賃金が違法に不払いとなっているケース等）
- 労働時間制度の理解，適用の誤り（たとえば，管理監督者や裁量労働制の適用対象者でも深夜労働割増賃金は支払義務があるにもかかわらず，未払いとなっているケース等）

- 固定時間外手当の不適切な運用（たとえば，基本給と時間外賃金相当額の区分が不明確で時間外賃金部分が明記されていない等，雇用契約や就業規則等の規定が不十分な場合，固定時間外手当を超える部分の時間外手当の未払いが発生している場合等）

上場準備にあたっては，顧問弁護士や社会保険労務士と相談しながら，未払賃金の有無を把握して，過年度の未払賃金を支払うのみならず，将来において再度そのような未払賃金が発生しないよう，労働時間や人事プロセス管理の仕組みを整備し，運用していくことが求められる。

なお，残業時間との関係では，過去および現在において，36協定を適切に締結，届出をしているか，就業規則に時間外労働の命令権を定める規定はあるか，36協定に定める時間外労働の上限を超過していないか等を確認する必要がある。

また，最近は，労働時間規制の例外的制度（裁量労働，変形労働時間）について，上記「未払賃金の問題事例」に記載したような理由で，是正勧告を受け，結果的に未払残業代が認容される例が出てきている点には留意が必要である。

(3) 労働基準法上の管理監督者に該当しない，いわゆる「名ばかり管理職」への残業代の未払いがないことを確認しているか

労働基準法上の管理監督者でない「管理職」に対する残業代の未払いも，典型的な問題として挙げられる。いわゆる「名ばかり管理職」の問題である。

労働基準法上の管理監督者は，時間外労働，休日労働の残業代支払いが不要となるが，社内の管理職と必ずしも一致しない。労働基準法上の管理監督者に該当するかどうかは，「課長」等の資格や職位の名称とは関係なく，以下の観点から，その実態に基づいて実質的に判断される。

① 経営への参画や労働管理における指揮監督権限の有無
② 自己の労働時間についての裁量の有無
③ その地位と権限に応じた待遇の適切性

特に①については，少なくとも行政解釈上，労働条件その他労務管理について経営者と一体的な立場にある者と解されており，近年，②および③の要件を

満たしていても，①の観点から，実質に応じた厳格な判断がなされ，管理職と認定されない裁判例も見受けられる。

有名な判例としては，ファストフードのチェーン店において，就業規則上「管理または監督の地位にある者」として残業代が支払われていなかった店長が，管理監督者には該当しないとして，過去の未払賃金の支払いを認めたものがある。

上場準備では，管理監督者該当性についても検討をし，過年度の違反があれば是正して，将来に違反が生じないよう，適切な対応をとることが求められる。

(4)　差別やハラスメントへの対策状況を把握しているか

憲法第14条第１項の法の下の平等の理念に則り，労働関係法規はさまざまな差別の禁止を定めている。たとえば，労働基準法は，労働者の国籍，信条または社会的身分を理由とした，賃金，労働時間等の差別的取扱いを禁止している。また，ハラスメントについても注意が必要である。事業主は，男女雇用機会均等法に基づきセクシュアルハラスメントおよびマタニティハラスメントの防止措置義務を，育児介護休業法に基づき育児介護休業ハラスメントの防止措置義務を，労働施策総合推進法に基づきパワーハラスメントの防止措置義務をそれぞれ負っている。

厚生労働省の公表した「令和２年度個別労働紛争解決制度の施行状況」によれば，「いじめ，嫌がらせ」の相談件数が最も多く，増加傾向にあり，ハラスメントへの適切な対応は，IPOを目指す会社にとっても，必須の課題であるといえる。

(5)　社会保険料の未払いの有無を確認しているか

社会保険（厚生年金保険，健康保険）や雇用保険の保険料の未払いも散見される問題であり，重点的に審査される傾向がある。たとえば，加入要件を満たすパートやアルバイト従業員の保険料の未払いが典型例である。過年度の未払いを適正に把握し，対処することが必要である。

(6) 労働災害の予防，救済の状況を把握しているか

労働災害に関する法規制への遵守状況も確認し，適切な対応をとることが必要である。労働災害には，通勤，職務中の災害以外にも，過労による死亡，自殺，うつ病等の職場関連の疾病への罹患等がある。労働災害の防止について遵守すべき法律としては，労働安全衛生法とその関連規則等が挙げられる。また，労働災害からの救済については，労働者災害補償保険法による労働者災害補償保険制度等が定められている。

(7) 「雇用契約」以外の契約形式の従業員について，労働関係法規が適用される「労働者」に該当しないことを確認しているか

労働関係法規の適用範囲は「労働者」という概念によって画されている。この労働者性は契約の形式ではなく，実態により客観的に判断される。すなわち，従業員との間で「雇用契約」でなく「業務委託契約」や「請負契約」を締結していても，労働関係法規の規制が及ぶ可能性がある。そして，労働者性は，使用者の指揮監督下での労務提供性，報酬の労務対償性を中心とし，さらに事業者性の有無，専属性の程度等を加味したうえで総合判断される。

労働者性が認められるにもかかわらず，契約の形式のみで判断し，労働関係法規への遵守がなされていなければ，未払賃金等について従業員と紛争が発生したり，行政指導を受ける可能性がある。このようなケースがないかを検討し，必要に応じて，適切な対応をとることが求められる。

(8) 派遣労働者について，いわゆる「偽装請負」の問題がないことを確認しているか

派遣労働者との関係では，いわゆる「偽装請負」の問題が挙げられる。業務処理を請け負う形式であっても，実際には発注側が受注側の労働者を直接指揮命令等している場合は，受注側から発注側への労働者派遣の就労形態に該当することから，受注側は罰則の対象となりうるし，発注側は行政指導や改善命令等の対象となりうる。また，受注側の労働者と発注側との間で直接の労働契約が成立することもありうる。

いわゆる「偽装請負」は，労働関係法規の厳格な規制を回避するためになされることもあれば，意図せずに発生することもある。上記のような問題がないかを確認し，状況に応じて，適切な対応をとることが肝要である。

(9) 労働関係法規等の定める人事，労務管理体制が適切に整備および運用されているか

労働関係法規の遵守を図り，上記で述べたさまざまな問題の発生を防止するため，上場準備においては，顧問弁護士や社労士と相談しながら，労働関係法規やその他の関連法規が求める人事，労務管理体制を適切に整備運用することが必要となる。

(10) 人事労務に関する係争中の紛争や潜在的紛争の有無とその影響等を把握しているか

上場準備においては，人事，労務に関する係争中の紛争や将来の潜在的紛争をしっかりと把握して，顧問弁護士と相談しながら，その影響を適切に評価し，対応方針等を策定していくことが重要となる。また，労働基準監督署等による過去の調査や行政指導についても，その内容を検討し，改善を徹底することが必要である。人事，労務紛争の主な解決手続としては，以下のようなものがある。

- 裁判手続：通常の民事訴訟手続，労働審判手続，民事保全（仮処分）手続
- 行政手続：労働委員会による不当労働行為事件の審査等の手続，紛争調整委員会によるあっせんの手続

労働関係の紛争は，従業員等の個人が会社の相手方となることが通常なので，その解決手段として，労働審判や行政手続といった，簡易，迅速，低価な手続が存在する点が特徴である。

第11章 IFRS（国際財務報告基準）によるIPO

項　目	チェック
(1) IFRSの意義と上場準備会社によるIFRSの適用について理解しているか	□
(2) 上場準備会社によるIFRS適用の判断ポイントを把握しているか	□
(3) 連結，個別財務諸表へのIFRSと日本基準の適用関係を理解しているか	□
(4) IFRS導入プロジェクトの手順を整理しているか	□
(5) 上場準備とIFRS導入プロジェクトの関係を把握しているか	□
(6) IFRS移行日と上場準備期間の関係を把握しているか	□
(7) IPOでみられるIFRSの論点を理解しているか	□

(1) IFRSの意義と上場準備会社によるIFRSの適用について理解しているか

IFRSとは，国際会計基準審議会（IASB）により策定されたInternational Financial Reporting Standards（国際財務報告基準）を指す。IFRSまたはこれに準ずる自国基準が使用されている国は現在では150か国以上存在するため，IFRSは世界で通用する会計基準といわれる。

IFRSは，会計における世界共通のコミュニケーションツールという観点からその有用性を説明することができる。会社はIFRSを世界中で利用することにより，どの国の事業であっても同じモノサシでその実態を把握することができるようになる。したがって，IFRSは事業，資本，人，情報のグローバル化に対応したグローバル経営のためのインフラといえる。

このようなIFRSを導入することによって期待できる効果には，たとえば以下が挙げられる。

① 経営管理の有効化と効率化

企業グループに属する会社について，所在地が国内，海外にかかわらずIFRSという同一の基準で財務諸表を作成することになる。そのため，企業グループレベルでさまざまな取引を同じ目線で把握し，議論することができるようになり，グループ会社間で会計基準が相違することに起因するミスコミュニケーションを削減し，効率的に連結財務諸表を作成することが可能となる。

また，IFRSの適用と併せて，グループ会社の経営管理や業績管理の指標やその作成基準も統一することにより，同一の尺度に基づき各社の経営実態を把握することが可能となり，より効果的にグループ会社管理を行うことが可能となる。

② 財務情報の比較可能性の向上

企業にとっては，IFRSを適用している競合他社等との比較分析や，グループ会社間の業績等の比較分析を，より高い精度で，容易に実施することが可能になる。これにより，経営意思決定を効果的かつ効率的に行うことができるようになる。

投資家にとっても，同一セクター内の企業間の財務情報の比較分析等をより高い精度で容易に実施すること等が可能になり，投資意思決定を効果的かつ効率的に行うことができるようになる。

③ 投資家とのコミュニケーションの円滑化

IFRSの適用により，企業の経営実態をより適切に反映した財務諸表が作成されることになり，投資家の企業に対する理解が深まることになる。また，IFRSを理解している投資家も多いため，企業のとった会計処理の背景が理解されやすく，また財務分析を通しての企業評価も実施しやすくなる。企業側としてもIR等の場での説明が容易になる等，企業情報の発信の有効化，効率化等の効果が期待できる。

このように，IFRSの導入により投資家とのコミュニケーションが円滑化することとなる。

日本でも2010年3月期からIFRSの任意適用が始まっている。東京証券取引所に上場している会社では，すでに200社以上が日本基準からIFRSに移行しており，全上場会社の時価総額に対するIFRS適用会社の時価総額の割合は40%を超えている。

日本の会社がIFRSを任意適用する要件には，当初は以下の4つがあった。

(i)　上場会社である。
(ii)　有価証券報告書において，連結財務諸表の適正性を確保するための特段の取組みに係る記載を行っている。
(iii)　IFRSに関する十分な知識を有する役員または使用人を置いており，当該基準に基づいて連結財務諸表を適正に作成することができる体制を整えている。
(iv)　国際的な財務活動または事業活動を行っている。

その後，2013年に，IFRSの任意適用会社数を増やすために，上記4つの要件のうち(i)と(iv)が撤廃された。

現在では，連結財務諸表規則第1条の2において，IFRSを適用するための2つの要件が以下のように定められている。

- 有価証券届出書または有価証券報告書において，連結財務諸表の適正性を確保するための特段の取組みに係る記載を行っていること
- IFRSに関する十分な知識を有する役員または使用人を置いており，当該基準に基づいて連結財務諸表を適正に作成することができる体制を整備していること

この任意適用要件の緩和により，それ以前は典型的にはグローバルに事業を展開している大企業のみがIFRSを適用することができたが，緩和以降は，上場していない会社，すなわち未上場会社でIPOを目指す会社であってもIFRSを適用することができるようになった。

この時点から，会計基準としてIFRSを適用してIPOを行う会社数が増加している。

(2) 上場準備会社によるIFRS適用の判断ポイントを把握しているか

2013年のIFRSの任意適用要件の緩和により，上場準備会社においてもIFRSを適用することができるようになったが，IFRSを適用するか否かの判断は慎重に行う必要がある。

IFRSを適用する意義は(1)において記載したが，一方でIFRSを適用するための負担も生じるため，上場準備会社は自社の置かれた状況に照らして，会計基準としてIFRSを適用するか，日本基準を適用するかを判断することになる。

図表11-1は，IFRS適用会社が感じているIFRSのメリットとデメリットをまとめたものであるが，デメリット項目についてはIFRSに対する習熟によって負担を軽減していくことも可能と考えられる。

図表11-1 IFRSのメリットとデメリット

■メリット

①	経営管理の有効化と効率化	• IFRSという同一の会計基準の導入による連結財務諸表作成の効率化 • IFRSに基づく共通の経営管理指標，業績評価指標の統一によるグループ会社管理の有効化	自社にとってのメリット
②	財務情報の比較可能性の向上	• 企業の経営意思決定の有効化，効率化 • 投資家の投資意思決定の有効化，効率化	自社および投資家にとってのメリット
③	投資家とのコミュニケーションの円滑化	• 投資家の会社理解の促進 • 企業の情報発信の有効化，効率化	自社および投資家にとってのメリット

■デメリット

① 実務負担の増加
② コストの増加
③ 業績表示方法の変化

一時的な負担の具体例	• グループ会計方針書の作成 • 報告日（決算期）の統一
継続的な負担の具体例	• 複数帳簿管理 • 開示量の増加

以下は，上場準備会社がIFRSを適用すべきか，日本基準を適用すべきかを判断するための一般的なポイントである。該当する項目が多いほどIFRSを適用するメリットが高まるが，各項目が自社に及ぼす影響の程度を十分に比較衡

量して判断する必要がある。

【IFRS適用の判断ポイント】

① 会社の主な投資家，取引先等に海外の関係者が多く，IFRSによる財務諸表を求められることがある。
② 海外に事業拠点があり，その関係会社等を含めてIFRSにより会計処理を統一することにより，コミュニケーションが促進され，業績評価方法が統一されるメリットが得られる。
③ IFRSを適用するための人的およびコスト面での負荷に耐えられる。
④ 投資家等によりベンチマークされる競合他社に海外企業が多く，IFRSにより作成された財務諸表の比較による説明が効果的である。

(3) 連結，個別財務諸表へのIFRSと日本基準の適用関係を理解しているか

連結財務諸表を作成している会社では，IFRSは有価証券報告書および会社法計算書類の連結財務諸表（連結計算書類）に対して適用する。この場合，その個別財務諸表（単体計算書類）は日本基準により作成する必要があり，これが会社法の規定に基づく配当計算の基礎になる。IFRSを適用する際のパターンとしては，図表11-２の①または②があるが，IFRSを連結財務諸表と連結計算書類の両方に適用する①の方法が一般的であると考えられる。

図表11-２　IFRSによる財務諸表作成が可能な範囲とIFRS任意適用時の開示パターン（連結財務諸表作成会社の場合）

		会社法計算書類		有価証券報告書	
		連結計算書類	（単体）計算書類	連結財務諸表	個別財務諸表
IFRSによる財務諸表の作成可否		○ 有価証券報告書の連結財務諸表をIFRSに従い作成する会社は，任意でIFRSによる連結計算書類の作成が可能	× IFRSによる計算書類の作成は不可	○ 要件を満たす，指定国際会計基準特定会社は，任意でIFRSによる連結財務諸表の作成が可能	× IFRSによる個別財務諸表の作成は不可
開示パターン	①	IFRS	日本基準	IFRS	日本基準
	②	日本基準	日本基準	IFRS	日本基準

ただし，連結計算書類，連結財務諸表をIFRSに基づき作成する場合でも，（単体）計算書類，個別財務諸表は日本基準に基づき作成しなければならないことには留意が必要である。

一方で，子会社がなく連結財務諸表を作成しない会社がIFRSを適用する場合には，IFRSと日本基準による個別財務諸表をそれぞれ作成して各種申請書類等に含めることになる。このような場合には上場後の有価証券報告書においても引き続き，日本基準による個別財務諸表とIFRSによる個別財務諸表の双方の開示を継続することになる。

図表11-3　連結，個別財務諸表を作成する会社が採用する会計基準

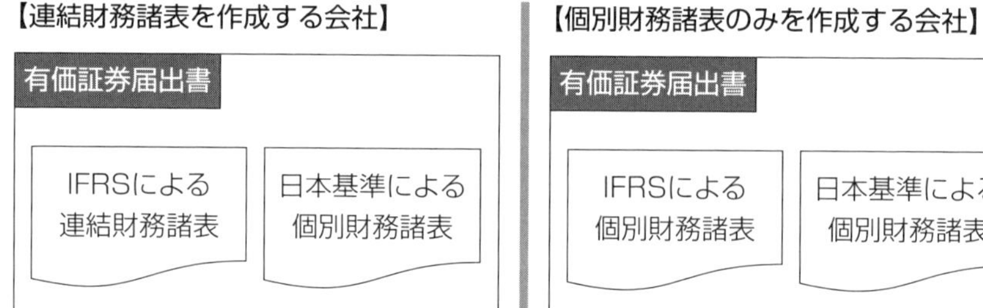

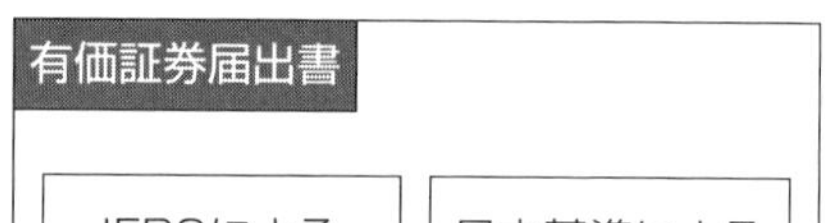

(4)　IFRS導入プロジェクトの手順を整理しているか

上場会社が適用している会計基準を従来の日本基準からIFRSに移行するためには，通常は2年から3年がかりのプロジェクトとして取り組むことが多い。IFRS移行にあたっては，一般的には以下のような手順を踏むことになる。

【IFRS移行プロジェクトの主な項目】

① ワークショップ等によるIFRSの理解
② IFRS影響度調査（インパクトアセスメント）の実施
③ 深度ある検討を要する論点の検討
④ IFRSアカウンティングマニュアルの作成，IFRS修正（IFRS特有の）仕訳の作成のためのプロセスやチェック体制の整備
⑤ IFRS開示財務諸表（スケルトン）の作成
⑥ トライアルの実施

また，IFRSの適用対象には親会社のみではなく，子会社や関連会社も含める必要があるため，上記は企業グループで実施することになる。

上場準備会社では通常は直前々期（N−２期）や直前期（N−１期）において，上場のためのガバナンスや規程類，内部管理体制の整備等の各種組織づくりとその運用の検証が行われており，それらと同時並行で日本基準による財務諸表の作成体制も整備されている状況にある。

IFRS導入作業は，通常の日本基準による財務諸表の作成体制の整備と並行して実施することになり，日本基準のみの上場準備作業に比べて負担が相当に増加するため，それに対応できるだけの人員の確保とコスト負担が必要になる。

(5)　上場準備とIFRS導入プロジェクトの関係を把握しているか

IFRS導入プロジェクトの主な項目を，上場準備のための主要な整備項目のスケジュールに落とし込むと，図表11−４のようなイメージになる。両者の関

図表11−４　上場準備，IFRS導入スケジュール

	フェーズ1&2 影響調査・計画	フェーズ3 対応策の検討・立案	フェーズ4 導入	フェーズ5 導入後の対応
IFRS導入	IFRSの理解および論点の網羅的な調査 ❶	❷ 論点の詳細検討・論点ペーパー作成 ❸ 会計方針書・組替仕訳案作成 ❹ 開示検討・スケルトン財務諸表作成	❺ トライアル 開始BS 比較年度FS 四半期（Q1〜Q3）FS	IFRS開示FS
			会計対応のフォロー（新基準・基準改訂への対応，新規事象・取引への対応，会計方針書の更新など）	

IFRS移行日（20X0/12期と20X1/12期の間）　IFRS報告日（20X2/12期と20X3/12期の間）

	準備項目	20X0/12期 直前々々事業年度	20X1/12期 直前々事業年度	20X2/12期 直前事業年度	20X3/12期 申請事業年度
上場準備	1　経営管理体制の確立	ショート・レビュー／アドバイザリー	検討	完全実施	完全実施
	2　内部管理体制の確立	ショート・レビュー／アドバイザリー	検討	完全実施	完全実施
	3　会計制度の整備	ショート・レビュー／アドバイザリー ❶	❹❺ 実施	実施	実施
	4　J-SOX対応※	ショート・レビュー／アドバイザリー		準備・運用	完全運用
	5　利益管理体制の整備	ショート・レビュー／アドバイザリー ❷	❸ 策定	ローリング	ローリング
	6　特別利害関係者との取引解消	ショート・レビュー／アドバイザリー	解消		
	7　監査法人による会計監査			会計監査	会計監査
	8　内部統制報告書監査※				内部統制報告書監査
	9　資本政策		策定・STEP１	STEP２・完了	
	10　公開申請書類の作成			作成	更新

※　新規上場後，３年間は内部統制監査の免除を選択することができる。

係を意識したスケジューリングにより，効果的，効率的にIPO，IFRS導入プロジェクトを進めることができる。

❶は，IFRS論点の網羅的な調査であり，日本基準とIFRSの会計方針策定にあたって，両基準の論点を織り込んで検討することにより後の手戻りを減らすことができる。また，両基準の会計処理を可能な限り一致させることで，日常処理の負荷を減らす効果を期待できる。

❷は，論点の詳細検討と論点ペーパーの作成であり，IFRSの重要論点にポイントを絞って検討することになる。これにより財務数値への影響を具体的に把握することができ，IFRSベースでの事業計画や予算策定等の利益管理が早期に可能になる。IFRS適用においてIPO特有の論点としては，ストック・オプション，種類株式，上場コストが挙げられ，そのほかに一般的に重要な論点として，収益認識，リース，減価償却，有給休暇引当金等がある。

❸は，会計方針書，組替仕訳案の作成，およびそのための体制整備であり，会計方針や仕訳までを早い段階において識別することにより，利益管理の精度をさらに高めることができる。

❹は，開示検討，スケルトン財務諸表の作成であり，IFRS移行日を含む3期分の貸借対照表，日本基準とIFRSの調整表，ボリュームのある注記開示情報を特定することになる。IFRS財務諸表の作成に必要な情報を早い段階で把握することで，情報収集の整備の時間を確保することができる。

❺は，IFRS導入のトライアルであり，特定の時点における財務諸表を実際に作成してみることにより，実務的な問題点の有無を把握することができる。

(6) IFRS移行日と上場準備期間の関係を把握しているか

IFRSを初めて適用（IFRSの初度適用という）する際の財務諸表に関する期間と各時点を整理すると，図表11-5のようになる。

「IFRS移行日」は，IFRSを初めて適用する日であり，この時点でのIFRS開始財政状態計算書（貸借対照表）が作成される。「報告期間の末日」は「IFRS報告日」ともいわれ，その時点において有効なIFRS基準書が最初のIFRS財務諸表に遡及的に適用される。IFRSは必ず1期以上の比較期間を伴う必要があり，IFRSを初めて適用する際には，IFRS移行日とIFRS報告期間の末日の間は，

図表11-5　IFRSの初度適用

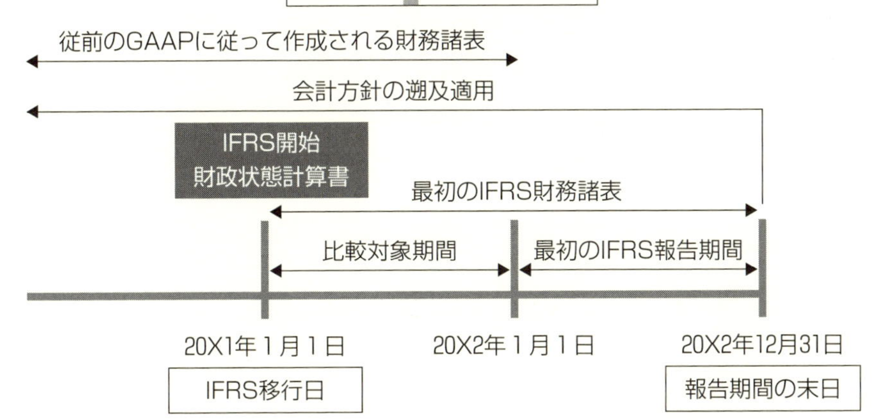

（出典）　EY新日本有限責任監査法人「完全比較　国際会計基準と日本基準【第3版】」

通常は2年の期間になる。

IFRSを適用して上場する会社は，この2年間を直前々期（N-2期）および直前期（N-1期）に合わせることが多い。

IFRSの初度適用では，貸借対照表は3期分（移行日，比較期間の末日，報告期間の末日）作成し，損益計算書，包括利益計算書，持分変動計算書，キャッシュ・フロー計算書は2期分（比較期間と報告期間）作成することになる。

図表中の「従前のGAAP（会計原則）」は，日本企業であれば，過去から会社法計算書類を日本基準で作成しているため，通常は日本の会計基準が該当する。

また，初度適用時には，IFRS移行日と従前のGAAPに従った直近年度の財務諸表等について，従来適用していた会計基準からIFRSに移行した際の財務諸表への影響を説明する調整表を作成して開示する必要がある。

さらに，IFRS初度適用の原則であるIFRSを過去に遡って適用することを免除する「初度適用の免除規定」を適用している場合には，その内容も開示する必要がある。IFRSを適用する上場準備会社が頻繁に利用する免除規定には，株式報酬，リース，収益，企業結合に関する措置等がある。

一方で，仮に上場予定日が延期になり，直前々期（N-2期），直前期（N-1

期）が後ろ倒しになる場合には，通常はIFRS財務諸表を公表している状態にはないため，IFRSの初度適用も同様に後ろ倒しになることが多い。この点，仮にIFRS財務諸表を含む有価証券届出書の提出後に，市場環境の悪化等の理由により上場を延期した場合には，すでにIFRSを適用した財務諸表が広く一般に公表されているのであれば，当該会社のその後の財務諸表はIFRSの初度適用にはならないと考えられる。この場合には，規制当局への確認も含めて，慎重に判断する必要がある。

(7) IPOでみられるIFRSの論点を理解しているか

IFRSを適用して上場準備をする会社が特に留意すべきIFRSの典型論点としては，以下が挙げられる。

① のれんの減損

IFRSでは，のれんの規則的な償却は行われず，減損の兆候がなくても毎期1回，さらに減損の兆候がある場合には追加で，減損テストが行われることになる。この点，日本基準では，のれんは20年以内のその効果の及ぶ期間にわたって，定額法等の合理的な方法により償却され，減損の兆候がある場合にのみ減損テストが行われるため，双方の会計処理には大きな差異がある。

たとえば，投資ファンドが対象事業会社の企業価値を評価したうえで，買収を行う場合がある。特に大きな成長が見込まれる会社の買収においては複数の買い手による競争が生じることにより，買収金額が高くなる。その結果として，このような上場や再上場案件では，比較的多額ののれんが生じることが多い。この場合，のれんに対する毎年の減損テストを実施する必要があり，その評価の妥当性の検証には相応の手数がかかることになる。一方で，のれんの減損が実際に生じるような場合には，多額の損失が発生すると同時に資本が大きく毀損する可能性がある。

なお，ファンドによる買収の際には，上場準備会社において金融機関からの借入れも多額に生じることがあり，借入れに関するアレンジメント・フィー等の一定の手数料や，リファイナンス時の一定の手数料を借入金の実効金利計算に織り込むことになる。その際には，実効金利計算に織り込むべき手数料の範囲も会計上の論点となることがある。

このような取引は，投資ファンドがSPCを設立して事業会社を買収し，その後，当該SPCと事業会社が合併するような場合に多く見られるため，留意が必要である。

図表11-6 投資ファンドによる買収後に上場するケース

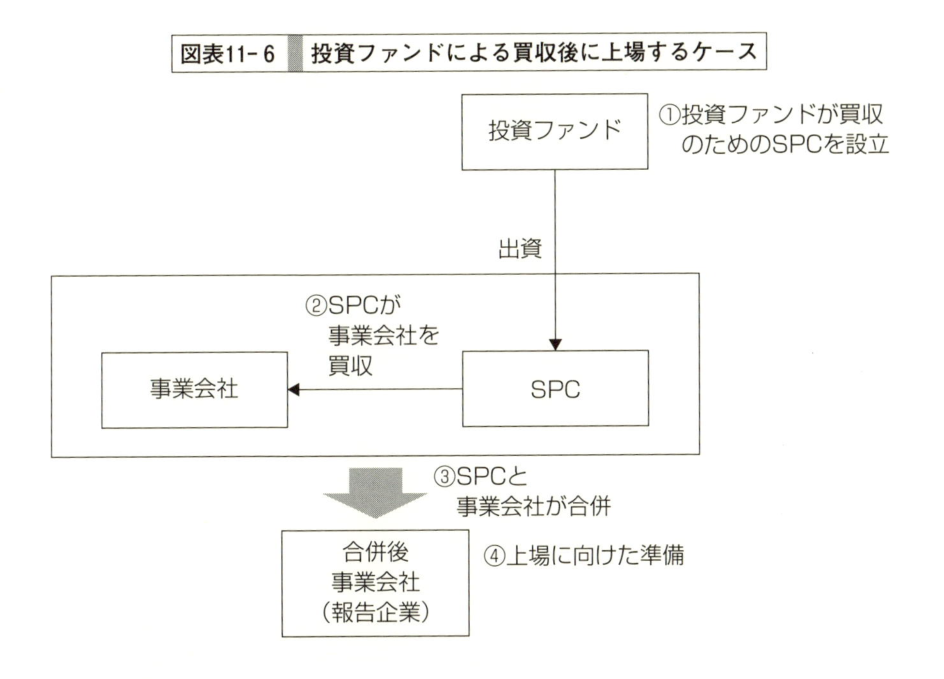

② 種類株式

株式会社は内容の異なる株式を発行することができ，この内容の異なる株式を種類株式という（会社法108）。IPO前においてベンチャー・キャピタル等の投資家のリスクを軽減し，企業に投資しやすくするために種類株式が利用される場合がある。具体的には，会社清算の際に，種類株式の払込金額に達するまで他の株主に優先して残余財産の分配を受ける権利を有するもの，組織再編等で会社の事業内容が大きく変わってしまうような場合に，会社に対して種類株式の買取りを請求する権利を有するもの等が見受けられる（詳細は，第4章2(1)⑥（107頁）参照）。

日本基準においては，このような種類株式は，「株式」という法的形式に従って資本に区分される。

一方のIFRSでは，負債性の有無に関する原則に基づいた判断がされるため，種類株式が資本に該当するか負債に該当するかの判断には，投資契約書等の条項に基づいた慎重な検討が求められる。

なお，IFRSによる検討に基づいて負債と判断された種類株式は，その配当も利息費用等として純損益にて会計処理されることになる。

③ ストック・オプション

上場準備会社では，経営陣や従業員へのインセンティブのため，ストック・オプション制度が導入されていることが多い。IFRSでは，ストック・オプション以外にも，あらゆる株式に基づく報酬取引が会計処理の対象としてとらえられている。

ストック・オプション等に関して，日本基準では，未上場会社について，ストック・オプションの公式な評価単価に代えて，ストック・オプションの単位当たりの本源的価値の見積りに基づいて会計処理を行うことができる。これにより，ストック・オプションに関する費用が認識されない結果となることがある。一方のIFRSでは，このような未上場会社であることを理由とした本源的価値による便法の措置がないため，通常は公正価値に基づく測定による株式報酬制度に関する費用処理が求められることになる。この公正価値の測定には時間とコストがかかる点にも留意する必要がある。

④ 上場コスト

IFRSでは，上場に伴う新株発行に関連して発生する証券会社に対する手数料や，監査法人によるコンフォート手続に関する報酬，上場申請書類に関して弁護士に支払う手数料等の資本取引のコストは，関連する税効果を考慮したうえで，資本からの控除として会計処理することになる。一方の日本基準では，同様のコストは費用処理することになる。

ただし，このIFRSにおける資本取引のコストは，資本取引に直接的に関係のある増分コストに限られており，その範囲は限定的である点には留意が必要である。たとえば，上場時の組織再編のための税務や法務費用，定期的な監査，レビュー費用は，上場に直接関連するものではなく，他の目的または経常的に発生するコストと考えられるため，資本取引のコストには該当せず，それらの発生時に費用処理されることになる。

また，資本取引に直接的に関係のあるコストは，既発行の株式と新規発行株式の株数等の合理的かつ同様の取引と首尾一貫した配分基礎により配分されたうえで，新規発行株式に対応する関連コストのみが，資本から控除されることになる。

コラム22・SPACについて

SPAC（特別買収目的会社）とは，自らは事業を行わず，他の事業会社を買収することを目的として設立された会社です。買収先を決めていない状態でIPOにより市場から資金を調達し，その後，特定の会社の買収（DeSPAC）を行うことになります。

SPACを活用した上場は，事業会社にとっては短期間で上場が可能になることがあり，投資家にとっては株式を現金化できる権利（現金償還権）を有することによりリスクが限定されているメリットがあります。

SPACは一般的には以下のようなライフサイクルをたどり，SPACのIPOからターゲットの選定，合併までを２年以内に完了します。

【SPACのライフサイクル】

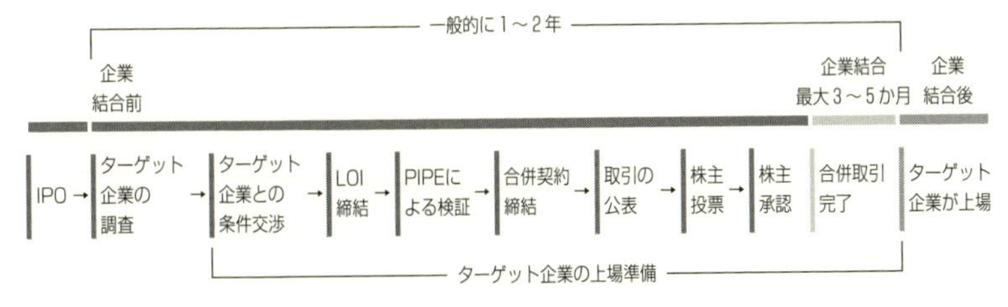

（出典）"*What you need to know about SPACs*", EY, 31 Mar 2021, https://www.ey.com/en_us/ipo/what-you-should-know-about-special-purpose-acquisition-companies

SPACの主要プレーヤーとしては，SPACスポンサー（設立者），一般株主，被買収会社が挙げられます。

SPACスポンサーは，SPACの運営，ターゲット会社の選定，買収の実行を通じたリターンの獲得に関する権限と責任を有する発起人です。

一方の一般株主は，SPACの株式上場時に株式を購入する機関投資家および個人投資家ですが，一般的には出資金の償還を請求できる権利を持っています。

被買収会社（SPACが買収する会社）は，スポンサーにおいてセクター（被買収会社の属する業界）ごとに設定されている投資基準に基づいて選定されます。

DeSPACに適した会社の特徴としては，その属する業界自体が伸びているような高成長事業であること，将来の新たな経済環境を見据えた独自性やテーマを持っていること等が挙げられます。

現段階における未上場の日本企業のDeSPACによる上場は，ナスダックやニューヨーク証券取引所への上場をほぼ意味し，日本の国内上場やグローバルオファリングと比較して，海外の現地レギュレーションへの対応や，英文書類の作成等の点で相当に難易度が高いといえます。また，その際にはFPI（Foreign Private Issuer）要件やEGC（Emerging Growth Company）要件を満たすようにストラクチャーされているかが，最初のポイントになると考えられます。FPI要件を満たせば，会計基準についてIFRSを適用することができ，米国企業に適用されるガバナンス規定等についての一定の免除を受けることができます。また，EGC要件を満たせば，財務諸表の開示期間を2期間（米国では通常は3期分の開示を求められる）とすることができ，財務報告に関する内部統制の外部監査を一定期間免除できる等のSOXに関する一定の免除を受けることができます。

現状ではSPACの上場やDeSPACは主に米国で行われていますが，ロンドンやユーロネクスト，シンガポール等の証券取引所でのSPAC上場も見られるようになっています。また，DeSPAC時の買収先もヨーロッパやアジアの企業が増えており，その利用は世界中に広がりつつあります。一方で，我が国でも東京証券取引所等においてSPACに関する議論がなされています。

以下はFPI要件，EGC要件に関する概要です。

FPI（Foreign Private Issuer）要件	
1	米国外の企業で，米国居住者が（発行済証券の）議決権の半数以下のみを保有している場合にはFPIに該当する
2	米国外の企業で，米国居住者が（発行済証券の）議決権の過半数を保有している場合には，以下のいずれにも該当しなければFPIに該当する • 役員/取締役の過半数が米国市民または米国居住者である • 当該企業の資産の過半が米国に所在する • 当該企業の事業が主に米国で展開されている

EGC（Emerging Growth Company）要件	
▶以下のすべてを満たせば，EGCに該当する ▶いずれかが満たされなくなった時点で，EGCではなくなる	
1	直近会計年度における総売上高が，12.35億ドルより少ない
2	IPOからの経過年数が５年より少ない
3	直近３期間の負債証券の発行が，10億ドルより少ない
4	Large accelerated filerに該当しない（流動性のある株式価値が７億ドルより少ない）

第12章 グローバルオファリングによる海外からの資金調達

項　　目	チェック
(1)　グローバルオファリングの意義を理解しているか	□
(2)　グローバルオファリングの関係者と役割を確認しているか	□
(3)　グローバルオファリングに関する関連資料を把握しているか	□
(4)　グローバルオファリングのプロジェクト管理を理解しているか	□

(1)　グローバルオファリングの意義を理解しているか

グローバルオファリングとは，株式等を発行する企業が，国内市場だけでなく，海外市場でも同時に募集・売出しを行うことをいう。この章では，特に北米の機関投資家も対象とするRule 144AとRegulation Sに基づく募集・売出しをグローバルオファリングと定義して解説する。

昨今のIPOでは，産業構造や事業環境の変化，ベンチャー企業数の増加，ベンチャー・キャピタル等の投資家の充実，種類株式の活用等の要因により，大型のIPO案件が増加している。このような会社がIPOを行う際には，相当な金額での募集，売出しを実施することになる。そのような場合に，十分な資金の供給先を確保して会社への投資需要を最大化するために，特に運用資金量が多く，投資手法が洗練されているといわれる北米の投資家にアプローチするか否かを検討するケースがみられる。この背景には，上場申請会社が属する業種，事業によっては，北米の投資家が，投資方針，アドバイザーの観点から適している場合があることが挙げられる。また，彼らの分析能力に基づいたバリュエーションを公開価格に反映させる効果も期待できる。

図表12-1は募集・売出し規模の目安に応じた一例であるが，実際の判断は担当証券会社と相談して決定することになる。

図表12-1　オファリング類型の例

募集・売出しの方法	対象投資家	作成書類	募集・売出し規模の目安
国内募集	国内	• 有価証券届出書 • 目論見書（和文）	–
旧臨報方式(※)	国内・アジア・欧州	• 有価証券届出書 • 目論見書（和文）	50億円から 100億円以上
144A＋Reg.S (グローバルオファリング)	国内・アジア・欧州・北米	• 有価証券届出書 • 目論見書（和文） • 目論見書（英文）	300億円から 400億円以上

（※）　コラム24「旧臨報方式」（339頁）を参照。

北米の機関投資家に証券の募集，売出しを行うためには，SECへの登録免除規定である米国1933年証券法Rule 144Aによるオファリングを実施することになる。また，北米以外における募集では，米国1933年証券法Regulation Sに基づくことになり，こちらも米国証券法の登録義務の適用を受けることはない。

一般的に規模の大きいオファリングでは，Rule 144AとRegulation Sをあわせたグローバルオファリングが実施されており，最近のIPO事例でも，東京証券取引所への上場と同時に，この方式により海外市場で証券を私募で発行するケースが増えている。

このようにグローバルオファリングにおいては，通常のIPOより広範な投資家にアプローチができるというメリットがある反面，相当の労力とコストを伴うことになる。

たとえば，IPOにおけるグローバルオファリングでは，一般的には以下のような項目について追加で数億円のコストがかかるため，コストとベネフィットの観点からは，数百億円規模を超える公募，売出しでないと選択肢にはなり難いといえる。

①　英文目論見書等作成費用 ②　弁護士費用（日本国法，外国法） ③　英文財務諸表監査およびレビュー，ならびに英文コンフォートレターに関する会計士費用 ④　海外ロードショー(※)関係費用

（※）　ロードショー（Road Show）とは，機関投資家を対象に開催される会社やビジネス等についての説明会であり，グローバルオファリングを実施する会社にとって株価に影響を与える重要なイベントである（詳細は第2章2(1)⑥（59頁）を参照）。

グローバルオファリングを国内の証券市場への上場，海外証券市場への上場と比較した位置づけを示すと図表12-2のようになる。国内の証券市場のみへの上場と比較すると，英文対応等による一定の負荷が生じるため，難易度が上がるといえる。

図表12-2　オファリングの難易度

英文対応や外国法への準拠のために難易度が上がる

1．日本の国内証券市場への上場
- 東京証券取引所等

2．旧臨報方式（1に追加）
- 主にアジア・欧州の投資家にも募集・売出し
- 日本語の開示書類で足りる。

3．グローバルオファリング（1に追加）
- 北米の投資家を含めた募集・売出し
- Rule 144A SECへの登録免除規定に基づく
- 英文による目論見書等を作成
- 海外ロードショーを多数実施

4．海外証券市場への上場（例：NYSE，NASDAQ，HKEx，SGX）
- 現地の証券取引法による継続的な開示義務が生じる。
- 現地レギュレーションに準拠するためのガバナンス等も考慮

グローバルオファリングは，北米の機関投資家を取り込む方法であるが，さらに海外の個人投資家に証券を販売するためには，海外証券市場への上場を実施する必要がある。

(2) グローバルオファリングの関係者と役割を確認しているか

グローバルオファリングにおいては，上場準備会社のほかに，いくつかの主要な関係者が関与することになるため，それらを巻き込んだ厳格なスケジュール管理のもと業務を進めていく必要がある。

特に重要な役割を担うのは引受証券会社であり，上場準備会社の株式を引き受けて募集，売出しを行うが，グローバルオファリングにおいては一般的に，マーケティングや海外の機関投資家に株式を販売する役割を果たすために複数の証券会社が参加する。このほか，証券取引所や投資家との折衝，ロードショー等に必要な業務の実施，必要書類の作成に関するアドバイスを行い，全体的なプロジェクト管理を実施する。また，デュー・デリジェンス（DD）と呼ばれる上場準備会社への調査を実施する。監査法人に発行を依頼するコンフォートレターは，このデュー・デリジェンスの一環として引受証券会社が取得する書簡である。

弁護士事務所も複数が参加することになり，上場準備会社側と引受証券会社側，さらに外国法と日本法担当に分かれ，オファリングに関連する規制へのコンプライアンスを確認する役割を担う。

上場準備会社側の弁護士事務所は，目論見書を作成し，引受契約書等のチェックを行う。また，引受証券会社が実施するデュー・デリジェンスに対して上場準備会社が提出すべき書類の作成とチェックを行う。

引受証券会社側の弁護士事務所は，目論見書のチェック，引受契約書の作成，監査法人が作成するコンフォートレターのレビューを行う。また，引受証券会社が実施するデュー・デリジェンスの法的アドバイスを行い，上場準備会社の経営陣へのインタビューをはじめとするデュー・デリジェンスを通じて，重要な会社情報や開示すべき情報を検討する。

監査法人は，英文目論見書に含まれる英文財務諸表に対する監査を実施する。また，IPOのタイミングによっては，四半期英文財務諸表に対する四半期レビュー報告書が必要になる。一方で，引受証券会社からの依頼に基づいた手続を実施し，コンフォートレターを発行する。

このほかに，目論見書の印刷会社や，和文財務諸表から英文財務諸表を作成する翻訳業者も重要な役割を担うことになる。

(3)　グローバルオファリングに関する関連資料を把握しているか

グローバルオファリングにおいて最も重要な書類は，英文目論見書（OC, Offering Circular）である。英文目論見書は，海外における有価証券の募集または売出しにあたっての投資家に対する勧誘資料であり，証券の募集や売出しのための対象となる証券に関する情報，新規上場会社の事業内容や，財務情報等が記載される。オファリングにおける海外の機関投資家への勧誘にあたっては，すべての投資家を公平に扱うための投資家保護の観点から，英文目論見書に記載された情報以外は基本的には利用できないことになる。

また，グローバルオファリングにおいてもう１つの重要な書類であるロードショー・マテリアル(※)は，投資家にエクイティ・ストーリーを効果的に伝えるためのものである。このロードショー・マテリアルと目論見書の内容は相互に深く関連している。

（※）　ロードショー・マテリアルとは，ロードショーにおける機関投資家向けの説明資料をいう。

目論見書は，Preliminary Offering Circular（ローンチ時（上場承認時）に作成され，マーケティングに使用される仮目論見書）とFinal Offering Circular（発行条件の決定時に作成され，発行価額等が記載された本目論見書）の２種類が作成される。この英文目論見書は，リスク・ファクターやMD&A, 事業内容等の項目により構成されるが，最後のセクションに監査済みの英文財務諸表が含まれることになる。

また，日本の開示書類であるＩの部における「優先的に対処すべき事業上及び財務上の課題」や「事業等のリスク」には，情報セキュリティや情報管理体制について記載されることが多いが，英文目論見書は，Ｉの部と比べて，リスク情報としてより多くのサイバーセキュリティに関する記載がされる傾向にある。当該記載内容には，機密情報や個人情報の取扱いのほか，それに対する社内意識の向上，内部統制の強化や，外部の第三者保証であるSOC 2 レポートの取得状況などが含まれる。ほかにも，会社が使用している基幹システムやサーバーなどの構成（クラウド環境かどうかを含む），それらが災害やサイバー攻撃などにより阻害される可能性や程度，顧客情報の取扱いやリスクに関する内容が記載されることもある。

さらに，SECに登録している企業には，サイバーセキュリティ事故が生じた場合の報告や，財務書類にサイバーセキュリティリスク管理およびガバナンスに関する記載をすることが求められるようになっている。

このように，米国では，情報セキュリティに関する厳しい情報管理体制とより充実した開示が求められている。

(4) グローバルオファリングのプロジェクト管理を理解しているか

上場準備会社がグローバルオファリングによるIPOを実施するためには，東京証券取引所への上場申請の手続，国内での募集，売出しのための手続に加えて，グローバルオファリングを実施するための手続を同時並行で実施，管理する必要がある。

また，財務諸表に関して注意すべき点は，有価証券届出書等に含まれる和文財務諸表と，英文目論見書に含まれる英文財務諸表は整合させなければならないことである。特に和文財務諸表は上場申請時に確定し，英文財務諸表はローンチ時（上場承認時）に確定するため，これらの確定時点にタイムラグがある点には留意が必要である。

コラム23・サステナビリティへの取組み

最近のサステナビリティに関する社会からの関心の高まりとともに，投資の意思決定プロセスにおいて，ESG（環境，社会，ガバナンス）要素を取り込む投資（ESG投資）手法が，資本市場を通じた資金調達においても注目を集めています。

この点，IPOであっても，その調達予定額，調達先が多額，多様になるほど，ESGが投資の判断基準に組み込まれたファンドの投資家へのアプローチが行われ，会社としてのESGに対する取組みが評価されることになります。

特にグローバルオファリングを実施する際にコンタクトする海外の機関投資家は，投資先企業のESGへの取組みについても，多種多様な会社を比較して評価しているため留意しておく必要があります。

このような取組みには，会社のウェブサイトを通じたESG関連情報の開示，各種の開示資料へのESG要素の組込み，評価機関に対するアンケートへの回答対応等があり，MSCI（モルガン・スタンレー・キャピタル・インターナショナルが算出，公表する指数）やFTSE（FTSEインターナショナルが算出，公表する指数）等のインデックスを意識した各種の分析や，開示ドラフトの作成等が含まれます。

また，近年のコーポレートガバナンス・コードの改訂による気候関連財務情報開示タスクフォース（TCFD）提言にある項目相当の開示要請等の環境変化に応じて，有価証券報告書（届出書）等においても，サステナビリティに関する非財務情報の開示の充実を図る企業が増えてきており，経営方針，経営環境および対処すべき課題，事業等のリスク等においてより充実した開示が行われはじめています。

コラム24・旧臨報方式

日本国内における金融商品取引法等の規制に基づいて，日本国内の機関投資家および個人投資家のほか，北米を除く海外機関投資家向けに株式を発行するオファリング方法を旧臨報方式（旧臨時報告書方式）といいます。

かつては英文目論見書を使わずに海外販売する際には臨時報告書を提出する必要があったため，臨報方式（臨時報告書方式）と呼ばれていましたが，法改正により臨時報告書の提出が必須ではなくなったため，旧臨報方式（旧臨時報告書方式）といわれるようになりました。

2023年に東京証券取引所へ新規上場した会社のうち，26社が旧臨報方式による資金調達方法を採用する等，旧臨報方式は資金調達の１つの方法として広がっています。

旧臨報方式による資金調達は，グローバルオファリングと比較した場合，グローバルオファリングで必要となる英文目論見書の作成等が不要である一方で，運用資金量が相対的に多い北米の機関投資家にはアプローチできないといった違いがあります。

旧臨報方式による資金調達は，株式の募集，売出しにあたって，欧州，アジア等の海外機関投資家にも株式を販売したい場合には選択肢になりうると考えられますので，どういった投資家にオファリングしていくかについて，上場準備段階から早めに検討していくことが有用です。

コラム25・日本企業の海外上場

従来から，欧米で上場する大手日本企業はありましたが，2010年頃からは，上場準備会社が海外の証券取引所で上場を検討するケースも増えています。

また，世界の主要証券取引所は，国内企業だけでなく，海外企業の上場誘致にも積極的に取り組んでいるため，海外上場を検討する日本のベンチャー企業は増えています。

たとえば，海外上場の事例としてはLINE株式会社が挙げられます。同社は2016年７月に東京証券取引所（日本）とニューヨーク証券取引所（米国）へ同時上場しています（なお，Zホールディングス株式会社との経営統合に伴い2020年に上場廃止）。また，その他にも複数の国内企業のナスダック（米国）への上場実績があります。

海外の機関投資家および個人投資家にアクセスすることにより，日本での資金調達額より多額の資金を海外で調達できると考えられる会社や，海外での知名度を上げたりブランドを向上させたりすることを目標としている会社は，海外で上場するメリットがあるといえます。また，海外での活動を視野に入れた事業を計画している会社にとって，海外での優秀な人材を確保する機会にもなります。

一方で，外国法弁護士対応，英文やIFRS/米国会計基準に基づく開示書類の作成をはじめとする追加の上場関連費用，現地法により求められるガバナンスや内部統制に関する規制への対応等，時間的，金銭的コストが発生するため，海外上場の必要性やタイミング等を事前に十分検討することが重要です。

索　引

英数

あ行

か 行

さ 行

た 行

な 行

は 行

ま 行

や 行

ら 行

■執筆者紹介（※執筆者の所属・役職等は，第２版執筆時点のものです。）

【代表執筆者】

金野　広義（こんの　ひろよし）

企業成長サポートセンター　パートナー・公認会計士
1997年センチュリー監査法人（現　EY新日本有限責任監査法人）に入所後，IPO準備監査，ショートレビュー，IPO関連の各種コンサルティング（受発注体制等の内部統制構築，関係会社整理等）の他，法定監査，IFRSコンバージョン，海外資金調達支援業務，財務デューデリジェンス等の業務に従事。
EY Japanのメディア・エンターテインメント・セクターのセクター・アシュアランス・リーダーも兼務。
（主な著書）
『これですべてがわかるIPOの実務〈第６版〉』（共著，中央経済社）
『これですべてがわかる内部統制の実務（第６版）』（共著，中央経済社）
『コンテンツビジネスの会計実務―IFRS対応版』（共著，東洋経済新報社）
『ベンダーとユーザーのためのソフトウェア会計実務Q&A』（共著，清文社）
『業種別会計実務ガイドブック』（共著，税務研究会出版局）

大角　博章（おおすみ　ひろあき）

企業成長サポートセンター　パートナー・公認会計士
大学卒業後，東京国税局に入り，国税事務官として法人税の内部事務や税務調査等を経験。2000年監査法人太田昭和センチュリー（現　EY新日本有限責任監査法人）に入所後は大手上場企業の法定監査や上場準備会社の監査，グローバル企業の日本法人の監査等で日本基準だけでなく，米国会計基準やIFRSによる監査業務にも従事。
2013年７月から2017年２月まで経済産業省 商務情報政策局へ出向し，IT政策の企画・立案・執行業務等を経験。複数の研究会・調査事業・実証事業等に関与。
帰任後，現在までIPOを中心としたスタートアップの支援，大型のIFRS上場案件，その他クロスボーダー上場案件，IPO関連イベントでの登壇，セミナーの企画・運営，執筆活動等IPOにおける幅広い分野で活躍。
（主な著書）
『これですべてがわかるIPOの実務〈第６版〉』（共著，中央経済社）

【執筆者】（50音順）

EY新日本有限責任監査法人

大野　大（おおの　だい）

企業成長サポートセンター　ディレクター
国内証券会社公開引受部等を経て，米国証券会社東京支店投資銀行部立ち上げに参画。機関投資家などの資金を未上場会社にアレンジ。海外機関投資家向けIR，M&AにおけるFA。2001年に中央青山監査法人（当時）に入所。株式公開部配属。主に資本政策コンサルティング業務，IPOコンサルティング業務。2007年8月より新日本監査法人（現　EY新日本有限責任監査法人）に事業開発部，アドバイザリー統括部，戦略マーケッツ事業部IPOグループ，名古屋事務所を経て，企業成長サポートセンターIPOグループ統括。
（主なセミナー）
「資本政策セミナー」，「事業計画策定セミナー」，「不正・内部統制セミナー」講師多数
（主な著書）
『IPOをやさしく解説！　上場準備ガイドブック』（共著，同文舘出版）
『実践　事業計画の作成手順』（共著，中経出版）
『内部統制の実務がよくわかる本』（共著，中経出版）

柄澤　涼（からさわ　りょう）

企業成長サポートセンター　パートナー・公認会計士
2003年新日本監査法人（現　EY新日本有限責任監査法人）東京事務所に入所し，一般事業会社の会計監査業務に従事。2009年松本事務所に異動し，金融，パブリックセクター業務にも従事。2018年企業成長サポートセンターに異動し，クロスボーダー上場支援オフィスコアメンバーとしてクロスボーダーIPO支援業務，起業家表彰制度企画・運営等に従事するとともに，DX監査対応プロジェクト副責任者としてデジタル内部統制にかかる調査研究，情報発信を行っている。
（主な著書）
『これですべてがわかるIPOの実務〈第6版〉』（共著，中央経済社）
『よくわかる国立大学法人会計基準実践詳解』（共著，白桃書房）

小寺　雅也（こでら　まさや）

アシュアランスイノベーション本部兼第4事業部　シニアマネージャー・公認会計士
新日本監査法人（現　EY新日本有限責任監査法人）入所以来，ライフサイエンス，ITソリューション（AI），Eコマースを中心にショートレビュー，IPO準備支援，準金商法監査，法定監査に従事。また，産学連携活動支援で国立大学法人等に対する利益相反マネジメント支援業務に従事。現在，国立大学法人の利益相反アドバイザリーボードの委員を受嘱。
従来からのIPO支援に加え，DX監査対応プロジェクトリーダーとして，IPO×Digitalをテー

マに，IPOクライアント支援とともに，雑誌寄稿や外部講演等の情報発信を行っている。
（主な著書）
『実践　不正リスク対応ハンドブック―内部統制の強化，不正会計の予防，発見・事後対応』（共著，中央経済社）

小山　智弘（こやま　ともひろ）

企業成長サポートセンター　シニアマネージャー・公認会計士
IPOグループ統括・クロスボーダー上場支援オフィス統括，IFRSテクニカル部門兼務。
メディアエンターテインメントセクター所属，TCFDチャンピオン，IFRS15，16アドバイザリーチーム所属。
ASBJリース会計委員会委員。ASBJ料金規制会計委員会委員。JICPA会計制度委員会委員。
（主な著書等）
『IFRS国際会計の実務』（共訳，共著，レクシスネクシスジャパン）
『国際会計基準　表示・開示の実務』（共著，清文社）
『完全比較　国際会計基準と日本基準』（共著，清文社）
『国際会計基準の初度適用」（共著，清文社）
『会計実務全書』（共著，中央経済社）
『新リース基準の実務』（共著，中央経済社）
『経営者と経営管理者のためのIFRS』（共著，税務研究会）

左近司　涼子（さこんじ　りょうこ）

企業成長サポートセンター　シニアマネージャー・税理士
太田昭和監査法人（現　EY新日本有限責任監査法人）入所以来，IPO予定会社・ベンチャー企業の税務・資本政策・事業承継コンサルティングなどのトータル・アドバイザーとして業務に従事。
（主な著書）
『これですべてがわかるIPOの実務〈第６版〉』（共著，中央経済社）
『図解でざっくり会計シリーズ　ストック・オプションの会計・税務入門』（共著，中央経済社）
『図解でざっくり会計シリーズ　暗号資産の会計とブロックチェーンのしくみ』（共著，中央経済社）
『ポイント制度のしくみと会計・税務』（共著，中央経済社）
『社会に期待されつづける経営』（共著，第一法規出版）
『IPOをやさしく解説！　上場準備ガイドブック』（共著，同文舘出版）
『きらきら女性経営者をめざす「会社経営の教科書」』（共著，同文舘出版）
『スクイーズ・アウトと株価決定の実務』（共著，新日本法規出版）など

清宮　悠太（せいみや　ゆうた）

企業成長サポートセンター　シニアマネージャー・公認会計士
2009年新日本有限責任監査法人（現　EY新日本有限責任監査法人）入所。
製造業，卸売業，金融業など幅広い業種のクライアントに対する会計監査のほか，上場準備会社の監査（準金商法）やショートレビューに従事。2019年7月から日本取引所自主規制法人　上場審査部に2年間出向し，東京証券取引所（市場第一部，第二部，JASDAQ，マザーズ等）への上場申請会社に対する多くの審査を担当。帰任後は，企業成長サポートセンター（IPO統括部署）において，上場準備会社のサポート業務に従事しているほか，雑誌への寄稿，外部向け研修講師なども担当。

（主な著書）
『IPOをやさしく解説！　上場準備ガイドブック』（共著，同文舘出版）
『これですべてがわかるIPOの実務〈第6版〉』（共著，中央経済社）
『こんなときどうする？　引当金の会計実務』（共著，中央経済社）
『設例でわかるキャッシュ・フロー計算書のつくり方Q&A』（共著，中央経済社）
『取引手法別　資本戦略の法務・会計・税務』（共著，中央経済社）など

柴田　治朗（しばた　じろう）

企業成長サポートセンター　マネージャー・公認会計士
2008年新日本有限責任監査法人（現　EY新日本有限責任監査法人）大阪事務所入所。上場会社・上場準備会社の監査に加え，IPO支援，内部統制構築支援，IFRS導入支援等のアドバイザリー業務に従事。2020年東京事務所企業成長サポートセンターに異動し，上場準備会社のサポート業務のほか，アクセラレータープログラムなどで起業家支援を行っている。

（主な著書）
『これですべてがわかるIPOの実務〈第6版〉』（共著，中央経済社）
『これですべてがわかる内部統制の実務』（共著，中央経済社）
『業種別・不正パターンと実務対応　100社事例分析』（共著，中央経済社）

須田　裕貴（すだ　ゆうき）

企業成長サポートセンター　マネージャー・公認会計士・証券外務員一種
2007年新日本監査法人（現　EY新日本有限責任監査法人）に入所し，上場会社監査業務に従事。
2013年戦略マーケッツ事業部IPOグループに異動。上場会社監査業務のみならずショート・レビュー，上場準備会社の準金商法監査を数多く経験。複数社の上場達成をサポート。
2020年から大和証券株式会社企業公開部に出向。提案書の作成，マーケティング支援の他，バリュエーション算定・資本政策・オファリングに関する助言業務に従事。
2022年に帰任し，企業成長サポートセンターにおいて上場準備会社のサポート業務の他，IPO準備会社向けの研修講師，IPOイベント・セミナーの企画・運営・登壇を担当。

髙橋　朗（たかはし　あきら）

企業成長サポートセンター　シニアマネージャー・公認会計士
2008年新日本有限責任監査法人（現　EY新日本有限責任監査法人）大阪事務所に入所し，主に上場企業の会計監査業務に従事。2013年京都事務所に異動し，IPO準備監査業務及び上場企業や学校法人等の監査業務に従事。2018年企業成長サポートセンターに異動し，IPO支援業務，IPO品質管理業務，IPO準備会社向けの研修講師，イベント・セミナー企画・運営等に従事し，IPO準備会社のサポート業務に取り組んでいる。

（主な著書）

『これですべてがわかるIPOの実務〈第６版〉』（共著，中央経済社）

塚本　健瑠（つかもと　たける）

企業成長サポートセンター　スタッフ　公認会計士試験合格者
メガバンクに13年勤務後にEY新日本有限責任監査法人に入所。メガバンクでは，法人営業部与信グループ長として部店の与信判断や債権管理等を統括した他，審査担当役員直下の事業再生専門部署にて，大口与信先の組織再編を含めた計画の策定支援やシンジケートローンによる金融協調支援体制の構築等の業務に従事。2022年公認会計士試験に合格し，現在はIPO準備会社の会計監査やサポート業務等に取り組んでいる。

吉田　陽介（よしだ　ようすけ）

企業成長サポートセンター　パートナー・公認会計士
2007年新日本監査法人（現　EY新日本有限責任監査法人）入所。製造業，小売業，不動産業，ソフトウェア業など幅広い業種の会計監査のほか，上場準備会社の監査（準金商法）やショートレビューに従事。2018年よりSMBC日興証券株式会社の公開引受部に２年間出向し，株式上場や市場変更に向けたコンサルティングや上場審査対応の実務を経験。帰任後は，上場準備会社のサポート業務のほか，社内外の研修・セミナー講師や動画投稿サイトにてIPO実務に関する情報発信等も行っている。

（主な著書）

『これですべてがわかるIPOの実務〈第６版〉』（共著，中央経済社）

『図解でスッキリ　ソフトウェアの会計・税務入門』（共著，中央経済社）

EY弁護士法人

伊苅　美苗（いかり　みなえ）

アシスタントマネージャー・弁護士
2021年EY弁護士法人入所。国内・国際M&A組織再編，日系スタートアップや外資系子会社の顧問，外資上場企業によるJV，CVC等，広く企業法務に従事。
（主な著書）
『リーガル・リスク・マネジメント・ハンドブック』（共訳，日経BP）
『環境訴訟法［第2版］』（執筆補佐，日本評論社）

越知　雄紀（おち　ゆうき）

マネージャー・弁護士
2018年EY弁護士法人入所。日系企業や外資系企業の国内及びクロスボーダーM&A・投資，国内外でのJV組成，グローバル企業の国内外における組織再編・会社設立・清算，外国投資ファンドへの出資，海外法令調査，一般企業法務，人事労務等に従事。スタートアップ企業の顧問や上場準備会社のサポート業務も行っている。

美濃　秀起（みのう　ひでき）

マネージャー・弁護士・公認会計士・中国注冊会計士・米国公認会計士
2021年EY弁護士法人入所。日系上場企業，上場準備企業，外資系企業等のクロスボーダーや国内のトランザクション法務，一般企業法務，コンプライアンス業務等に従事。2021年より筑波大学法科大学院において非常勤講師として会社法ゼミを担当。
（主な著書）
『リーガル・リスク・マネジメント・ハンドブック』（共訳，日経BP）

【編者紹介】

EY新日本有限責任監査法人について

EY新日本有限責任監査法人は，EYの日本におけるメンバーファームであり，監査および保証業務を中心に，アドバイザリーサービスなどを提供しています。
詳しくはey.com/ja_jp/people/ey-shinnihon-llcをご覧ください。

EY | Building a better working world

EYは，「Building a better working world～より良い社会の構築を目指して」をパーパス（存在意義）としています。クライアント，人々，そして社会のために長期的価値を創出し，資本市場における信頼の構築に貢献します。
150カ国以上に展開するEYのチームは，データとテクノロジーの実現により信頼を提供し，クライアントの成長，変革および事業を支援します。
アシュアランス，コンサルティング，法務，ストラテジー，税務およびトランザクションの全サービスを通して，世界が直面する複雑な問題に対し優れた課題提起（better question）をすることで，新たな解決策を導きます。
EYとは，アーンスト・アンド・ヤング・グローバル・リミテッドのグローバルネットワークであり，単体，もしくは複数のメンバーファームを指し，各メンバーファームは法的に独立した組織です。アーンスト・アンド・ヤング・グローバル・リミテッドは，英国の保証有限責任会社であり，顧客サービスは提供していません。EYによる個人情報の取得・利用の方法や，データ保護に関する法令により個人情報の主体が有する権利については，ey.com/privacyをご確認ください。EYのメンバーファームは，現地の法令により禁止されている場合，法務サービスを提供することはありません。EYについて詳しくは，ey.comをご覧ください。

ey.com/ja_jp

チェックリストでわかる
IPOの実務詳解（第2版）

2022年11月10日　第1版第1刷発行
2024年3月25日　第1版第8刷発行
2024年10月1日　第2版第1刷発行
2025年4月10日　第2版第3刷発行

編　者　EY新日本有限責任監査法人
代表執筆者　金野広義
　　　　　　大角博章
発行者　山本継
発行所　㈱中央経済社
発売元　㈱中央経済グループパブリッシング
〒101-0051　東京都千代田区神田神保町1-35
電話　03（3293）3371（編集代表）
　　　03（3293）3381（営業代表）
https://www.chuokeizai.co.jp
印刷／昭和情報プロセス㈱
製本／誠製本㈱

ISBN978-4-502-51051-9　C3034